开放经济环境下宏观经济政策的选择
——基于美元无限供给弹性的宏观分析

Macroeconomic Policy Choices under Open Economic Environment

—Analysis on the USD Infinite Supply Elasticity

张岩　著

图书在版编目(CIP)数据

开放经济环境下宏观经济政策的选择:基于美元无限供给弹性的宏观分析/张岩著.
—天津:天津大学出版社,2016.11 (2025.1 重印)
ISBN 978-7-5618-5733-5

Ⅰ.①开… Ⅱ.①张… Ⅲ.①中国经济-宏观经济-经济政策-研究 Ⅳ.①F120

中国版本图书馆 CIP 数据核字(2016)第 311370 号

出版发行 天津大学出版社
地　　址 天津市卫津路 92 号天津大学内(邮编:300072)
电　　话 发行部:022-27403647
网　　址 publish.tju.edu.cn
印　　刷 永清县晔盛亚胶印有限公司
经　　销 全国各地新华书店
开　　本 169mm×239mm
印　　张 10.75
字　　数 268 千
版　　次 2016 年 11 月第 1 版
印　　次 2025 年 1 月第 2 次
定　　价 68.00 元

前　　言

随着经济全球化进程的不断深化，世界各国的经济正在以惊人的速度紧密联系，同时各国宏观经济政策的相互影响与协调也日益加深，经济大国，尤其是美国的货币政策所带来的国际影响越来越明显，美国的经济震荡随时都以更为强烈的冲击影响着其他国家。20 世纪 80 年代之后，在美国货币政策传导机制的影响下，全球经济严重失衡，金融危机频繁爆发，整个世界卷入了百年不遇的金融海啸之中。全球经济结构的失衡在相当程度上取决于布雷顿森林体系崩溃之后的美元信用本位制，自 1973 年布雷顿森林体系崩溃之后，美元彻底取代黄金成为世界上最主要的储备资产，一个以信用美元为核心的货币制度由此形成。

当美元本位制摆脱黄金的约束之后，美元供给的外部硬性约束便完全消失，这为美国经济的滞胀以及不断扩大的财政赤字寻求出路提供了条件，促成了美国长期量化宽松的货币政策及其债务的货币化，结果不仅导致了全球美元的泛滥及世界性的通货膨胀，而且也给美元流入国的经济发展带来了巨大冲击。我国作为美元持续净流入国，其经济发展与结构变迁正面临着来自美国与美元因素的严峻挑战，面对越来越复杂的外部环境，我们应如何从战略上审视它给中国经济的进一步发展与经济结构变迁可能带来的冲击以及我们应如何采取相应的应对措施等都是事关中国经济未来走向与前途的重大理论和现实问题。

本项研究首先对蒙代尔－弗莱明模型的理论发展进行了梳理和评价，在对模型的评价中指出，M－F 模型作为目前宏观经济分析的基本框架，其模型结构存在着重大的缺陷，主要包括模型扩展逻辑的不一致、模型结构的非一致性和国际收支平衡的含义不明确。随后依据市场分类的完整性和模型结构的一致性对封闭经济条件下的宏观模型进行了扩展，重新提出了开放条件下 IS－LM 的扩展模型，并以该扩展模型作为本项研究的理论框架。之后将复杂的外部环境与美元经济因素抽象为美元无限供给弹性，利用开放经济的宏观经济扩展模型，并结合美元无限供给弹性的假定条件，从理论分析与实证检验两个方面分别对美元不断量化宽松政策对我国经济发展及经济结构的影响、外部冲击对不同类型国家的影响效应、我国宏观经济政策的选择效应和政策实施风险以及财政政策工具的有效性等问题进行了深入的探讨，得出以下几点结论。

美元信用的不断扩张会导致我国经济体中虚拟经济占比的不断上升，即出现虚拟经济与实体经济相背离的发展趋势，最终造成虚拟经济部门蓬勃发展而实体经济部门衰退萎缩的“二元经济”格局，引导我国经济结构向虚拟化的方向发展。随后的实证检验结果显示，美国货币供给量的增加无论是在短期还是在中长期均会对我国虚拟经济占比产生正向的冲击,即我国虚拟经济占比在美国货币供给量增加的影响下不断提高,并且短期的冲击效应要大于中长期;另外,我国虚拟经济占比在美元信用扩张的冲击下还表现出明显的趋势性。

在美元无限供给弹性下,外部利率冲击和预期汇率冲击对大国经济的冲击影响具有不确定性,二者是否会对大国经济产生影响效应以及影响效果如何,不仅取决于各个宏观经济参数的取值,而且还与相应的结构性参数有关。然而,相比外部利率冲击,预期汇率冲击对大国经济造成的影响效果会更加复杂,其不确定性更大。实证结果表明,外部利率冲击和预期汇率冲击对我国经济均产生正向的影响效应,但是冲击效果在我国汇改前后两个阶段却表现出明显的差异,与汇改前阶段相比,在我国进行汇改之后美国联邦基金利率对我国经济的冲击影响有所减弱,而美元兑人民币 1 年期远期汇率对我国经济的影响作用则有所增强。

在美元无限供给弹性下,无论是财政政策还是货币政策,都会因政策传导路径的多样性而导致政策实施效果的非确定性,财政政策与货币政策是否有效以及政策效果如何,均取决于各宏观经济参数的取值,不同的参数关系不仅决定了政策效果程度上的不同,甚至还决定了政策效果的方向,当政策效果的方向与宏观调控目标相悖时,不仅不能起到稳定经济的作用,而且还会加剧经济波动。然而,相比货币政策,财政政策的实施效应要简单很多,至少能够保证经济状况不会变得更糟,由此得出选择财政政策调控宏观经济运行要优于货币政策。实证结果显示,改革开放以来,我国的宏观调控政策总体上是有效的,但是在加入 WTO 前后两个阶段宏观经济政策的实施效果却不同,在加入 WTO 前阶段,货币政策的实施效果更加明显,并且货币政策的实施风险要小于财政政策;在加入 WTO 后阶段,财政政策效应显著增强,货币政策变成一种纯粹的被动调节工具,并且财政政策的风险明显降低,货币政策风险却有所增大,即在当前的经济环境下,财政政策与货币政策效应的优势地位发生了逆转,我国应注重财政政策对宏观经济的调控作用。

在美元无限供给弹性下,政府支出政策和税收政策的实施效果同样是不确定的,二者均取决于相关宏观经济参数的取值;但是通过比较发现,无论美元是凭借单渠道还是双渠道无限流入,税收政策的实施效果始终大于政府支出的效果,即税收政策的实施对国民经济的影响作用更加明显。同时,实证分析显示,政府支出和税收收入无论是短期还是中长期均会对我国经济产生影响,但是二者对经济的影响效果恰好相反,扩大政府支出将促进经济增长,而增税将抑制经济增长,并且二者对经济的调控作用都会随着时间的推移逐渐减弱;然而通过比较可以发现,税收政策的实施效果始终大于政府支出。此外,政府支出对投资的影响只在短期有效,并且作用效果呈现正负交替的起伏变化,而中长期这种影响效果消失;政府支出对私人消费始终具有负向的影响作用;而税收收入对投资和私人消费均产生负向的影响效应。

目　录

第1章　导　　论

1.1　问题的提出与研究目的

1.1.1　问题的提出

随着经济全球化进程的不断深入,世界各国的经济正在以惊人的速度紧密联系,同时各国宏观经济政策的相互影响与协调也日益加深,在经济全球化的背景下,开放国家的经济运行情况必然要依赖全球宏观经济的运行状况。但是,当前的国际货币制度安排却使这种国际协调表现出更为严重的非对称性,经济大国,尤其是美国的货币政策所带来的国际影响越来越明显,美国的经济震荡随时会以更为强烈的冲击影响其他国家。

20世纪80年代之后,在美国货币政策传导机制的影响下,全球经济严重失衡,金融危机频繁爆发,特别是21世纪初的几年,伴随着美国房地产泡沫的兴起,全球出现了流动性过剩的现象,许多国家的物价居高不下,资产价格急剧膨胀,美国次贷危机和金融危机的爆发,使整个世界卷入百年不遇的金融海啸之中。全球经济结构的失衡在相当程度上取决于布雷顿森林体系崩溃之后的美元信用本位制,美国凭借其在国际货币体系中的霸权地位,通过不断地增加美元供应量从世界各国购买任意数量的消费品和资本品,从而满足国内的消费需求并形成对全球资源的垄断。美元这种无约束供给不仅会使国际贸易与国际金融出现严重的非对称性,引起全球经济结构的失衡,而且它还会给其他国家经济发展造成明显的冲击,甚至在相当程度上造成其他国家宏观经济政策的失灵,进而也极大地增加了其他国家宏观经济政策选择的风险。

从已有的研究成果来看,在开放经济条件下考察一国宏观经济政策选择的研究仍然是一个富有争议的话题,有进一步的拓展空间。首先,主要经济理论在分析我国宏观经济政策选择时,其适用性存在着很大的争议,例如蒙代尔－弗莱明模型(以下简称M－F模型)作为开放经济条件下宏观经济分析的基本框架,在目前中国的经济环境中,其适用性受到了很大的质疑,我国很多学者指出该模型并不适用于中国经济,并对其进行了修正和扩展,但是本项研究认为这些质疑都不是本质性的。此外,传统的M－F模型对我国宏观经济选择的作用结果同样是不确定的,该理论认为外国货币政策扩张既有可能增加本国产出,也有可能降低本国产出,这取决于支出转换效应和收入吸收效应的相对强弱。其次,目前关于宏观经济选择的实证研究大多使用简单的回归分析，或是针对单一政策——货币政策或者财政政策分析其实施的有效性或无效性，而并没有将二者放在一起进行讨论。另外，在研究国家间的影响效应时，已有的文献大多集中于发达国家货币政策对其他发达国家冲击效应的研究，而针对发达国家对发展中国家和新兴市场国家及地区的研究则较少。

1.1.2 研究目的

基于上述几点考虑，本项研究首先将这种复杂的外部环境及经济关系简单地抽象为美元无限供给弹性，并以美元无限供给弹性作为研究的假设前提，结合对开放经济条件下宏观经济模型（蒙代尔－弗莱明模型）的修正和扩展，来探讨美元信用本位给美国经济和世界经济带来的影响与冲击以及在这种背景下我国经济发展的对策与宏观调控政策的选择，运用理论和实证分析相结合的方法进行论述。本项研究的研究目的可归结为以下五点。

（1）蒙代尔－弗莱明模型作为开放经济条件下宏观经济分析的基本框架，其模型本身存在着重大的缺陷，本项研究在对传统的 M－F 模型进行简单梳理的基础上，对模型变量和模型结构进行了修正和扩展，提出了新的开放经济条件下的宏观经济模型，并以该模型作为理论依据分析美元无限供给弹性下全球经济结构的转变、外部冲击对我国经济的影响效应以及我国宏观经济政策的选择。

（2）利用开放条件下的宏观经济扩展模型探讨了信用不断扩张下的经济结构效应，并结合美元无限供给弹性的假定条件分析了信用扩张下“二元经济”格局的发展趋势，这为促进我国虚拟经济和实体经济的协调健康发展提供了相应的理论基础。

（3）利用本项研究提出的开放经济条件下的宏观经济扩展模型具体研究了外部冲击和涉外冲击对不同类型国家经济产生的影响作用，并结合美元无限供给弹性的假定讨论了外部冲击对大国经济的影响作用，这对积极有效地预防外部冲击给我国经济带来的风险奠定了坚实的基础。

（4）利用本项研究提出的开放经济条件下的宏观经济扩展模型，结合美元无限供给弹性的假定条件，从理论与实证分析两个方面探讨了一国宏观经济政策的实施效应和选择风险，即美元无限供给弹性下财政政策和货币政策的实施对一国经济的影响效应，并揭示了财政政策和货币政策的复杂性以及选择的风险，以此为依据提出促进和稳定我国经济发展的对策建议。

（5）利用本项研究构建的开放经济宏观经济模型从理论和实证两个角度分析比较了作为财政政策最重要的两个工具——财政支出和税收收入在美元无限供给弹性下对我国经济的影响效应，这对我国财政政策工具的选择提供了相应的依据。

1.2 研究意义

自从 1978 年改革开放以来，中国经济的开放水平不断提升，尤其是 20 世纪 90

年代至今，进出口总额、利用外资总额都呈现出了稳定增长的良好局面，而且对外依存度也由1990年的29.58%稳步提升至2015年的47%，对外依存度的提高标志着中国经济和世界经济关联程度的不断增强。但是不容忽视的是，开放化在推动中国经济发展的同时，也带来了一些不稳定的因素，譬如国际游资、国际石油价格、国外的通货膨胀水平等，在这些外部冲击中，国外的宏观经济政策冲击是其中最重要的一个方面。这就使得我们要在开放经济环境逐渐改善和中国经济崛起的背景下进一步研究我国宏观经济政策的取向以及政策工具的选择，以实现国家的最大利益。

1.2.1 理论意义

国内外已有很多利用开放宏观经济模型进行经济政策研究的文献，并且这些文献的绝大多数都是基于开放条件下宏观经济分析的基本框架——M－F模型，虽然该模型至今仍被视为开放经济条件下进行宏观分析的经典模型，但是其本身存在着重大的缺陷。国外学者早先曾对M－F作出了一系列的扩展和修正，但是中国和发达国家的情况不同，例如中国在资本流动方面存在着诸多的管制，这必然使得一些假定条件不符合中国现实。而国内现有的文献中对M－F模型的质疑大致集中在三个方面：一是对模型假定前提的质疑；二是对价格调整机制持有不同观点；三是认为模型缺少重要变量。然而本项研究认为这些质疑以及基于这些质疑对模型所作出的扩展和修正都不是本质性的，因为其均未触及模型的基本结构，本项研究将从封闭经济模型基本变量的开放化和市场行为的开放化对M－F模型进行修正和扩展，提出在新的开放条件下的宏观经济模型。

1.2.2 现实意义

1973年布雷顿森林体系彻底瓦解之后，国际货币体系风云突变，货币危机频频爆发，最终黄金作为外汇储备的重要作用退出了历史舞台，美元彻底摆脱了黄金的约束成为世界上最主要的储备货币，一个以美元为核心的信用货币体系形成。当美元的发行数量不再受黄金制约后，美元供给的外部硬性约束便完全消失，此时美国便可以以更为灵活的方式主宰世界经济，不同的是，当今美国对世界经济的主宰不需要依靠实际的经济实力，而是依靠美元的特殊地位及其运作技巧便可完成，只要美元作为国际储备货币的地位没能被彻底动摇，美国就可以通过不断增加美元供应量从世界各国购买任意数量的消费品和资本品，从而满足国内的消费需求并形成对全球资源的垄断。可以毫不夸张地说，在美元摆脱黄金的束缚之后，全球产业分工体系和贸易以及金融格局均受到美元的制约，使整个世界经济的资源和金融牢固地握于美国的掌心。美元的这种无约束供给不仅会使国际贸易与国际金融出现严重的非对称性，引起全球经济结构的失衡，金融危机频繁爆发，而且它还会给其他国家的经济发展造成明显的冲击，甚至在相当程度上造成其他国家经济政策的失灵。因此，其他国家在制定与实施自己的经济政策时，已不能仅仅局限于国内经济联系的考量，还必须以一个更为宽广的范围来看待经济关系,尤其是不得不考虑美国的经济背景以及美元可能的冲击。

中国在经历了五年的过渡期后于 2006 年正式成为世界贸易组织(WTO)成员国,中国经济开始与世界经济建立起更为广泛和直接的联系,一个以开放经济为基本特征的经济格局由此形成。作为一个正在积极融入世界经济和金融体系的国家,中国正越来越明显地感受到外部冲击对本国经济的影响,我国经济运行正面临着前所未有的挑战。面对国内经济运行如此困难以及外部环境相对恶化且更为复杂的局面,在明确了美元无限供给弹性下我国“二元经济”结构的发展趋势、外部冲击和涉外冲击对我国经济的影响效应以及我国宏观经济政策选择的复杂性和实施风险后,我国就可以有针对性地采取相应的政策措施来应对外部冲击可能带来的风险,以保持我国宏观经济健康稳定地发展。

1.3　研究内容、分析框架和研究方法

1.3.1　主要研究内容

依据本项研究的研究目的,研究的主要内容包括以下六个方面。

(1)根据本项研究的研究主题,对国内外关于开放经济条件下的宏观经济模型已有的研究成果进行了梳理。在对已有研究成果进行综述和整理的基础上,对开放宏观经济的基本模型——M－F 模型进行评价,找出模型结构中所存在的重大缺陷,并依据市场分类的完整性和模型结构的一致性对封闭经济条件下的宏观模型进行扩展和修正,重新构建开放经济条件下的宏观经济模型。

(2)根据当前的世界经济形势和美元供给的特点,借鉴著名发展经济学家刘易斯有关发展中国家二元经济分析中有关劳动力无限供给弹性的研究假设,本项研究提出了关于美元无限供给弹性的概念,并以此作为本项研究的假设前提。

(3)分析美元无限供给弹性下的二元经济结构。本项研究首先利用开放宏观经济扩展模型从理论方面研究了美元无限供给弹性下信用扩张对虚拟经济与实体经济的影响效应以及二者的发展趋势,随后结合虚拟经济与实体经济的发展特点给出了相应的实证检验。

(4)分析美元无限供给弹性下外部冲击对不同类型国家经济的影响效应。本项研究运用所构建的开放条件下的宏观经济扩展模型从理论角度分别探讨了在美元无限供给弹性下外部变量——外部利率和涉外变量——预期汇率对大国和小国经济运行的影响效应,并给出相应的经验证据。

(5)探讨美元无限供给弹性下我国宏观经济政策的选择。利用开放条件下的宏观经济扩展模型从理论方面重点探讨了在美元无限供给弹性下我国宏观经济政策的实施效应和选择风险,并给出相应的实证分析,进一步揭示了财政政策与货币政策效

应的复杂性和政策选择的风险。

(6)对比分析了美元无限供给弹性下我国财政政策工具的有效性。运用开放宏观经济扩展模型比较了在美元无限供给弹性下作为我国财政政策重要实施工具的政府支出和税收收入在调控国民经济过程中的有效性,并通过实证分析对该理论分析结论加以验证。

1.3.2 分析框架

本书围绕开放经济条件下宏观经济政策选择这一主题展开,基本框架分为三大部分,共八章:第一部分是界定研究内容并对开放经济下宏观经济模型和政策选择的一般理论进行综述和评价,包括第 1 章和第 2 章;第二部分构建开放经济下的宏观经济扩展模型,并利用该扩展模型讨论美元无限供给弹性下经济结构的变化趋势及特征、外部冲击对经济运行的影响以及宏观经济政策的选择和有效性,包括第 3 章、第 4 章、第 5 章、第 6 章和第 7 章;第三部分为本项研究的结论、相应的政策建议和未来进一步的研究方向,为第 8 章。本项研究的研究框架如图 1.1 所示,具体各章内容安排如下。

第 1 章为导论。分析在经济全球化的背景下,世界各国宏观经济政策的相互影响与协调日益加深,经济大国的货币政策及其经济震荡对其他国家的经济产生了更为强烈的冲击,指出尤其是美国宏观经济政策的选择极大地增加了其他国家经济政策选择的风险。提出了在当前全球经济发展的趋势环境下,国际协调非对称性分析中需要研究的问题。随后确定了本项研究的研究目的、研究意义和研究内容,并且对具体研究实施过程中的方法使用和文章章节安排予以说明。

第 2 章是对国内外已有的研究成果进行综述和评价。本章从开放经济宏观经济模型、新开放经济宏观经济模型和开放经济条件下的宏观经济政策选择三个方面对文献进行梳理和评价。对宏观经济模型进行综述的目的在于为下文提出 M－F 模型的结构缺陷和对 M－F 模型进行结构修正和扩展奠定基础;而对经济政策选择进行综述的目的则在于深入理解理论界已取得的成果并为后面各章具体问题的深入剖析提供理论指导。

第 3 章是构建新的开放经济条件下的宏观经济模型。通过对已有研究成果的综述和整理,对 M－F 模型进行评价,笔者认为,已有文献中对 M－F 模型的质疑并不是本质性的,因为这些批评和质疑都没有触及模型结构,而 M－F 模型的重要缺陷恰恰存在于模型结构当中,即模型扩展逻辑的不一致、模型结构的非一致和国际收支平衡的含义不明确,随后依据市场分类的完整性和模型结构的一致性对封闭经济条件下的宏观模型进行扩展,重新构建了开放经济条件下的宏观经济模型。

第 4 章分析了美元无限供给弹性下的二元经济结构。笔者通过借鉴刘易斯二元经济理论的分析思想,提出了在美元无限供给弹性下,美国及世界其他发达国家均表现出虚拟经济过度发展而实体经济逐渐衰退而形成的“二元经济”格局。本章首先

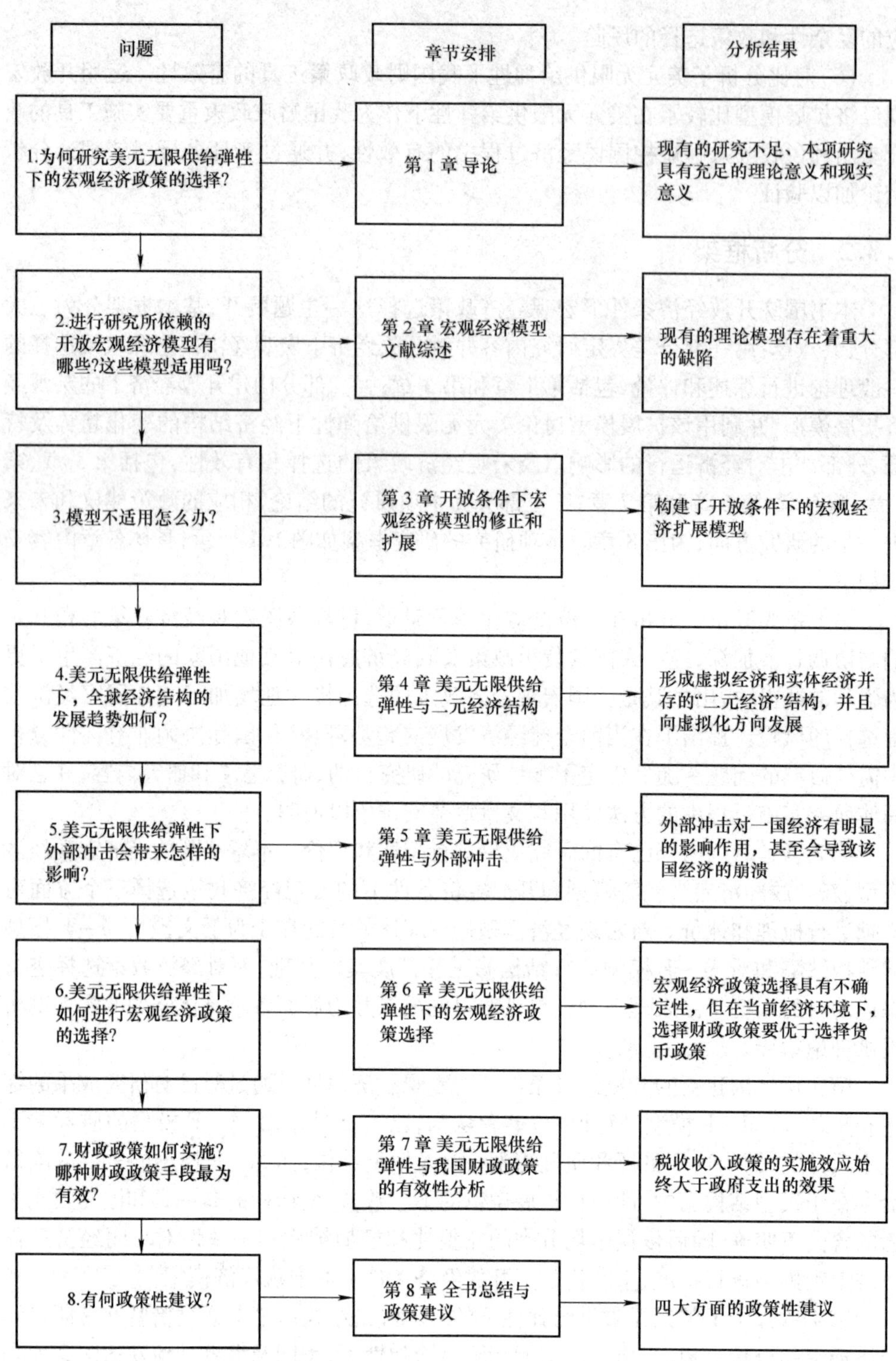

图1.1 本项研究的研究框架

分析了信用不断扩张下全球经济结构的变迁，随后结合美元无限供给弹性的基本假定，阐述了信用扩张对虚拟经济与实体经济的影响效应。结果表明，信用的不断扩张对虚拟经济在整个经济中所占比重产生正向的影响效应，这意味着随着信用不断扩张，虚拟经济比重会不断膨胀而实体经济比重会不断衰退，即虚拟经济和实体经济出现相背离地发展。接下来本章对我国经济虚拟化的趋势进行了实证分析，结果显示：美国货币供给量的增加无论在短期还是在中长期均会对我国虚拟经济占比产生正向的影响效应，即我国虚拟经济占比在美国货币供给量增加的影响下不断提高，其短期的冲击效应要大于中长期，并且我国虚拟经济占比在美元信用扩张的冲击下表现出更明显的趋势性。

第5章就美元无限供给弹性下的外部冲击进行了理论分析和实证研究。利用本项研究所构建的开放经济条件下的宏观经济扩展模型，结合美元无限供给弹性的假定对不同类型国家经济运行的影响作用进行了理论探讨，分析结果显示，在开放经济体中，无论是外部利率冲击还是预期汇率冲击，都会因为外部冲击传导渠道的多样性而造成对大国经济冲击效应的不确定，然而相比外部利率冲击，预期汇率冲击对大国经济造成的影响结果会更加复杂，其不确定性更大；最后对外部冲击对大国经济的影响效应进行了实证分析，实证结果表明，外部冲击对我国经济总体上会产生影响，但是冲击效果在我国汇改前后两个阶段却表现出明显的差异，与汇改前阶段相比，我国汇改之后，美国联邦基金利率对我国经济的冲击作用有所减弱，而美元兑人民币1年期远期汇率对我国经济的冲击作用有所增强。

第6章探讨了美元无限供给弹性下宏观经济政策的选择。利用本项研究构建的开放条件下的宏观经济扩展模型，结合美元无限供给弹性比较分析了大国的货币政策和财政政策的实施效应与实施风险，并给出相应的实证分析，通过理论分析和实证检验进一步揭示了财政政策与货币政策效应的复杂性和政策选择的风险。研究结果表明，在美元无限供给弹性下，无论外资净流入是单渠道还是双渠道，货币政策是否有效以及效果如何，其均与相关宏观经济参数有关，不同的参数关系不仅决定了政策效果程度上的不同，甚至还决定了政策效应的方向，当政策效应的方向与宏观调控目标相悖时，货币政策不仅不能起到稳定经济的作用，而且还会加剧经济波动。相比而言，财政政策的效应则简单很多，因为实施财政政策至少能够保证经济状况不会变得更糟。因此，笔者认为，在政府对美元无限供给弹性的影响渠道未知，政府对相关宏观经济参数的关系未知的情况下，选择财政政策作为宏观调控的最主要手段要优于选择货币政策，至少财政政策的政策风险远小于货币政策。

第7章是在第6章的基础之上分析我国财政政策实施的有效性。利用开放经济条件下的宏观经济模型，从理论研究与实证分析两个方面探讨了美元无限供给弹性下政府支出政策和税收政策的有效性，理论分析结果表明：无论外资净流入是单渠道还是双渠道，政府支出政策和税收政策是否有效以及政策效果如何，都取决于相关宏观经济参数的取值，不同的参数关系不仅决定了政策效果程度上的不同，甚至还决定了政策效应的方向;通过进一步比较发现,在美元无限供给弹性下,税收政策的实施效应始终大于政府支出的效果,即税收政策的实施对国民经济的影响效果更为明显。实证分析结果显示:扩大政府支出能够促进经济发展,而增加税收将抑制经济发展;增税的税收政策和增加政府支出的政策均会抑制私人消费,增税的税收政策抑制投资,但扩大政府支出只在短期对投资有影响,中长期对投资的影响作用会消失。

第8章根据本项研究在理论分析和实证研究方面所得到的若干结论,针对中国当前的经济状况,提出了相应的政策建议。归纳本项研究的主要研究结论,并理清需进一步深入研究的问题。

1.3.3 研究方法

本项研究依据所研究问题的性质,依照规范的经济学研究范式,使其充分体现理论分析与实证研究相结合、定性分析与定量分析相融合的研究方法。在对 M-F 模型进行综述和评价以及对美元无限供给弹性的假定进行界定时,本项研究使用了文献分析法和资料查阅法等;在研究美元无限供给弹性下信用扩张对“二元经济”结构的影响作用、外部冲击对经济的影响效应、宏观经济政策选择以及财政政策工具有效性的问题时,除了充分地采用对比分析方法和综合评价方法之外,还将使用实证分析的方法,而实证分析过程中自然少不了相关的计量模型与统计检验方法的运用等。

1)定性分析与定量分析相结合

在研究开放经济条件下宏观经济政策选择的问题时,国外既有定性分析,也有定量分析。目前在我国已有的研究成果中,更多的是进行定性分析,即对货币政策和财政政策的有效与无效进行比较分析。而在较少的定量分析中,也仅仅是一些简单的回归分析,或者是就单一政策对经济的影响进行实证,而没有把两大政策放在一起分析。考虑到以往研究中存在的不足,在本项研究的研究过程中,主要采用定性和定量相结合的方法。首先,定性描述的统计方法:用定性描述的方法介绍开放条件下的宏观经济模型和宏观经济政策选择的研究历史,并由此得出宏观经济模型和宏观经济政策实施过程中的阶段性结论,以期对后面的定量分析有指导意义。其次,定量分析的统计方法:根据本项研究理论分析得到的结论,结合我国经济运行的实际数据,对我国经济虚拟化的发展趋势、外部冲击对我国经济造成的影响效应、我国宏观经济政策的实施效果和实施风险以及财政政策工具的有效性进行定量测算。最后,对实证结果进行评价以得到比较客观的结论。

2)理论研究与实证研究相结合

在对开放经济条件下全球经济结构的变迁、外部冲击对不同类型国家经济的影响效应以及一国宏观经济政策的选择进行理论分析时,本项研究对开放条件下的宏观经济模型——M-F 模型的结构提出质疑。笔者认为,目前已有的对 M-F 模型扩展的研究成果中,均未触及模型结构本身,即这些文献对模型提出的质疑都不是本质性的,因此笔者从模型结构的缺陷入手,对其进行扩展和修正,构建出一个新的适合分析开放宏观经济的理论框架。

与此同时,本项研究充分使用了实证分析的方法,包括协整检验、误差修正模型、Granger 因果关系检验和 VAR 模型。例如,在研究美元无限供给弹性下外部冲击对我国经济的影响作用时,本项研究采用了结构向量自回归的方法,并通过脉冲响应函数和方差分解技术量化了外部冲击和涉外冲击对我国经济的影响效应。在分析信用扩张对我国虚拟经济与实体经济的影响效应时,不仅使用了协整检验、Granger 因果关系检验和脉冲分析,并通过构建误差修正模型将变量间长期表现和短期效应综合在一起。在分析美元无限供给弹性下我国宏观经济政策的选择和政策实施风险的问题时,本项研究在筛选代表变量的前提下,在检验变量序列平稳性基础上,进行协整建模,判断变量间长期的作用关系,并建立误差修正模型进一步衡量变量间的短期关系。

1.4 创新之处

本项研究的创新之处主要集中在以下四点。

(1)构建了一个用于分析开放经济条件下宏观经济的扩展模型框架。通过对已有的开放经济条件下宏观经济模型的研究成果进行综述和整理,指出文献中对 M - F 模型的评价与质疑并未触及模型的本质,本项研究指出 M - F 模型的重大缺陷在于模型扩展逻辑的不一致、模型结构的不一致和国际收支平衡的含义不明确,因此对模型的修正和扩展不能是简单地通过增加市场均衡方程来完成,而是要依据市场分类的完整性和模型结构的一致性对模型的影响因素的扩展以及依靠增添产品市场或货币市场的行为方程来进行扩展和修正,最终重新构建了新的开放经济条件下的宏观经济扩展模型。

(2)根据当前的世界经济形势和美元供给的特点,借鉴著名发展经济学家刘易斯有关发展中国家"二元经济"分析中有关劳动力无限供给弹性的研究假设,本项研究提出了关于美元无限供给弹性的概念。美元的特殊地位以及美国实体经济相对较弱的竞争力决定了美元存在持续外流的趋势,相对而言,新兴经济体或快速发展的发展中国家则存在美元不断净流入的趋势,尤其是对那些大国来说,开放的金融市场甚至随时都面临美元流动性过剩的冲击。所谓美元无限供给弹性,是指当内外利差和预期汇率发生变动时,外币(美元)流入增长率为无穷大的一种极端情形,若假定美国利率不变,用公式表示就是

$$E_e = -\frac{\partial M_{\mathrm{Sf}}}{\partial e}\frac{e}{M_{\mathrm{Sf}}} = \infty \text{ 或者 } E_{r_n} = \frac{\partial M_{\mathrm{Sf}}}{\partial r_n}\frac{r_n}{M_{\mathrm{Sf}}} = \infty$$

(3)本项研究利用构建的开放经济条件下宏观经济扩展模型,分别讨论了全球经济二元结构的发展趋势、外部冲击对不同类型国家经济的影响效应、我国宏观经济政策的选择以及我国财政政策工具选择的有效性,并且结合美元无限供给弹性的假

定条件,对上述问题进行了深入的研究。这一领域的研究在国内具有一定的创新性,在笔者已经收集到的研究文献中,相关研究很少。在国外已有的文献中,将研究的重点主要集中于发达国家宏观经济政策对其他发达国家经济的影响效应研究,对发展中国家以及新兴市场国家和地区的冲击影响研究很少。而在国内的文献中,则将研究的重点放在我国宏观经济选择的国内传导,而且较少涉及国家之间的传导效应,虽然国内的文献中有关于外部冲击对我国经济影响的实证研究,但是在这些文献中并没有针对在外部冲击环境下我国宏观经济政策选择问题做进一步深入探讨。

(4)本项研究在实证方面还尝试采用了对比分析的方法。例如,在分析美元无限供给弹性下我国宏观经济政策选择的问题时,为了体现出本项研究所提出的“美元无限供给弹性”的假定条件,同时结合实际的经济形势,将所选择的样本数据以我国加入 WTO 的时间点为界,划分为加入 WTO 之前和加入 WTO 之后两个阶段,分别对这两个阶段的数据进行分析并对实证结果进行比较,这样有助于更全面、更准确地认识美元无限供给弹性下我国宏观经济政策的复杂性和实施风险。

第 2 章　宏观经济模型文献综述

开放经济宏观经济学又被称为国际宏观经济学，一直以来都是宏观经济学研究的一个重要领域。开放经济宏观经济学最初的发展主要表现为基于传统凯恩斯主义的 Mundell - Fleming 模型和 Dornbusch 模型，但是这种早期的开放经济模型最主要的问题是缺乏微观基础。20 世纪 70 年代末，新古典主义兴起，其目标是为宏观经济学提供适当的微观基础，即在考虑个人效用函数最大化的基础上，重新分析以往国际宏观经济学的种种问题。20 世纪 90 年代以后，开放经济模型又有了新的发展，如 Romer(1993)建立了一个两国相互影响的垄断竞争经济，但其分析是静态的，且微观基础不足；Dixon(1993)研究了完全竞争条件下的静态开放经济模型；Obstfeld 和 Rogoff(1995)则开创性地将垄断竞争和名义价格黏性纳入动态一般均衡模型中建立了 Redux 模型，该模型一直被作为分析宏观经济关系的微观基础。近十年来，基于这种分析方法研究国际宏观经济问题的成果层出不穷，被统称为“新开放经济宏观经济学(NOEM)”。

2.1　国外文献综述

2.1.1　开放经济宏观经济模型研究综述

第二次世界大战以后，开放经济宏观经济模型最初的发展表现为基于凯恩斯基础的 Mundell - Fleming 模型和 Dornbusch 模型。这些早期的开放经济宏观经济模型虽然能够揭示主要宏观经济变量之间的影响作用关系，但是模型存在缺乏微观基础的重大不足。

1)开放宏观经济模型的基本框架——M - F 模型

20 世纪 60 年代，蒙代尔(Robert A. Mundell，1963)和弗莱明(J. Marcus Fleming，1962)提出了开放经济条件下的蒙代尔 - 弗莱明模型(Mundell - Fleming Model，M - F 模型)，该模型随后成为了开放经济条件下宏观经济模型的基础。M - F 模型的基本假定包括：资本在国际间具有完全的流动性、汇率预期静态、经济中存在失业、规模报酬不变、货币工资率与一般物价水平不变、财政政策的手段是增发公债而货币政策的手段是通过公开市场操作等。M - F 模型包括以下三个方程：

$$i = i_{\mathrm{f}} \tag{2.1}$$

$$S(Y,i) - I(i) - G = NX(Y,e);S_Y > 0,S_i > 0,I_i < 0,NX_Y < 0,NX_e > 0 \tag{2.2}$$

$$M = L_{\mathrm{T}}(Y) + L_{\mathrm{S}}(i);L_Y > 0,L_i < 0 \tag{2.3}$$

M－F 模型是在非常严格的假定条件下取得的，例如假定资本完全流动以及短期价格刚性，这些假设在现实中都是不可能实现的。同时，M－F 模型是建立在货币、利率与汇率等经济指标的经验关系检验的基础上，而忽略了价格超调、汇率传递效应和预期因素等微观经济学的基础问题，同时 M－F 模型没有考虑到资产替代和风险溢价等因素对投资和货币需求的影响。针对 M－F 模型存在的种种缺陷和不足，后来的研究者通过对 M－F 模型的修正，将渐进价格调整和理性预期等因素逐步引入模型并进行了进一步的分析研究。

2）对 M－F 模型的扩展性研究

M－F 模型提出之后，其理论方法及模型结论逐渐成为各国制定宏观经济政策的实践基础，同时国外众多学者也发现了模型中所存在的缺陷，并对该模型进行了修正和扩展。

国外主流文献关于 M－F 模型扩展的理论研究主要集中在 20 世纪 70 年代至 80 年代，其中美国麻省理工学院的教授多恩布什（Dornbusch，1976）发表的《预期和汇率动态》这一原创性论文对开放经济的宏观经济学理论发展产生了深远影响。多恩布什在 M－F 模型基本理论框架的基础上，打破了 M－F 模型中关于价格刚性的假设，取而代之的是认为国内产出价格具有黏性，同时引入预期因素，并强调商品市场与资本市场调整速度的差异，建立了一个汇率动态模型，该模型被称为蒙代尔－弗莱明－多恩布什（Mundell－Flemming－Dornbusch，MFD）模型。MFD 模型分析的是一个小国模型，这意味着有一个给定的国际利率 r^*，在资本自由流动和完全预期的条件下，非抵补利率平价成立，即模型假定

$$r - r^* = \theta(\bar{e} - e) \tag{2.4}$$

其中 r 为本国利率，$\bar{e}$ 和 e 分别为均衡汇率和即期汇率水平的对数，θ 为预期调整系数。在此基础之上，多恩布什探讨了货币市场和产品市场的均衡，在货币市场中存在一个均衡关系为

$$-\lambda r + \varphi y = m - p \tag{2.5}$$

其中 m,p,y 分别表示名义货币供给、价格水平和实际收入的自然对数，λ 和 φ 分别表示实际货币供给对本国利率的弹性系数以及实际货币供给对实际收入的弹性系数。并由此推导出汇率和价格水平之间的关系

$$e = \bar{e} - (1/\lambda\theta)(p - \bar{p}) \tag{2.6}$$

产品市场中的均衡关系

$$\dot{p} = \pi[u + \delta(e - p) + (\gamma - 1)y - \sigma r] \tag{2.7}$$

MFD 模型最重要的贡献在于解释了汇率超调现象，多恩布什将凯恩斯主义的短期分析与货币主义的长期分析相结合，他指出当货币扩张时利率下降，汇率在短期的贬值幅度会低于其长期的均衡水平，在 $\mathrm{d}\bar{e} = \mathrm{d}m = \mathrm{d}\bar{p}$ 的条件下，货币扩张对即期汇率的影响效应为

$$\mathrm{d}e/\mathrm{d}m = 1 + 1/\lambda\theta > \mathrm{d}\bar{e}/\mathrm{d}m \tag{2.8}$$

即汇率超调的幅度取决于预期调整系数 θ 和实际货币供给对本国利率的弹性系数 λ。

MFD 模型在 M－F 模型的基础上引入了动态过程和理性预期，在国际资金自由流动的条件下，通过假定非抵补利率平价成立、短期价格刚性等约束条件，认为汇率是由货币供给和需求的均衡所决定，并且着重分析了货币市场均衡。但是，从理论层面来看，多恩布什的 MFD 模型同 M－F 模型一样，仍然缺乏明显的微观理论基础，特别是没有总供给这样的微观基础。因此，在价格事先确定和市场没有出清的情况下，由于模型没有考虑私人或政府的跨时预算约束，故其不能解决总需求和产量之间的缺口。另外，MFD 模型也不能解释经常账户的动态变化与政府支出的效应。模型缺少微观基础最终导致其不能通过任何自然的福利标准来评估相互可替代的宏观经济政策。

随后寇利（Kouri Pentti J. K，1976）基于 M－F 模型的分析范式，将资产组合等因素引入模型，提出了存量调整方法。寇利在模型中假定，世界价格水平固定且国内价格水平和汇率水平相同；劳动力是唯一生产要素并且实现充分就业，国内吸收为私人消费（实际可支配收入的函数）和政府支出的总和，资产组合遵循莫迪利亚尼的生命周期消费模式。在寇利的模型中，他将货币市场的均衡方程扩展为

$$L\left(\pi, Y, \frac{M}{P} + F\right) = \frac{M}{P} \tag{2.9}$$

其中 π 为预期的折旧率，F 为国外资本存量，M 为名义货币供给。同时，资本流动或者经常账户的方程为

$$\dot{F} = B = Y - C\left(Y - T, \frac{M}{P} + F\right) - T - m\frac{M}{P} = B(Y, T, F, \pi, M) \tag{2.10}$$

寇利利用扩展模型从短期和长期两个角度分析了固定汇率和浮动汇率之间的协调权衡，他指出在固定汇率制度下均衡通过资本流动瞬时完成，而在浮动汇率下均衡则通过汇率瞬时完成。

罗塞·波耶尔（Russell S. Boyer，1977）和卡洛斯·罗德里杰兹（Carlos A. Rodriguez，1979）在传统的 M－F 模型基础之上，通过引入债务重估因素对模型进行了修正和扩展。他们认为，如果金融财富能够影响货币需求和产品需求，并且私人部门拥有净外部债务，那么汇率的变动就会引起外部债务的本币价值的变动，进而引起金融财富的变化，从而对货币需求和产品需求产生影响。

布兰松和布特（William H. Branson 和 Willem H. Buiter，1982）在 MFD 模型的基础上，通过引入汇率变动的价格效应，分析了浮动汇率制度下的财政政策效应。与 MFD 模型相比，布兰松和布特模型唯一的变化在于假定 $p = p(e)$ 且 $0 < p_e < 1$，即考虑了汇率变动对国内一般物价水平的影响，在这种情况下，政府支出的改变将使价格水平发生变动，进而改变实际货币存量，使 LM 曲线移动，其结果是使均衡产出水平发生变化。该扩展模型得到了与 M－F 模型相同的结论，即扩张性货币政策同样导致

本币的贬值和国内产出水平的增加。

多恩布什和费希尔(Dornbusch 和 Fisher,1984)将资产替代效应引入 M-F 模型,扩展之后的产品市场中的均衡方程为

$$Y = D(eP^*/P, Yd, q, V, \cdots) + NX(eP^*/P, Yd, Y^*d, V, V^*, \cdots) \tag{2.11}$$

其中 eP^*/P 为实际汇率,Yd 和 Y^*d 分别为本国和国外的实际可支配收入,V 和 V^* 分别为财富和价格 $P = C(W, Pm, eP^*, Y/K)$。资本市场中的实际利率为 $r = r^* + (\hat{e} + \hat{p} - \hat{p}^*)$,在货币干扰的调整过程中,实际汇率将会逐渐调整到长期均衡水平 $\bar{R}$,令 $R = \lg(eP^*/P)$,则

$$R_t = (1-a)R_{t-1} + a\bar{R} \tag{2.12}$$

结合方程的特点和实际利率之间的关系,可以得到

$$R_t = \bar{R} - b(r - r^*), b = (1-a)/a \tag{2.13}$$

在黏性价格下浮动汇率制度对于通货膨胀的作用是非常明显的,因为紧缩的货币政策能够迅速、强烈地作用于汇率,使汇率升值,并且菲尔普斯曲线是非常陡峭的。

此后,哈佛大学教授曼昆(Mankiw N. Gregory,1985)、弗伦科尔(Frenkel Jacob A.)和拉兹(Razin Assaf,1987)均对 M-F 模型的适用性进行了扩展。其中曼昆(1985)结合世界经济的发展状况,通过引入贸易条件要素分别建立了资本完全流动下的小型开放经济和大型开放经济的 M-F 模型。弗伦科尔和拉兹(1987)将传统的 M-F 模型扩展到包括本国和外国的两国世界经济模型,并分析了以国际利率作为传导渠道的财政政策效应;另外,他们还将本国私人部门一年期债务的货币价值(债券持有)、净负债的承诺、国内和国外产品消费的相对份额、本国和外国政府在外国商品上的消费等多个扩展因素融入 M-F 模型的分析框架,对 M-F 模型进行了扩展。

Hallwood 和 MacDonald(2000)等放宽了 M-F 模型中关于资本完全流动、汇率静态预期、总供给曲线完全弹性的假设,并在放宽假设之后的模型中引入目标工资和财富因素对 M-F 模型进行了扩展,利用扩展之后的模型对货币政策和财政政策的实施效果进行了分析。

通过回顾国外有关 M-F 模型的理论扩展可知,M-F 模型是 20 世纪 60 年代出现的基于传统凯恩斯基础的开放经济宏观经济模型,该模型从政策的角度探讨了使经济达到内外均衡的货币政策和财政政策搭配的有效性问题;多恩布什使用价格黏性取代了 M-F 模型中的固定价格假定,并在模型中融入了动态过程和理性预期,建立了汇率超调模型。沿着这一研究思路,随后国外众多学者对 M-F 模型进行了深入研究,从多个方面对 M-F 模型进行了扩展和修正(如表 2.1 所示),但是这些早期的开放经济模型有一个重大的缺陷,即模型缺乏微观基础,因此会产生宏观经济分析

的偏差。

表2.1　M－F模型及其扩展模型

模型	对M－F模型的扩展	模型缺陷
M－F模型	—	①假设条件过多 ②模型缺乏微观理论基础 ③未引入预期因素 ④未考虑财富效应 ⑤只能分析小国 ⑥忽视生产、消费和汇率之间的关系
MFD模型(1976)	①汇率超调 ②价格刚性变为黏性 ③引入预期因素 ④货币扩张动态调整过程	①缺乏微观理论基础 ②未考虑私人或政府的跨时预算约束 ③虽然考虑了汇率对产出的影响作用,但是却忽略了汇率与消费之间的关系
寇利模型(1976)	①引入金融财富—资产组合因素 ②提出存量调整 ③动态调整过程	①没有考虑预期因素 ②缺乏微观理论基础
布兰松、布特(1982)	引入汇率变动的价格效应	①模型缺乏微观基础 ②忽略了私人或政府的跨时预算约束
多恩布什、费希尔(1984)	①引入资产替代效应 ②考虑了国际交往对货币政策和财政政策的作用	①缺乏微观理论基础 ②没有考虑预期因素 ②未考虑存量调整
曼昆(1985)	①将M－F模型扩展到大国经济 ②引入贸易条件要素	①缺乏微观理论基础 ②在*IS*曲线中用本国资本净流出替代净出口,缺乏经济含义
弗伦科尔、拉兹(1987)	①引入债务重估 ②引入私人和政府的跨时预算约束 ③将M－F模型扩展到本国和外国的两国世界经济模型	①缺乏微观理论基础 ②没有考虑价格变动 ③未考虑存量调整
Hallwood和MacDonald(2000)	①放宽了M－F模型关于资本完全流动、价格不变、汇率静态预期等假设 ②将工人的目标工资作为供给因素引入M－F模型 ③引入财富因素	①缺乏微观理论基础 ②忽略了私人或政府的跨时预算约束

2.1.2 新开放经济宏观经济模型研究综述

近年来，随着开放经济宏观经济学的深入研究，使其研究成果取得了重大的突破和进展，其中具有里程碑意义的是1995年由奥伯斯特菲尔德和罗高夫（Obstfeld 和 Rogoff）建立的 Redux 模型，该模型开辟了新开放经济宏观经济学（New Open Economy Macroeconomics，NOEM）的研究方法，标志着开放宏观经济学发展步入了一个崭新的阶段。此后沿着这一发展方向，学者们将 NOEM 的研究逐步推向深入。

1）新开放宏观经济模型的基本框架——Redux 模型

进入20世纪80年代，随着跨时均衡分析方法的发展，导致对国际金融问题的分析逐步融入了微观理论基础。1995年在 Obstfeld 和 Rogoff 发表的论文《再论汇率动态变化》中，建立了融入微观理论基础的开放经济动态最优化模型，即 Redux 模型，从而开辟了“新开放经济宏观经济模型”的时代。

在 Obstfeld 和 Rogoff 建立的 Redux 模型中，他们采用的是两国经济模型，认为世界上只有两个国家，即本国和外国，所有居民是在$[0,1]$上连续分布的，其中$[0,n]$在本国，$(n,1]$在外国。Redux 模型假设如下。

（1）每个居民都经营一个厂商，每一个厂商生产唯一的具有差异性的产品，所有的厂商有同样的偏好，即在跨时效用函数中，跨时效用与消费和实际货币余额正相关，与工作努力负相关，工作努力和产量正相关。于是，居民个体的终身效用函数与居民消费指数 C、所持有的实际货币余额 M/P 和劳动力 h 有关，具体形式可表述为

$$U_t = \sum_{s=t}^{\infty}\beta^{s-t}\left[\frac{\sigma}{\sigma-1}C_s^{(\sigma-1)/\sigma} + \frac{\chi}{1-\varepsilon}\left(\frac{M_s}{P_s}\right)^{1-\varepsilon} - \frac{\kappa}{\mu}y_s(z)^{\mu}\right], 0 < \beta < 1, \varepsilon > 0 \tag{2.14}$$

其中 C_t 是第 t 期的消费指数，表现为 $C_t = \left[\int_0^1 c_t(z)^{(\theta-1)/\theta}\mathrm{d}z\right]^{\theta/(\theta-1)}$，$\theta$ 是产品的需求弹性。本国的消费物价指数为 $P_t = \left[\int_0^1 p_t(z)^{1-\theta}\mathrm{d}z\right]^{1/(1-\theta)} = \left\{\int_0^n p_t(z)^{1-\theta}\mathrm{d}z + \int_n^1 [Ep^*(z)]^{1-\theta}\mathrm{d}z\right\}^{1/(1-\theta)}$。

（2）存在一个完整的世界资本市场，两国能够自由借贷，并且两国唯一可交易的资产是以复合消费品（Composite Consumption Good）标价的无风险实际债券。以 r_t 表示从第 t 期到 $t+1$ 期债券的实际利率，以 F_t 和 M_t 表示本国居民进入 $t+1$ 期所持有的债券数量和本国货币存量，于是得到本国居民的跨时预算约束方程为

$$P_tF_t + M_t = P_t(1+r_{t-1})F_{t-1} + M_{t-1} + p_t(z)y_t(z) - P_tC_t - P_tT_t \tag{2.15}$$

（3）没有贸易壁垒，单个产品的一价定律是存在的，对国际上同样的消费篮子而言，购买力平价是成立的，基于消费的实际汇率是固定的。

（4）消费者具有相同的偏好和跨时效用函数。

(5)存在着价格黏性和不完全竞争,假定每个生产者都具有一定的垄断能力,于是一国的产出面对的是一条向下倾斜的曲线,即:$y_t^d(z)=\left[\frac{p_t(z)}{P_t}\right]^{-\theta}(C_t^W+G_t^W)$,其中 $C_t^W+G_t^W$ 为世界总需求。

与 Dornbusch 模型不同,Redux 模型证明了长短期汇率变化率是相等的,即认为不存在汇率超调的现象,分析其原因是由于黏性价格减轻了汇率的波动幅度。

相对于 MFD 的分析框架,Redux 模型引入了跨时分析方法,而且由于其融入了微观经济基础,从而能够实现以动态模型的分析方法进行以微观个体为主体的福利分析,这使其对模型的分析更为客观和现实;同时,模型中引入了名义价格黏性和不完全经济,使得分析结论更加贴近现实。

2)Redux 模型的扩展

由于 Redux 模型抽象掉了一些现实情况,为了与现实更为相符,此后学者们在该模型的框架内通过放松这些假设条件,对新开放经济宏观经济学模型进行了扩展性研究。针对 Redux 模型的扩展研究主要集中在对商品一价定律(Law of One Price)假定的扩展、基于国家规模假定的扩展——小型开放经济模型关于金融市场结构假定的扩展、对偏好和生产技术假定的扩展、名义价格黏性假定的扩展五个方面。

(1)对商品一价定律假定的扩展理论。

Redux 模型的一个重要假设条件是一价定律成立,然而很多学者(Devereux 和 Engel,1998,2003;Betts 和 Devereux,1996,2000)的经验研究均表明,跨国间的商品价格对一价定律的偏离已经超越了区域距离或运输成本所能解释的范围,所以一些学者结合了不完全竞争厂商的市场分割和市场定价(Pricing to Market,PTM)问题对 Redux 模型进行了扩展。Betts 和 Devereux(1996)较早地涉足这一领域的研究,在他们之后发表的一系列相关论文中(1997,1998,2000)将市场定价引入模型,假定商品的价格以买方的当地货币计价(Local Currency Pricing,LCP,又称消费者货币定价),另外他们假设价格不经常调整,即进口方的货币价格黏性,基于以上两个假设他们指出汇率传递是不完全的,存在对一价定律的偏离,基于此他们建立了 LCP - PTM 模型,进而对 Redux 模型进行了扩展。此后,Devereux 和 Engel(2003,2007)、Corsetti 和 Pesenti(2005)、Sutherl(2005)、Duarte 和 Obstfeld(2008)、Engel(2009)、Corsetti(2010)、Senay 和 Sutherland(2010)、Dotsey 和 Duarte(2011)等同样采用 LCP 定价方法修正了汇率对一价定律的偏离。

Betts 和 Devereux(2000)在构建 LCP - PTM 模型时还指出,如果商品完全以当地货币定价,由于价格黏性、名义汇率变动不会对消费者面临的短期价格产生影响,汇率传递系数为零;Engel(2002)也认同了这一说法,认为在这种情况下由于违背了一价定律,汇率变动对价格调整基本上不起任何作用,故汇率传递效应近乎消失。但是实际上,并没有理由认为以 LCP - PTM 为特征的模型中不能包括汇率支出转换效应,因此 Corsetti 和 Pesenti(2001)将汇率对出口产品价格的传递程度参数 n($n=0$,对应 LCP;$n=1$,对应 PCP)引入分析框架,结果表明,$n=1$ 和 $n=0$ 时的解与前面的模型结果基本一致。此后,Devereux 和 Engel(2003)基于跨期消费替代弹性和两国产品替代弹性为 1 的假定,分别讨论了汇率传递效应为 0 和 1 这两种极端情况下汇率制度的选择。Corsetti、Dedola 和 Leduc(2010)研究分析了汇率传递效应为 0 和 1 两种情况下的最优货币政策目标。

(2)基于国家规模假定的扩展——小型开放经济模型。

Lane(1997)改变了原模型中两国经济规模相同的假设,用小型开放经济的模型考察了不连续货币政策和开放度对均衡通货膨胀率的影响。他分析指出,只有非贸易部门才能获得货币扩张的产出收益,由于不连续货币政策下的均衡通货膨胀率与未预期通货膨胀下的收益是正相关的,因此越开放的经济体,其均衡的通货膨胀率越低。此后,Lane(1998,2001)重新定义了模型中消费效用函数的形式,进一步扩展了这一小型开放经济模型。在新的模型中,货币冲击会导致经常账户的不平衡,但具体是顺差还是逆差则是不确定的,这取决于跨时替代弹性和期内替代弹性之间的相互关系。

随后,Gali 和 Monacelli(2005)、Sutherland(2004)、Berger(2008)、Senay(2008)基于小型经济开放模型分析了货币政策和汇率问题。Gali 和 Monacelli(2005)基于小国模型对最优货币政策目标进行了分析。Sutherland(2004)基于小国模型,放松了国内外产品替代弹性为 1 的假定,分析认为在两国产品替代弹性较低时,生产者价格目标规则最优;替代弹性中等时,消费者价格目标规则最优;而在替代弹性较高时,固定汇率制最优。Senay(2008)在小国模型的基础上,放松了跨期消费替代弹性为 1 和两国产品替代弹性为 1 的假定,讨论了 Taylor(1999)提出的五种利率规则,分析认为对通货膨胀的反应系数较高而对产出反应系数较低的利率规则会带来最高的福利。

(3)对偏好和生产技术假定的扩展。

新开放经济宏观经济模型的主要优点是融入了微观基础,居民偏好能够直接决定效用函数的形式,所以新开放经济宏观经济模型的结论对偏好和技术的设定十分敏感。但是实际上,Redux 模型正是建立在一系列对微观基础的特定假设基础上的,而后来的一些文献则尝试着放松和改变这些假定以检验模型的结果相对于假定变化的稳定性。第一,Redux 模型中假定国内外的商品都对称地进入效用函数,并且国内外商品是完全可替代的,消费者对国内外商品的偏好没有区别,随后国外众多学者对 Redux 模型中的替代弹性的假定进行了放松和扩展。Corsetti 和 Pesenti(1997)假定国内外商品之间是单位替代弹性的,在此基础上他们得出了国内外居民之间有着固定的收入分配,即如果本国产出相对于外国产出上升 10%,本国产品的相对价格就会随之下降 10%。这样,由贸易条件变动的抵消作用提供的风险分配(risk - sharing)机制使得经常账户始终保持平衡。此后,Corsetti 和 Pesenti(2001)基于国内外商品间具有有限单位替代弹性的假定对模型进行了进一步扩展,在他们的模型中一价定律仍然成立,技术用 Cobb - Douglas 生产函数来描述,而且在效用函数中引入了政府提供的公共物品；扩展之后的模型说明了扩张性货币与财政政策的福利效应、经济扭曲的内外部原因和一国的垄断能力有关。Benigno（2003）假定了更为一般的两国商品间替代弹性，新的替代弹性直接影响了价格稳定政策的最优性，这一改变更符合实际，研究结果认为，在合作均衡时，如果两国的经济冲击是完全相关的，实施弹性价格分配依然是最优的选择。也有一部分学者对Redux模型中的效用函数进行了扩展，Ganelli（2005）在Blanchard模型（Blanchard，1985）的基础上，通过引入居民死亡率，对其效用函数进行了扩展。另外，还有一些学者通过引入母国偏好（Home Bias）来放松Redux模型中的对称性偏好假设，Warnock（2003）认为，当偏好偏向本国国内生产的商品时，财富会在国家间转移，短期内会大大偏离以消费品为基础的购买力平价。Devereux与Engel（2007）在假设存在母国偏好前提下，用两国动态随机一般均衡（DSGE）模型分析并检验最优货币政策和汇率政策如何对预期的未来冲击作出反应。Jian Wang（2010）采用一个两国动态随机一般均衡模型，检验消费的母国偏好和“汇率脱离之谜”之间的联系；实证分析表明汇率存在脱离现象，且母国偏好对解释汇率和实际宏观经济变量之间的脱离很重要。第二，Redux模型的另一个重要假定是消费和休闲是可分的。但是，当国家变得更加富裕时，劳动供给会持续下降，逐渐趋近于零，这就导致了消费和休闲可分的假定条件与稳定的增长路径不相容。Chari、Keboe和McGrattan（1998）针对这一问题进行了研究，他们构建的模型中使用了没有将消费和休闲分离的效用函数，分析认为一个货币冲击在增加国内相对产出的同时为了弥补额外的工作努力就必须同时提高国内的相对消费水平，而这就大大减小了货币冲击对实际汇率的影响效果，从而降低了货币冲击对可以观察到的实际高汇率波动的解释能力；另外，在Chari、Kcboe和McGrattan的模型中加入资本要素是对Redux模型中劳动是生产唯一要素假定的扩展，它的重要意义还在于货币冲击可能会导致经常账户赤字的出现。此外，Betts与Devereux（1997，1999）也对投资在货币冲击传播中的作用进行了研究。第三，Redux模型中假定只存在贸易商品，而忽略了非贸易商品，随后部分学者通过引入非贸易商品或者贸易成本对Redux模型进行了扩展。Hau（2000）将非贸易商品引入模型的分析中，对Redux模型进行了扩展，发现非贸易商品的存在会扩大货币冲击对汇率波动的影响，而且非贸易商品的存在意味着需求扩张是偏向于本国商品的，从而提高了国内相对于国外的消费，由于冲击后在向新的稳定状态过渡的过程中，实际汇率预期将会升值，这样由消费决定的实际利率国内就会相对低于国外，进而造成国内外消费更大的差异。此后，Benigno、Thoenissen（2006）和Burstein（2006）以及Dootsey、Michael和Duarte（2007）均认为，相对于不包含非贸易品的模型，非贸易品的引入会增加实际汇率的波动性，降低汇率与其他变量的相关性。在模型中引入非贸易品的重要意义还在于实现汇率偏离，即推翻一价定律的假定。Duarte（2004）、Cabzoneri（2005）、Berger（2007，2008）以及Duarte和Obstfeld（2008）均在模型中引入非贸易品，并假定贸易品遵守一阶定律，而非贸易品不遵守，那么篮子商品中的非贸易品会导致价格指数包括非贸易品价格，从而使汇率偏离一价定律。Corsetti 和 Dedola(2002,2005)在模型中引入分销商,他们指出出口企业销售商品给不同国家的分销商,消费品价格包含了在进口国分销环节的成本,而分销环节的投入是非贸易品,导致汇率对一价定律的偏离。此外,贸易成本的引入还有另一个重要的意义,即名义汇率贬值会导致贸易条件的恶化。

(4)关于金融市场结构假定的扩展。

Redux 模型假定金融市场上只能交易无风险的实际债券,因此金融市场是不完全的。Obstfeld 和 Rogoff(1996)对此的解释为,在一个能够实现国际风险完全分担的充分完善世界中,价格或工资刚性是不会存在的。尽管如此,很多学者还是在资本市场结构假定方面对 Redux 模型进行了扩展。国外学者对金融市场结构假定的扩展主要集中在以下三个方面。

①假定完整的国际金融市场。Chari、Kehoe 和 McGrattan(1998)在 PTM 模型的框架内,比较了完整金融市场和金融市场只有一种以本国货币标价的交易名义债券两种情况下的货币冲击效应,研究发现由于均衡经常账户波动很小,两种情况下货币冲击的持久性影响相差并不大。另外,Sutherland(2006)、Sutherland 和 Senay(2007)等在完整的金融市场中,比较了资产交易发生在货币政策制定之前和之后的区别。

②假定不完整的国际金融市场。完整的金融市场意味着未来消费波动的风险被完全分担,但是这与实际情况有较大的差别。P. Benigno(2001,2004)、Devereux(2004,2006)、Duarte(2003)、Duarte 和 Stockman(2005)等假定只有非状态依存的债券在金融市场上交易,其中 P. Benigno(2001)比较了完整金融市场和只有非状态依存债券交易两种情形。Obstfeld 和 Rogoff(2002)、Corsetti 和 Dedola(2005)、Berger(2007)等假定不存在国际金融市场。另外,Sutherland(2004)、Senay 和 Sutherland(2007)对金融孤立和完整金融市场两种情形进行了比较分析。

③假定资产组合。Devereux 和 Sutherland(2007)分别讨论了完整金融市场(包括交易名义债券和权益证券两种资产)和只有交易名义债券的不完整金融市场中的利率规则,分析认为不完整金融市场下,货币政策会影响到最优资产组合。Devereux 和 Sutherland(2008)考虑了更丰富的金融市场结构,即包括完整的金融市场(交易名义债券和权益证券两种资产)、不完整的金融市场(只交易非状态依存实际债券,即没有资产组合问题)和介于这两者中间的情形(两国货币定价的名义债券都可交易,金融市场仍不完整,但是资产组合是内生的)。Tille(2008)假定金融市场上可以交易的资产包括分别以两国货币标价的名义债券和两国企业债券,并外生地给出了资产组合。

(5)名义价格黏性假定的扩展。

国外学者对 Redux 模型中名义价格黏性假定的扩展研究主要集中在两个方面,一是对定价方式的修正,二是对工资的假定。首先,在 Redux 模型中假定价格提前一期确定并在后一期调整到均衡点,显然这样的定价方式无法反映出价格的动态调整特征,因此很多学者考虑使用允许平缓价格调整的“交错定价(Staggered Price Setting)”方法来引入价格黏性,早期采用该方法的学者有 Taylor(1980)、Blanchard(1983)和 Calvo(1983)等。此后,Sutherland(2005,2006)、Devereux 和 Engel(2007)、Berger(2008)等通过借鉴 Calvo(1983)或者 Taylor(1980)的交错定价方式,假定消费品是由固定价格生产者(Fixed - Price Agents)和弹性价格生产者(Flex - Price Agents)共同决定的,其中固定价格生产者在冲击发生之前和货币政策被确定之前定价,而弹性价格生产者在冲击发生之后和货币政策被确定之后再定价,同时这两种生产者的比例决定了价格黏性的程度。而 Gali 和 Monacelli(2005)、Benigno(2006)、Tervala(2010)等使用交错定价的方式使得价格平滑调整,而且提高了名义汇率和实际汇率的相关性。二是在 Redux 模型中假定价格黏性,此后的研究文献中将该假定扩展为对工资和价格的双重假定。Obstfeld 和 Rogoff(1995)、Benigno(2003)、P. Benigno(2004)等采用了自耕农模型,合并了消费者和生产者,即假定弹性工资和黏性价格。Bergin(1995)、Obstfeld 和 Rogoff(2000)、Corsetti 和 Pesenti(2002)、Hau(2000)、Corsetti 和 Dedola(2002)、Devereux(2004)则认为,工资黏性假定要优于价格黏性假定。Hau(2000)建立了一个模型,讨论了商品价格可以灵活调整而名义工资提前确定的情况,把工资刚性和价格完全弹性引入模型,他指出由于工资刚性使得商品价格在短期固定不变。Obstfeld 和 Rogoff(2000)认为工资黏性对开放经济中汇率的影响很大;Dellas(2006)讨论了价格黏性和名义工资黏性对汇率制度选择和货币政策合作带来的不同影响。Tille(2008)在使用 Redux 模型研究汇率波动的福利效应时,假定名义价格黏性和名义工资黏性同时存在。

从对 Redux 模型及其扩展模型的研究中可以看出,这类模型提供了一个完整的用来分析汇率问题以及财政货币政策冲击传导和影响效应的理论框架,模型还可以进行宏观经济政策的评估和福利分析,并且为国际政策协作的研究提供了可能。新开放经济宏观经济模型与开放经济宏观经济模型相比,最重要的一个进步就是引入了明确的微观理论基础,并且在这样具有微观基础的动态一般均衡模型中融入了名义刚性和市场的不完全,这样能够改变外部经济冲击的传导机制,重新确定宏观政策的重要地位。此外,模型给出了具体的效用函数形式,这样在对最优化问题求解的基础上,可以进行明确的福利分析,因此新开放经济宏观经济模型的分析方法成为目前国际经济学研究的主导方法。

然而,从本项研究的综述中可以看出,许多冲击效应和福利结果对于名义黏性的具体形式、偏好的设定、资本市场的结构等假定前提非常敏感,许多结论和政策建议都是在严格的假设前提下得出的。当前,新开放经济宏观经济学的研究从假设条件到具体结论都缺乏系统的、成功的经验支持。因此,我们更需要正确对待其政策建议,同时也使我们认识到这一领域的发展急需模型研究方法上的突破,而不是其结论本身。

2.1.3 开放经济条件下宏观经济政策选择研究综述

在宏观经济领域中,对开放条件下宏观经济政策选择的研究文献较多,主要集中在基于弗里德曼、蒙代尔、多恩布什、奥布斯特菲尔德和罗高夫等人的研究以及模型框架,根据本项研究的研究性质和问题,这里我们仅对其中基于 M－F 模型(蒙代尔和多恩布什)和基于 Redux 模型(奥布斯特菲尔德和罗高夫)的宏观经济政策选择的文献进行综述。另外,国外对开放经济条件下宏观经济政策选择的研究可以概括为理论分析和实证检验两个方面,接下来首先对理论分析进行综述。

1)基于 M－F 模型宏观经济政策选择的理论研究

20 世纪 60 年代早期,罗伯特·蒙代尔发表了一系列论文,他(1960)首先提出了货币动态调整机制的问题,在动态调整过程中,浮动汇率制度和固定汇率制度的动态差异是基于对外贸易条件和利率水平的转化,固定汇率制下货币收入(价格水平)能够促进本国商品和服务市场的均衡,而货币政策则直接用来调节国际收支平衡;但是在浮动汇率制度下,汇率政策用于纠正外部失衡,而货币政策的目标则是稳定内部经济;同时还指出资本流动的重要性,如果资本完全流动,在固定汇率制度下动态调整机制直接导致均衡,而在浮动汇率制度下逐渐恢复均衡,然而如果资本流动对利率变化不敏感,在固定汇率制度下当中央银行对赤字反应过快将会逐渐恢复均衡,而浮动汇率制度下将直接导致均衡。之后蒙代尔(1962)继续研究了对于不宜改变汇率或实施贸易管制的国家如何实现内部稳定和国际收支平衡的问题,他认为政府只有将货币政策和财政政策搭配使用才能同时实现对内均衡和对外均衡的目标;并且货币政策应该用来实现国际收支平衡,而财政政策则用来维持国内经济稳定,如果将货币政策和财政政策的作用混淆,将使得失业率和国际收支平衡的情况变得更为糟糕。马库斯·弗莱明(1962)在他发表的论文中着重分析了不同汇率制度下货币政策的实施效果,他指出货币供给量增加对浮动汇率制度国家产生的扩张性影响要大于对固定汇率制度国家的影响,而预算支出增加或者税收减少对国内产出需求的扩张性影响则是不确定的。1963 年,蒙代尔同样进行了开放经济条件下货币政策和财政政策的效应研究,他提出假定资本具有完全流动性,在固定汇率制度下货币政策对产出无影响效应,而在浮动汇率制度下财政政策对产出无影响;另一方面,在固定汇率制度下财政政策对产出有较强的影响效应,货币政策的效果微乎其微,而在浮动汇率下货币政策对产出的影响效应较强,财政政策的效果微乎其微。

通过对开放条件下动态宏观经济学模型的深入研究,克鲁格曼(Krugman,1998)首次提出了“不可能三角”的概念,他认为国际货币体系的选择在于调节(Adjustment)、信心(Confidence)和流动性(Liquidity),并且对应地将这三个方面分别诠释为追求宏观稳定政策的有效性(抗击经济周期的能力)、稳定汇率的能力(抗击货币危机)以及短期资本流动性。克鲁格曼指出,在资本自由流动的条件下,一国不可能同时实现稳定汇率、宏观经济政策独立和资本自由流动三大目标。

Frankel(1999)提出了对“不可能三角”理论的批判,他认为一国最优的汇率制度取决于其所处的特定时间与环境。如果考虑到全球的金融一体化趋势,根据“不可能三角”理论,似乎一国不得不放弃汇率的稳定或者货币政策的独立性,但是,这并不意味着一国不能拥有一半的稳定性和一半的独立性。随后,Frankel(2002)通过实证研究进一步对“不可能三角”理论进行了经验批判,实证结果认为,在过去的十年中所有的汇率制度都表现出本国利率对国际利率的高度敏感性;无论是固定还是浮动汇率制度,从长期而言都难以使各国的货币政策完全独立;浮动汇率即使能够增加货币政策的独立性,也只是在短期内或者就大国经济而言。

1976年多恩布什在M-F模型的基础上,放弃了弹性价格的假定,提出了扩展的蒙代尔-弗莱明-多恩布什模型。他认为在浮动汇率制度下,当实施货币政策时,由于产品市场自身的特点和缺乏及时准确的信息,故产品市场价格的调整速度较慢且过程较长,呈黏性状态(黏性价格);而货币市场的价格调整速度较快。由于货币市场和产品市场调整的不对称产生了汇率超调,产品市场调整的不足需要通过货币市场的过度调整来弥补,即汇率超调(Over Shooting)理论。另外,多恩布什还分析了货币扩张动态过程的特点及其对经济产生的影响,他指出汇率的调整是货币政策的重要传导渠道之一。

寇利(1976)利用扩展的M-F模型得到固定汇率制度和浮动汇率制度的调整过程是完全不同的。固定汇率制度下,当给定一个财富水平,本国货币和外国资产的投资组合均衡能够通过资本的流入和流出瞬时完成;然而在浮动汇率制度下,均衡通过资产估值的改变即通过汇率的改变瞬时完成。改变货币政策的直接影响是改变资产的相对价格(例如汇率)和利率,这些改变通过多种渠道对总需求、价格和产出产生影响。

多恩布什和费希尔(1984)分析了国际交往在货币政策和财政政策操作上所发挥的重要影响,他们指出汇率制度决定了政策程度以及政策对经济的传导渠道,在浮动汇率制度下,这些交互影响变得更加显著;扩张性财政政策对利率的影响导致本币升值,由于本币升值使净出口下降,因此扩张性财政政策比封闭经济的菲利普斯曲线产生了更多的排挤。

曼昆(1985)指出,在资本完全流动时,对于小型开放经济来说,浮动汇率制度下货币政策通过改变汇率而不是利率来影响收入,其结果是汇率下降,收入增加,贸易余额改善,浮动汇率制度下的财政政策无效;在固定汇率制度下货币政策无效。对于大型开放经济来说,当实施扩张性的财政政策时,实际利率和汇率都上升,总收入增加,贸易余额恶化;当实施扩张性的货币政策时,实际利率和汇率降低,收入增加,贸易余额改善。

随后弗伦科尔和拉兹(1987)在假定资本是完全流动以及政府不主动实施货币政策的前提下认为,对于小国经济来说,小国利率等于国际利率水平,在固定汇率制度下,产出乘数就是对外贸易乘数,因为小国的利率是外生的,这意味着挤出机制对利率没有影响；在浮动汇率制度下，财政政策对产出的短期影响取决于汇率变化所导致的债务重估效应，而长期来说，在资本完全流动下财政政策对产出没有影响。

Hallwood（2000）分析得到，扩张性的财政政策导致收入需求和货币需求的增加，引起资本流入和汇率升值，最终使得总产出增加，价格水平下降，与传统的 M－F 模型不同的是，引入价格因素的 M－F 模型财政政策对总产出有影响效应；扩张性的货币政策在没有货币错觉时，国内物价水平和汇率与货币供给呈现同比例的增长，总产出保持不变，因此扩张的货币政策对总产出无影响效应。

2）基于 M－F 模型宏观经济政策选择的实证研究

进入 20 世纪 90 年代，随着 M－F 模型研究的深入，对基于 M－F 模型的宏观经济政策分析已经不仅仅局限在理论方面，还逐渐向实证方面扩展。国外学者对基于 M－F 模型的宏观经济政策选择的实证研究主要集中在两个方面，一方面是检验汇率变动对经济的影响效应，另一方面则是研究不同汇率制度下单一政策或者政策搭配的实施效果。

（1）汇率变动对经济影响的实证研究。

胡（Hyeon Seung Huh，1999）用澳大利亚 1973—1995 年的相关数据，选择名义利率、实际产出、名义汇率、价格和名义货币五个变量通过构建向量自回归模型对 M－F 模型进行了实证检验。检验结果表明，澳大利亚的数据与 M－F 小型开放经济模型的预测结果非常相近，胡的研究开创了对 M－F 模型进行实证分析的先河。进入 21 世纪之后，宏观经济学家对 M－F 模型的研究热情仍然不减。Yu Hsing（2005）应用扩展的 M－F 模型，考虑到国家风险、政府赤字支出和股票指数因素对均衡实际汇率的潜在影响，对斯洛伐克的汇率波动采用 GRACH 模型进行了实证分析，结果显示扩展的 M－F 模型得到了预期的结论，即实施扩张性的货币政策和财政政策将分别导致实际汇率贬值和升值。Yu Hsing 比较了购买力平价模型、未抛补利率平价模型、货币模型和 M－F 模型这四种主要的汇率模型，并采用 1981—2007 年哥斯达黎加科朗和澳元兑美元的汇率数据进行了实证研究，结果表明 M－F 模型在解释力方面较其他三个模型要弱，但是其在预测方面是最好的。Biswajit Maitra 和 Chandan Kumar Mukhopadhyay（2011）针对 M－F 模型中汇率机制潜在假设所形成的国内货币供给与汇率之间的关系与实际市场决定机制不一致性的问题，以印度的汇率制度为背景，利用季节性时间序列数据对篮子汇率制度和市场决定机制下货币供给和卢比兑美元汇率之间的协整关系进行了实证研究。

（2）宏观经济政策效果的实证研究。

Peter Bofinger、Eric Mayer 和 Timo Wollmershauser（2005）提出了新凯恩斯（NK）宏观经济模型，为了说明 NK 模型的有效性，他们比较了该模型与 M－F 模型在 PPP 和 UIP 同时满足时、UIP 条件满足而 PPP 不满足时、随机游走时三种不同情况中浮动汇率制度下货币政策的实施效应。检验结果表明，在以上三种情况下 NK 模型中的财政政策都是非有效的政策工具，而在 M－F 模型中当政府通过利率目标而不是货币供给目标实施货币政策时,财政政策是无效的。Jaleel Ahmad(2006)基于开放经济条件下的 M - F 模型,结合货币增长和名义收入因素,讨论了 20 世纪 90 年代主要经济合作与发展组织国家的货币政策。Manfred Gärtner 和 Florian Jung(2010)基于 IS - LM 模型和M - F 模型分析了金融危机中风险溢价和流动性陷阱对政策选择的影响,实证结果显示在实施浮动汇率制度的小型开放经济下,即使国家陷入了流动性陷阱财政政策仍然是有效的;在流动性陷阱边缘,货币政策和财政政策不能单独发挥作用,必须要二者协调实施。Hong Wu 和 Jimmy Ran(2011)则分析了基于现代随机动态视角的M - F 模型在不同汇率机制下对宏观经济稳定性的影响。结果表明在浮动汇率制度下,产出和实际汇率在受到冲击后发生相同的变化,利率的波动比通货膨胀的波动更加剧烈;在固定汇率制度下,通货膨胀和利率的波动不变,实际汇率波动的更剧烈。

综上所述,早期对 M - F 模型的研究主要体现在理论分析上,即针对 M - F 模型的缺陷对其进行调整和修正,而这些修正主要反映在对价格的调整方式上,它是由不同学派所持的基本观点不同所决定的。而近期的研究则基本摒弃了不同学派有关价格调整范式的争论,而是以一种更务实的方式从实证研究的角度来考察某一(些)具体国家宏观经济政策的选择,它立足于 M - F 的应用层面,是对 M - F 模型的具体化与精细化研究。

3)基于新开放宏观经济政策选择研究的理论综述

国外学者对新开放宏观经济政策选择的研究主要分为两个方面:一是货币政策与汇率制度的选择,二是最优货币政策目标的选择。

(1)货币政策与汇率制度的选择。

汇率问题一直以来就是国际宏观经济研究的重要问题,Redux 标准模型的建立为解决汇率问题提供了一个基本框架。Obstfeld 和 Rogoff(1995)建立了融入微观理论基础的开放经济动态最优化模型。他们以 Redux 模型为理论框架首先考察的是价格完全弹性的情况,认为在价格完全弹性的条件下,并不存在动态调整机制,价格和货币供给量同比例增加,世界经济总处于稳定状态;货币供给量的增加对实体经济并不会产生实际的影响,因此货币是中性的。但是,在黏性价格模型下,货币在长期是非中性的,货币冲击对人均消费的变动具有持久性的影响,这是由于在黏性价格下,货币需求量的变动是由消费的相对变动决定的,而汇率变动则是由货币冲击和消费效应同时决定的。因此,本国持续的货币扩张冲击会引起本国汇率贬值,但由于货币扩张冲击的影响会使消费与汇率发生同向变化,所以汇率的贬值幅度和消费变动幅度都会低于货币供应量的增加幅度,货币扩张冲击在长期会引发财富效应并改善本国贸易条件,但在短期内,由于国内价格黏性、汇率贬值会恶化贸易条件。

随后,Devereux 和 Engel(1998)以及 Betts 和 Devereux(2000)通过放松 Redux 模型对一价定律的假设,把 LCP - PTM 市场定价模型引入 Redux 框架,分析了货币冲击对汇率变动的影响,他们认为当发生货币冲击之后,为了满足货币市场均衡,均衡汇率会比在非市场定价情况下有更大幅度的波动,从而增加短期出现汇率超调的可能性;而且市场定价导致不同国家消费共同变动的减少,同时汇率支出转换效应的消失增加了不同国家产出的共同变动。与 Redux 模型结论所不同的是,在市场定价的条件下,由于以外国货币标价的出口商品价格是固定的,汇率贬值提高了相应的国内货币标价的出口商品价格,而以国内货币标价的进口商品价格没有改变,因此汇率贬值能够改善该国的贸易条件(Betts 和 Devereux,2000)。在市场定价的条件下,国内货币扩张增加了本国福利,但却降低了国外福利(在 Redux 模型中,一个未预期的货币冲击会同时提高国内外的福利水平),因此货币政策是一种"以邻为壑"的工具,这为国际货币政策协调提供了一定的理论依据。

随着 LCP - PTM 市场定价模型研究的深入,很多学者从定价模式这个角度来探讨最优汇率制度的选择问题。其中一部分学者认为在生产者定价模式下最优浮动汇率制度较最优固定汇率制度更优(Obstfeld 和 Rogoff,2000),Obstfeld 和 Rogoff(2002)在此模型的基础上加入了不完全国际资本市场条件,对模型进行了扩展,得到货币当局仅仅响应他们国内冲击,这种货币政策可以带来最好的产出,并且浮动汇率能够复制灵活价格均衡。还有一部分学者认为最优货币政策和汇率制度严格取决于定价货币类型。Devereux 和 Engel(2003)指出,如果是生产者货币定价(PCP),并且汇率传递效应是完全的,则灵活汇率在最优货币政策中呈现中性作用;但是如果采用消费者货币定价(LCP),并且汇率传递效应为零,那么货币当局应当保持汇率固定。Corsetti 和 Pesenti(2001,2005)假定汇率穿越程度可以在 0 到 1 的闭区间上变化,他们的模型考虑到 LCP 导致出口商品的外国货币价格不能及时调整,汇率波动因而影响到出口商品的本国货币价格,因此企业出口商品的定价加成受到汇率波动的影响,此时内向的货币政策不再是最优的,并且这种情况下最优货币政策导致较小的汇率波动幅度。Sutherland(2005)允许消费者对母国产品偏好,他认为最优货币政策需要考虑汇率波动,而汇率波动的具体影响依赖于一系列因素,其中包括汇率的穿越程度。当发生完全汇率穿越时,一国的最优货币政策是完全地稳定本国产品的价格,无须考虑汇率波动;在不完全汇率穿越时,最优货币政策必须考虑汇率波动。

然而,上述研究均假定国家间的所有商品贸易都集中于一个阶段完成。然而现实中,国家之间贸易不仅有最终商品,而且有中间商品。于是,Devereux 和 Engel(2006)引入了两阶段生产,但是在他们的模型中国际贸易仅限于中间商品。为此,Kang Shi 和 Juanyi Xu(2007)探讨了开放经济中涵盖中间商品和最终商品在内的垂直生产贸易模型,分析他们的最优货币汇率政策;他们指出一个国家任何特定阶段的生产冲击会通过垂直贸易对另一个国家有跨界溢出效应,而且跨界溢出效应不仅取决于垂直贸易结构,而且取决于定价货币的类型,垂直贸易会影响在生产者货币定价(PCP)和消费者货币定价(LCP)环境下汇率灵活性的价值,因此相较于基准的 PCP 模型,在两阶段的生产冲击呈现负相关情况下,中间阶段采用 LCP 定价的最优货币政策能够带来一个更高福利。Ke Pang 和 Yao Tang(2012)将小型经济国家垂直贸易和使用外国货币对本国商品定价两个特征扩展到模型中，他们指出浮动汇率和固定汇率之下的福利水平高低取决于垂直贸易和汇率传递效应之间的相互作用程度，小型经济国家实施固定汇率制度要有利于实施浮动汇率制度，而更大的贸易伙伴国实施浮动汇率制度更加有利。

总之，市场定价对汇率制度的选择有着十分重要的影响，但是必须具体情况具体分析。在一阶段贸易中，如果厂商采取生产者货币定价，并且一价定律有效，那么浮动汇率制度更为可取；如果一价定律不成立，并且厂商采取消费者货币定价，那么固定汇率制度更为可取。在多阶段贸易中，厂商即使在所有阶段都采取生产者货币定价，由于存在多阶段倍加黏性，灵活汇率也不能复制灵活价格均衡，所以浮动汇率制度不可取。而当两阶段生产冲击呈现负相关时，那么中间阶段采取 LCP 而最终阶段采取 PCP 定价方式较之所有阶段采取 PCP 定价方式福利水平更高。

(2)最优货币政策规则的选择。

Duarte 和 Obstfeld(2008)与 Obstfeld(2006)在 LCP 定价的情况下，都通过引入非贸易品对 Devereux 和 Engel(2003)的模型进行了拓展；唯一的差别是前者以货币供给量作为货币政策中介目标，而后者则把利率当成货币当局调控经济的手段；最终两者得到了类似的结论：即使汇率调整完全没有支出转移效应，也不意味着弹性汇率制是没有意义的。Sutherland(2005)假定跨期替代弹性和两国产品替代弹性都为 1，讨论存在劳动供给冲击和货币需求冲击时成本推进冲击对货币政策简单目标规则的选择的影响，他认为通过两国货币当局各自独立地采取所谓弹性通货膨胀规则(Flexible Inflation Targe ting)可以实现最优货币政策合作，并且指出成本推进冲击的方差对简单规则的选择有很大影响。Gali 和 Monacelli(2005)基于小国模型，分析了本国通货膨胀率、泰勒规则的 CPI 指数和固定汇率这三种货币政策规则，他指出这三种货币政策目标之间的区别在于它们引起的汇率相对波动，并且在满足完全汇率穿越、具有完整的金融市场并且没有非贸易品，在跨期消费替代弹性为 1 同时国内外产品替代弹性为 1 的特殊情形下，以国内通货膨胀为目标会带来最高的福利。Devereux 和 Sutherland(2008)分析结论表明，稳定本国价格水平在完整金融市场下是最优的货币政策，但是在只有交易债券的情形下不是最优的；在中间情形下，稳定本国价格不仅可以复制弹性价格均衡，而且能提高风险分担的程度，因此依然是最优货币政策。Berger(2008)基于小国模型，假定不完全汇率穿越和存在非贸易品，他认为由于非贸易品的存在，货币政策需要同时面对两国之间资源配置和两部门之间资源配置这两个问题，此外他还对一系列简单规则进行了比较，结论是在汇率穿越程度为 0 或 1 这两种极端情况下以货币供应量为目标的(Monetary Targeting)简单规则最接近最优货币政策。Corsetti、Dedola 和 Leduc(2010)指出若将完全汇率传递效应(PCP)和无摩擦资产市场相结合，最优货币政策的目标规则是本国产出缺口和通货膨胀；若将 LCP 和不完全资产市场相结合，最优货币政策的目标规则不仅包括本国产出缺口和通货膨胀，而且还包括贸易、实际汇率和跨国需求的失衡。

4)基于新开放宏观经济政策选择的实证研究综述

近年来,随着新开放宏观经济政策选择理论研究的深入发展,针对这一问题的实证研究也逐渐增多。对新开放经济宏观经济政策选择的实证研究主要集中在两个方面。一方面是对汇率传递效应的实证研究,Frederic S. Mishkin(2008)实证检验了汇率的传递效应,实证结果表明名义汇率的大幅度贬值对于一些工业化国家的消费价格影响程度是较小的,并且在过去的二十年这个影响程度还在下降,因此汇率贬值对通货膨胀的不利影响也会减小。此外,由于汇率波动和名义需求之间的关系有所减弱,故货币政策对于稳定通货膨胀和实体经济活动更加容易;但是由于汇率波动会对通货膨胀和经济行为产生影响,因此它仍然是制定货币政策时需要考虑的因素。Shahnawaz Karim、Minsoo Lee 和 Christopher Gan(2012)采用生产者和当地货币定价模型实证检验了新西兰货币政策冲击对价格的影响效应。实证结果表明,由于本国货币制度的限制使新西兰生产者价格指数(PPI)比消费者价格指数(CPI)反应得更加缓慢,货币政策冲击导致的汇率对 CPI 和 PPI 传递效应之间的差异来自于出口商不同的价格策略。Wei Dong(2012)将结构黏性价格模型和 PCP 以及 LCP 模型相结合,实证检验了澳大利亚、加拿大和英国这三个开放经济的产出转移效应,实证结果显示,支出转移效应的大小取决于价格黏性的程度。另一方面是对福利水平的实证研究。Alba、Chia 和 Park(2011)基于完全汇率传递效应的动态随机一般均衡模型,实证测度了不同的货币政策对东亚八个小型开放经济国家福利损失的影响,结果显示当进口占 GDP 比重介于 0.3 到 0.9 这一范围,CPI 通货膨胀目标将最小化福利损失,而当进口占 GDP 比重为 0.1 时,本国通胀目标将使福利水平最小化。Muhammad 和 Sadaf(2012)采用蒙特卡洛模拟分析了巴基斯坦最优货币政策规则对福利水平影响效应,结果显示,在开放经济条件下新兴经济体国家应当遵循货币政策规则,这将有助于这些经济体实现预期投资、消费和其他政策目标,而且在开放经济体通货膨胀的自由目标要比严格目标更加有效。

本项研究主要对新开放宏观经济模型在货币政策理论方面的研究进行了讨论,综述展示了新开放宏观经济理论的研究方法对假定的高度敏感性,这意味着新开放宏观经济模型得到的政策建议尚不能被轻率地移植到货币政策实践中去。事实上,新开放宏观经济模型面临着一个两难的境地:一方面希望通过施加严格的假定追求简单而清晰的结论,以努力满足政策操作的需要;另一方面则希望通过更贴近现实的假定使模型更好地描述现实。随着模型求解技术的发展和经验研究的发展,新开放宏观经济学正在这个矛盾中逐步发展。

2.2 国内文献综述

2.2.1 基于开放经济宏观经济学的研究综述

自 1999 年蒙代尔获得诺贝尔经济学奖后,国内兴起了对蒙代尔 - 弗莱明模型的研究热情。我国学者对 M－F 模型的研究主要集中在以下三个方面:①M－F 模型在中国的适用性;②结合中国的经济特点对 M－F 模型进行修正;③利用M－F 模型分析我国和世界其他国家的宏观经济政策。

1)M－F 模型在中国的适用性

从已有的研究成果来看,我国大部分学者认为 M－F 模型并不适用于中国经济,陈红(1998)首先对 M－F 模型的背景及分析前提进行了考察,指出 M－F 模型的假设前提和我国的现实经济相悖;苏平贵(2003)指出,在中国目前的经济环境中,由于存在严格的利率管制和资本跨国流动管制,故其不满足 M－F 模型所隐含的假设条件,必须对模型改进后才能应用于中国经济的分析;薛滢(2008)分析认为,中国经济正处于国内通货膨胀与国际收支盈余并存的非均衡状态,我国的宏观经济调控政策不会与 M－F 模型相吻合;王君和耿辉(2011)针对我国当前经济增长速度过快、通胀压力和人民币升值压力大、外贸顺差和外汇顺差过大等宏观经济形势,分析了 M－F 模型在我国的适用性,分析结论表明,M－F 模型建议的政策搭配和我国实际实行的政策组合之间存在着矛盾。也有少数学者认为 M－F 模型在中国是适用的,王志强、王雪标和王振山(2004)采用非结构化分析法对 M－F 模型在中国的适用性进行了经验检验,结果表明,M－F 模型用于中国宏观经济分析是可行的。

2)对 M－F 模型的修正

我国很多学者通过研究发现,由于 M－F 模型严格的假定条件导致其政策结论在中国并不适用,于是他们将 M－F 模型作为基本的分析框架,并结合中国实际经济的运行特点,对 M－F 模型进行了修正和扩展。我国学者对 M－F 模型的扩展主要集中在以下三个方面:①对 M－F 模型假定条件的修正;②对 M－F 模型中均衡方程的修正;③引入更多的经济变量来扩展 M－F 模型。在对 M－F 模型假设条件修正方面,陈时兴(2001)、张学友和胡锴(2002)、周赞文(2008)、章和杰和陈威吏(2008)、刘琛君(2010)、韩泮(2012)等结合中国转型经济运行的特点,对 M－F 模型的假设做了一系列修正,包括假定总供给曲线比较平缓、实行准固定汇率制度、资本不完全流动、利率的非市场性质、政府支出建立在债务融资的基础上和我国国际收支盈余等,并运用修正后的模型对我国财政政策和货币政策的实施进行了探讨。在对 M－F 模型中均衡方程修正方面,苏平贵(2003)、黄亦君(2003)、姜波克(2005)、吴骏及周永务和王俊峰(2006)、叶德磊(2006)、罗云峰(2010)等分别从存在利率管制、外汇管制和资本流动不充分的现实条件出发,重新讨论了 *BP* 曲线的决定和特征,随后利用修正后的模型,研究了我国宏观经济政策的选择。在引入更多经济变量扩展 M－F 模型方面,梁立俊(2003)引入价格和真实汇率两个因素,讨论了固定汇率、资本完全不流动以及价格黏性条件下宏观经济模型的选择;王吕和李浩(2006)也对 M－F模型进行了扩展,并讨论了浮动汇率制度下两大政策的实施效果。

3)利用 M－F 模型分析宏观经济政策

利用 M－F 模型分析与评价宏观经济政策的有效性是国内学者相关研究最为集

中的一个方面,它可以分为两部分:一部分是对国内宏观经济政策有效性的研究;另一部分则是对国外宏观经济政策有效性的研究。在对国内宏观经济政策有效性的研究上,杨玉凤(2002)、刘正良、刘厚俊(2004)、张广裕(2005)、邱乔红和高羽(2005)、李艳红和朱铭(2006)、梁晓洁和陈玉梅(2008)、崔蕊和刘力臻(2011)、冯倩宇和刘莹(2012)等均以M-F模型为基本分析框架,结合我国宏观经济运行特点与所处的国际经济环境,对我国货币政策和财政政策的有效性进行了实证分析与检验,提出了优化政策选择的方向与路径。在对国外其他国家宏观经济的研究上,蒋莱(2001)结合发展中国家引进外资的做法,提出了一个对亚洲经济复苏过程有解释和指导作用的M-F修正模型;焦莉莉和焦晓松(2005)、邱乔红和吴黎明(2005):蔡云(2009)则以欧盟统一的货币政策和相对分散的财政政策非对称结构的经济效应为前提,运用M-F模型剖析了欧盟整体的汇率危机和银行业危机等一系列现实问题;李媛媛和赵越(2011)基于M-F模型剖析了美国联邦储备委员会推出的第二轮定量宽松货币政策对欧洲和日本的影响;张昱和田兴(2011)运用M-F模型对东南亚五国1970—2010年的经济运行状况进行了实证研究;徐肖冰(2012)基于M-F模型对欧洲主权债务危机的原因进行了系统分析。

2.2.2 基于新开放经济宏观经济学的研究综述

我国对新开放经济宏观经济模型的研究与国外相比要滞后很多,近年来国内才相继出现了一些对NOEM的综述,而利用NOEM理论框架来分析中国宏观经济问题的研究则是少之又少。刘红忠和张卫东(2001)、姜波克和陆前进(2003)、王志伟和范幸丽(2004)、王胜和邹恒甫(2006)、陈雨露和侯杰(2006)、汤铎铎(2009)、方成(2011)等都针对NOEM的产生和发展进行了系统综述。另一方面,我国一部分学者对NOEM中的某一理论或者观点进行了系统的梳理。向东(2004)对NOEM观点中汇率变动的支出转换效应进行了综述;张春生和吴超林(2007)则对NOEM中货币贬值对贸易收支影响的理论进行了综述;陈智君(2008)对NOEM框架下的货币政策、汇率政策和资本流动政策的搭配(三元悖论)进行了重新的解析;林峰(2010)对NOEM中货币政策理论与汇率制度选择的研究进行了梳理,这些研究在向国内学术界介绍和传播NOEM理论作出了巨大的贡献。

另外,国内近期也出现了利用NOEM框架来处理中国宏观经济问题的理论研究与实证分析。姚斌(2006)在NOEM框架下建立了基于名义工资黏性的两国一般均衡随机模型,从生产率和货币冲击角度定量分析了国家规模与对外开放度在不同汇率制度下对福利的影响。姚斌(2007)从福利角度,结合规范分析和实证分析,应用NOEM研究框架对我国短期内人民币汇率制度的选择进行了定性和定量研究,建立了人民币汇率制度选择的结构化模型。王冠中(2008)根据Redux模型推导出了外汇储备变化率与政府支出变化率之间的关系,分析了我国在外汇储备高增长情况下紧缩性财政政策的影响作用,结果认为在外汇储备增长率超过GDP增长率的情况下，缩减政府支出有利于缓解人民币升值压力，并根据中国的数据，对结论进行了实证检验。闫思(2012)对 NOEM 模型的相关设定进行了整理，从福利角度对最优货币政策进行了理论分析，并通过对中国与美国、日本、欧盟三个国家或地区的实证数据进行了对比检验，充实了 NOEM 框架下对于中国货币政策分析的经验证据。岑丽君和程慧芳(2012)利用金融危机前后中美两国的经济数据，描述了两国货币政策协调与经济周期协动之间的关系；同时以新开放经济宏观经济学为理论分析框架，结合经济全球化及金融危机后中美两国的现实背景，考察了中美两国进行货币政策国际协调的福利收益函数及需要满足的条件。何国华和常鑫鑫(2012)采用新开放经济宏观经济学动态一般均衡的方法，分析了美元本位在中美货币政策福利分配中的影响，分析结果显示，当外围国家采用扩张性的货币政策时，美元本位导致了汇率传递的不完全，美国作为美元本位的核心国始终能够获得正福利增量，而外围国家的福利增加，受到美元本位程度、消费替代弹性和国家规模等因素的影响。

通过比较能够发现，国内的研究除了明显的借鉴性外，一个较为突出的特点是其更为关心政策层面，这一点自然与我们所处的制度环境有关。与国外的相关研究相比，国内的研究在实证分析方面显得不足，且分析的逻辑思路正好与国外相反，国外的研究是以实证结论为基础，去寻求现实运行机制的制度缺陷，从而反省模型的假定条件；国内的研究则是先考察模型的假设前提，然后结合现实去改造模型，最后为修正模型寻求实践的依据。

第3章　开放条件下宏观经济模型的修正和扩展

在开放经济的条件下，各国经济之间存在着一定程度的依存关系，各国经济政策的调整都会对其他国家的经济产生影响，尤其是经济大国宏观政策调整所带来的国际影响越来越明显。就中美两国而言，由于中美两国的经济依存程度较高，美国所实行的货币政策、利率政策、汇率政策以及财政政策的调整都会对中国经济产生相应的影响效应；而中国经济政策的调整也会对美国经济产生一定的影响，具体体现在中美贸易、资本流动等方面。蒙代尔－弗莱明模型作为开放经济条件下宏观经济分析的基本框架，曾被广泛地应用于两国之间不同政策实施效果的分析，但是M－F模型本身却存在着重大的理论缺陷，需要在深入分析的基础上对其进行相应的扩展和修正。

3.1　传统蒙代尔－弗莱明模型概述

IS－LM模型是现代宏观经济学的核心，模型的本质是描述封闭经济条件下的宏观经济一般均衡，随后罗伯特·蒙代尔(Robert A. Mundell,1963)和马库斯·弗莱明(J. Marcus Flemmng,1962)将IS－LM模型推广到开放经济中。在西方文献中，罗伯特·蒙代尔(1963)在《固定和浮动汇率制下资本流动和稳定政策》和马库斯·弗莱明(1962)在《固定和浮动汇率制下国内金融政策》的论文中，利用凯恩斯理论的扩展宏观分析框架，在融入国际收支均衡的条件下，研究了开放经济内外均衡的实现问题，并且提出了著名的蒙代尔－弗莱明模型。蒙代尔－弗莱明模型系统地阐述了在不同的汇率制度下，国际资本流动在宏观经济政策有效性分析中的重要作用，它是凯恩斯(Keynes,1936)收入－支出模型(Income－Expenditure Model)和米德(Meade,1951)政策搭配思想的综合。

3.1.1　资本完全自由流动下的财政政策和货币政策

蒙代尔－弗莱明模型是开放经济条件下宏观经济的一般均衡分析模型，该模型将IS－LM模型的两个市场均衡分析扩展至三个市场的均衡分析，即商品市场、货币市场和外汇市场的均衡分析，M－F模型的基本假定条件包括以下几点。

(1)假定资本在国际间具有完全的流动性，即资本流动对利率差异极其敏感，或者说资本流动对利率差异具有完全弹性。

(2)假定在浮动汇率制度下，汇率预期是静态的。由于资产交易涉及不同的货币，这一假设意味着未来的即期汇率与预期的远期汇率是完全一致的。

(3)关于一些微观经济变量的假定。假定经济中存在失业、规模报酬不变、货币工资率与一般物价水平不变。这些假定都意味着国内产出的供给是有弹性的，影响总需求波动的变量是实际收入，而不是价格水平 P。因此，M 既表示名义货币供给量，又表示实际货币供给量。进一步假设净出口仅取决于国民收入水平和汇率，并且国民收入越低，本国货币汇率越高，本国商品相对于国外商品越便宜，出口商品竞争力增加，净出口越多。此外，货币需求仅仅取决于国内产出和国内利率水平。

(4)财政政策的实施手段是增发政府公债，而货币政策的实施手段则是公开市场业务。

基于以上四个基本假定条件，M－F 模型包括以下三个方程：

$$i = i_f \tag{3.1}$$

$$S(Y,i) - I(i) - G = NX(Y,e);S_Y>0,S_i>0,I_i<0,NX_Y<0,NX_e>0 \tag{3.2}$$

$$M = L_T(Y) + L_S(i);L_Y>0;L_i<0 \tag{3.3}$$

等式(3.1)反映的是关于外汇市场上的假设，即在国际资本具有完全流动性和汇率静态预期的条件下，一个小国的利率与世界利率水平保持一致，也就是说国内利率水平是由国外利率水平直接决定的。等式(3.2)是开放经济中的 IS 方程，反映了产品市场均衡，由于假设价格水平不变，因此实际利率等于名义利率。其中，个人储蓄是国民收入与国内利率的函数，并且与国民收入和国内利率水平均呈现正相关关系；投资是国内利率的函数，并且与其呈现负相关关系；根据假设净出口是国民收入和汇率的函数，并且与国民收入负相关，与汇率正相关。若名义汇率保持不变，对等式(3.2)求导可以得到开放经济条件下的 IS 曲线的斜率为

$$\frac{di}{dY} = \frac{S_Y - NX_Y}{I_i - S_i} < 0 \tag{3.4}$$

由式(3.4)可知，开放经济条件下的 IS 曲线斜率为负，并且比封闭经济条件下的 IS 曲线斜率$\left(\frac{di}{dY}=\frac{S_Y}{I_i}\right)$更加陡峭。式(3.3)是开放经济中的 LM 方程，反映了货币市场均衡，其中交易性货币需求是国民收入的函数，并且与国民收入正相关，投机性货币需求是国内利率的函数，并且与国内利率水平负相关。

1)浮动汇率制度下的财政政策和货币政策效应

在完全浮动汇率制度下，中央银行不会为了维持汇率而干预市场，即汇率完全是由市场决定的，而且因为资本是完全自由流动的，所以利率水平由国际利率水平决定，即国内利率水平被视为外生变量处理；而方程中的名义汇率 e 和国内总产出 Y 被视为内生变量。对等式(3.2)和(3.3)分别求关于 G 的导数可以得到：

$$1 = \frac{\partial S}{\partial Y}\frac{dY}{dG} - \frac{\partial NX}{\partial Y}\frac{dY}{dG} - \frac{\partial NX}{\partial e}\frac{de}{dG} \tag{3.5}$$

$$0 = \frac{\partial L_T}{\partial Y}\frac{dY}{dG} \tag{3.6}$$

通过(3.6)式可得：

$$\frac{\mathrm{d}Y}{\mathrm{d}G}=0 \tag{3.7}$$

将(3.7)式代入(3.5)式得到:

$$\frac{\mathrm{d}e}{\mathrm{d}G}=-1\Big/\frac{\partial NX}{\partial e}<0 \tag{3.8}$$

同理,对等式(3.2)和(3.3)分别求关于 M 的导数可得:

$$0=\frac{\partial S}{\partial Y}\frac{\mathrm{d}Y}{\mathrm{d}M}-\frac{\partial NX}{\partial Y}\frac{\mathrm{d}Y}{\mathrm{d}M}-\frac{\partial NX}{\partial e}\frac{\mathrm{d}e}{\mathrm{d}M} \tag{3.9}$$

$$1=\frac{\partial L_{\mathrm{T}}}{\partial Y}\frac{\mathrm{d}Y}{\mathrm{d}M} \tag{3.10}$$

由式(3.10)可得:

$$\frac{\mathrm{d}Y}{\mathrm{d}M}=1\Big/\frac{\partial L_{\mathrm{T}}}{\partial Y}>0 \tag{3.11}$$

将式(3.11)代入式(3.9)可得:

$$\frac{\mathrm{d}e}{\mathrm{d}M}=\left(\frac{\partial S}{\partial Y}-\frac{\partial NX}{\partial Y}\right)\Big/\left(\frac{\partial NX}{\partial e}\times\frac{\partial L_{\mathrm{T}}}{\partial Y}\right)>0 \tag{3.12}$$

式(3.7)和式(3.8)显示,在资本完全流动的情况下,当实施浮动汇率制度,财政政策是无效的,即政府财政支出的增加(G 增加)不会影响国内总产出水平,但是扩张性财政政策的实施会导致本国货币升值。式(3.11)和式(3.12)显示,在浮动汇率制度下,货币政策是有效的,此时货币政策对国内总产出的影响效应等于$\frac{\partial L_{\mathrm{T}}}{\partial Y}$的倒数,并且当实行扩张性的货币政策($M$ 增加)时,会带动国内产出水平的增加,即货币政策效果与调控目标保持方向上的一致;但是扩张性货币政策会造成本国货币贬值。这一效应产生的过程可以用图 3.1 加以说明。

如图 3.1 所示,经济最初位于 E 点所示的均衡状态,国内的货币供给量、名义汇率和产出水平分别为 M_0、e_0 和 Y_0。在浮动汇率制度下,假定货币政策不变,当实施扩张性的财政政策时,IS 曲线会由 $IS(e_0)$ 右移至 $IS(e_1)$,此时国内经济均衡被打破,均衡点从 E 移动到 E'',国内产出水平和利率水平均有所变化,国内产出水平由 Y_0 上升至 Y'',同时国内利率水平由国际利率水平 i_f 上升至 i''。当国内利率水平提高之后,由于资本是完全自由流动的,因此国外资本会迅速流入本国市场,导致国内的外汇供给增加,同时国际上对本国货币的需求也随之增加,这样使得本国货币升值,外币贬值。本币的升值导致本国商品相对于外国商品的价格上升,即本国商品更加昂贵,而外国商品更加便宜,本国商品的竞争力下降,这样一来,本国进口增加、出口减少,本国的净出口降低。净出口的下降会导致 IS 曲线向左移动,这一过程会持续到 IS 曲线恢复到原来的位置,从而使得国内利率水平正好等于国际利率水平为止,经济重新回到了原来的均衡点 E,此时国内产出仍为 Y_0。

由此可知,当经济重新达到均衡时,利率水平仍然等于国际利率水平,扩张性的

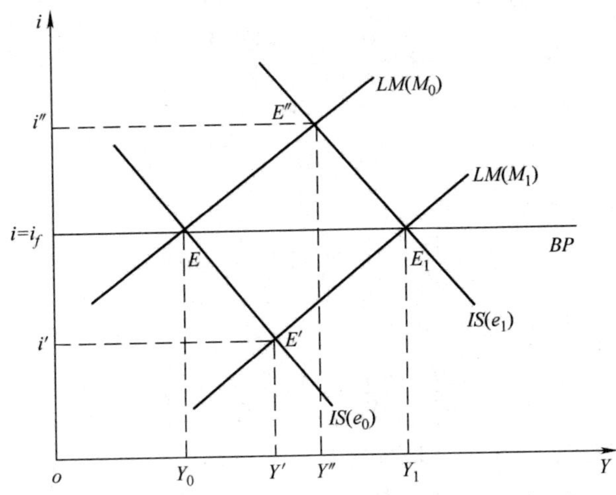

图 3.1　完全浮动汇率制度下的货币政策和财政政策

财政政策对净出口具有完全的挤出效应，即政府支出的增加被净出口减少所完全抵消，国内的产出水平保持不变。因此，在浮动汇率制度下实施扩张性的财政政策对产出没有影响，其结果只是导致本币升值。

假定财政政策不变，当实施扩张性的货币政策时，会使曲线由 $LM(M_0)$ 向右移动至 $LM(M_1)$，此时国内经济的均衡被打破，均衡点从 E 移动到 E'，国内产出水平由 Y_0 上升至 Y'，而利率水平则由国际利率水平 i_f 下降为 i'。一旦国内利率水平降低到国际利率水平之下，由于资本是完全自由流动的，因此国内资本会迅速外流，导致国内的外汇供给减少，同时国际上对本国货币的需求也随之减少，这样使得本币贬值、外币升值。本币的贬值导致本国商品相对于外国商品的价格下降，即本国商品更加便宜，而外国商品更加昂贵，本国商品的竞争力上升，因此本国进口减少、出口增加，进而使本国的净出口上涨。净出口的增加会导致 IS 曲线向右移动，这一过程会持续到 IS 曲线由 $IS(e_0)$ 右移至 $IS(e_1)$ 的位置，使得国内利率水平正好等于国际利率水平为止，经济达到新的均衡点 E_1，此时国内产出从 Y_0 上升至 Y_1。

由此可知，当经济重新达到均衡时，利率水平仍然等于国际利率水平，扩张性的货币政策会通过净出口的增加而使得国内产出水平增加，并且造成本币贬值。

2）固定汇率制度下的财政政策和货币政策效应

在固定汇率制度下，汇率不再由外汇市场决定，而由一国政府维持。因此，在 M－F模型包括的(3.1)、(3.2)和(3.3)三个方程中，汇率 e 是外生的，此时货币供给量 M 是政府为了维持汇率稳定而进行调节的，所以 M 也不再是外生的，而是在维持汇率稳定过程中由经济内生决定的。此时，货币供给量 M 和国内总产出 Y 是内生变量。

对等式(3.2)和(3.3)分别求关于 G 的导数可得:

$$1=\frac{\partial S}{\partial Y}\frac{\mathrm{d}Y}{\mathrm{d}G}-\frac{\partial NX}{\partial Y}\frac{\mathrm{d}Y}{\mathrm{d}G} \tag{3.13}$$

$$\frac{\mathrm{d}M}{\mathrm{d}G}=\frac{\partial L_T}{\partial Y}\frac{\mathrm{d}Y}{\mathrm{d}G} \tag{3.14}$$

通过式(3.13)可得:

$$\frac{\mathrm{d}Y}{\mathrm{d}G}=1/(\frac{\partial S}{\partial Y}-\frac{\partial NX}{\partial Y})>0 \tag{3.15}$$

将式(3.15)代入式(3.14)可得:

$$\frac{\mathrm{d}M}{\mathrm{d}G}=\frac{\partial L_T}{\partial Y}/(\frac{\partial S}{\partial Y}-\frac{\partial NX}{\partial Y})>0 \tag{3.16}$$

由式(3.15)和式(3.16)可知,在资本完全流动的情况下,当实施固定汇率制度时,财政政策是有效的,若政府实施扩张性的财政政策(G 增加)会带动国内总产出水平上涨,即财政政策效果与调控目标保持方向上的一致。同时,为了维持固定的汇率,本国货币供给也必然增加,也就是说,为了维持汇率稳定,当政府实施扩张性的财政政策时,必须同时配合扩张性的货币政策。这一效应产生的过程可以通过图 3.2 加以说明。

如图 3.2 所示,在资本完全流动的开放经济中,如果实行固定汇率制度,那么货币供给量的内生性将使得政府不再具有独立的货币政策。经济最初位于 E 点所示的均衡状态,国内利率与国际利率水平相等,国内产出水平为 Y_0。假定财政政策不变,当实行扩张性的货币政策时,会使 LM 曲线由 $LM(M_0)$ 向右移动至 $LM(M_1)$,此时国内经济的均衡被打破,均衡点从 E 移动到 E',国内产出水平提高至 Y',而国内利率水平降低为 i'。一旦国内利率水平降低到国际利率水平之下,由于资本是完全自由流动的,国内资本会迅速外流,导致国内的外汇供给减少,同时国际上对本国货币的需求也随之减少,这样使得本国货币贬值、外币升值。由于政府具有维持汇率稳定的义务,这时政府必须在外汇市场上提供足够多的外汇,同时买进多余的本币,从而使本国货币供给量减少。本国货币供给量的减少使得 LM 曲线向左移动,这一过程一直会持续到 LM 曲线恢复到原来的位置,从而使得国内利率水平与国际利率水平正好相等为止,外汇市场重新达到均衡从而汇率稳定不变,经济重新回到均衡点 E。

由此可知,当经济重新达到均衡时,利率水平仍然等于国际利率水平,政府一开始增加的货币供给量全部被政府为了维持固定汇率而在外汇市场上买回来。因此,在资本完全自由流动的开放经济中,当实行固定汇率制度时,货币政策是无效的。

在固定汇率制度下,假定货币政策不变,当实行扩张性的财政政策时,IS 曲线会由 $IS(e_0)$ 右移至 $IS(e_1)$,此时国内经济中的均衡被打破,均衡点从 E 移动到 E'',国内产出水平和国内利率水平分别提高到 Y'' 和 i''。当国内利率水平提高之后,由于资本

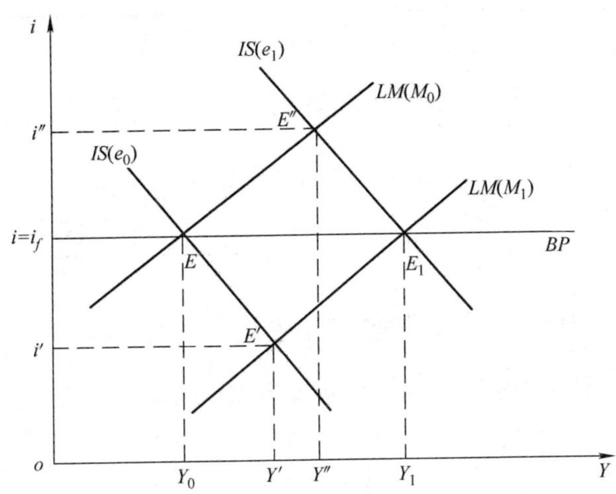

图 3.2　固定汇率制度下的货币政策和财政政策

的完全自由流动会使国外资本迅速流入本国市场，导致国内的外汇供给增加，同时国际上对本国货币的需求也随之增加，这样使得本币升值、外币贬值。由于政府具有维持汇率稳定的义务，因此为了保持汇率固定不变，政府必须在外汇市场上买进外汇，卖出本币，从而使本国货币供给量增加。货币供给量的增加使得 LM 曲线由 $LM(M_0)$ 向右移动，这一过程会持续到 LM 曲线一直移动至 $LM(M_1)$ 的位置，使得国内利率水平与国际利率水平正好相等为止，外汇市场重新达到均衡从而汇率稳定不变，经济达到新的均衡点 E_1。

由此可知，当经济重新达到均衡时，政府为了维持本国货币汇率的稳定要配合使用扩张性的货币政策，利率水平仍然等于国际利率水平，扩张性财政政策使国内产出水平增加；而配套实施的扩张性货币政策抵消了扩张性财政政策对本币升值的压力，因此本币汇率保持不变。

综上所述，在资本完全自由流动的条件下，若选择不同的汇率制度，财政政策和货币政策的作用效果是完全不同的，如表 3.1 所示。若一国实施浮动汇率制度，财政政策无效而货币政策有效，当实施扩张性的财政政策不会造成国内产出水平的变化，它唯一的作用是使本币升值；扩张性的货币政策能够通过本币贬值刺激净出口，从而提高国内产出水平。同样，在资本完全自由流动的条件下，若一国实施固定汇率制度，货币供给量只是政府用来固定汇率的政策工具，此时货币政策内生于政府维持汇率稳定的需要；扩张性的财政政策能够增加国内产出水平，但是为了维持汇率稳定，政府必须配合实行扩张性的货币政策。

表 3.1 资本完全流动情况下的货币政策和财政政策

政策	固定汇率制度	浮动汇率制度
扩张性的财政政策	有效,国民收入增加,进出口减少	无效,国民收入不变,政府支出增加等于进出口减少,本币升值
扩张性的货币政策	无效,国民收入不变,外汇储备减少等于货币供给量增加	有效,国民收入增加,进出口增加,本币贬值

3.1.2 资本不完全自由流动下的财政政策和货币政策

在上述分析的 M-F 模型中,国际资本具有完全的流动性,这是一个关于资本流动性的极端假定,意味着国内利率水平对世界利率水平的暂时偏离马上会通过资本的流入或流出而得到抵消。事实上,国际资本具有完全流动性的假设是不现实的,在资本不完全流动的开放经济中,一国经济市场中的 *IS* 曲线和 *LM* 曲线与之前资本完全流动时的形式相同,即为式(3.2)和式(3.3),而 *BP* 曲线为

$$NX(Y,e)+CF(i-i_f)=0;\quad NX_Y<0,NX_e>0,CF'>0 \tag{3.17}$$

等式(3.17)是国际收支平衡曲线,即 *BP* 曲线。在资本不完全流动的情况下,如果名义汇率 e 保持不变,那么 *BP* 曲线的斜率为

$$\frac{\mathrm{d}i}{\mathrm{d}Y}=-\frac{NX_Y}{CF_i}>0 \tag{3.18}$$

因此,*BP* 曲线是一条向右上方倾斜的曲线。

1)浮动汇率制度下的财政政策和货币政策效应

在浮动汇率制度下,名义汇率 e、国内利率水平 i 和国内总产出 Y 是内生变量。对等式(3.17)、(3.2)和(3.3)分别求关于 G 的导数可得:

$$0=\frac{\partial NX}{\partial Y}\frac{\mathrm{d}Y}{\mathrm{d}G}+\frac{\partial NX}{\partial e}\frac{\mathrm{d}e}{\mathrm{d}G}+\frac{\partial CF}{\partial i}\frac{\mathrm{d}i}{\mathrm{d}G} \tag{3.19}$$

$$1=\frac{\partial S}{\partial Y}\frac{\mathrm{d}Y}{\mathrm{d}G}+\frac{\partial S}{\partial i}\frac{\mathrm{d}i}{\mathrm{d}G}-\frac{\partial I}{\partial i}\frac{\mathrm{d}i}{\mathrm{d}G}-\frac{\partial NX}{\partial Y}\frac{\mathrm{d}Y}{\mathrm{d}G}-\frac{\partial NX}{\partial e}\frac{\mathrm{d}e}{\mathrm{d}G} \tag{3.20}$$

$$0=\frac{\partial L_{\mathrm{T}}}{\partial Y}\frac{\mathrm{d}Y}{\mathrm{d}G}+\frac{\partial L_{\mathrm{S}}}{\partial i}\frac{\mathrm{d}i}{\mathrm{d}G} \tag{3.21}$$

由式(3.19)和式(3.20)可得:

$$1=\frac{\partial S}{\partial Y}\frac{\mathrm{d}Y}{\mathrm{d}G}+\frac{\partial S}{\partial i}\frac{\mathrm{d}i}{\mathrm{d}G}-\frac{\partial I}{\partial i}\frac{\mathrm{d}i}{\mathrm{d}G}+\frac{\partial CF}{\partial i}\frac{\mathrm{d}i}{\mathrm{d}G} \tag{3.22}$$

将式(3.21)代入式(3.22)可得:

$$\frac{\mathrm{d}Y}{\mathrm{d}G}=1\Big/\left[\frac{\partial S}{\partial Y}-\left(\frac{\partial S}{\partial i}-\frac{\partial I}{\partial i}+\frac{\partial CF}{\partial i}\right)\frac{\partial L_{\mathrm{T}}}{\partial Y}\Big/\frac{\partial L_{\mathrm{S}}}{\partial i}\right]>0 \tag{3.23}$$

再将式(3.23)代入式(3.21)可得:

$$\frac{\mathrm{d}i}{\mathrm{d}G}=-\frac{\partial L_{\mathrm{T}}}{\partial Y}\frac{\mathrm{d}Y}{\mathrm{d}G}\bigg/\frac{\partial L_{\mathrm{S}}}{\partial i}=-\frac{\partial L_{\mathrm{T}}}{\partial Y}\bigg/\left[\frac{\partial L_{\mathrm{S}}}{\partial i}\frac{\partial S}{\partial Y}-\left(\frac{\partial S}{\partial i}-\frac{\partial I}{\partial i}+\frac{\partial CF}{\partial i}\right)\frac{\partial L_{\mathrm{T}}}{\partial Y}\right]>0 \quad (3.24)$$

最后，将式(3.23)和式(3.24)代入式(3.20)式可得：

$$\begin{aligned}\frac{\mathrm{d}e}{\mathrm{d}G}&=\left[-1+\left(\frac{\partial S}{\partial Y}-\frac{\partial NX}{\partial Y}\right)\frac{\mathrm{d}Y}{\mathrm{d}G}+\left(\frac{\partial S}{\partial i}-\frac{\partial I}{\partial i}\right)\frac{\mathrm{d}i}{\mathrm{d}G}\right]\bigg/\frac{\partial NX}{\partial e}\\&=\left(\frac{\partial CF}{\partial i}\frac{L_Y}{L_i}-\frac{\partial NX}{\partial Y}\right)\bigg/\left\{\left[\frac{\partial S}{\partial Y}-\left(\frac{\partial S}{\partial i}-\frac{\partial I}{\partial i}+\frac{\partial CF}{\partial i}\right)\frac{L_Y}{L_i}\right]\cdot\frac{\partial NX}{\partial e}\right\}\end{aligned} \quad (3.25)$$

由方程(3.23)和(3.24)可知，当资本不完全流动时，若实施浮动汇率制度，财政政策是有效的，实施扩张性的财政政策能够使国内产出水平和国内利率水平均有所提高。由方程(3.25)可知，扩张性的财政政策对汇率的影响效应是不确定的，由于其分母部分大于零，因此财政政策对汇率的影响取决于 $-\frac{L_Y}{L_i}$(货币市场中利率对产出的反应程度)和 $-\frac{\partial NX}{\partial Y}\bigg/\frac{\partial CF}{\partial i}$(外汇市场中利率对产出的反应程度)之间的大小关系，即取决于 *LM* 曲线和 *BP* 曲线的斜率大小，当 *LM* 曲线斜率大于 *BP* 曲线斜率时，即 $-\frac{L_Y}{L_i}>-\frac{\partial NX}{\partial Y}\bigg/\frac{\partial CF}{\partial i}$时，$\frac{\mathrm{d}e}{\mathrm{d}G}<0$，即扩张性的财政政策使本币升值；相反，当 $-\frac{L_Y}{L_i}<-\frac{\partial NX}{\partial Y}\bigg/\frac{\partial CF}{\partial i}$时，$\frac{\mathrm{d}e}{\mathrm{d}G}>0$，即扩张性的财政政策使本币贬值。

由此可知，假定货币政策不变，当实行扩张性的财政政策时，*IS* 曲线会向右移动，国内产出水平和国内利率水平均会提高。而扩张性的财政政策对汇率的影响有两种效应。

一方面，国内产出水平的提高会使本国进口增加，导致净出口减少，从而使本国对外币的需求量增加，这样一来，产出效应会造成本币贬值而外币升值；另一方面，利率水平的提高会使本国资产收益率提高，从而外国资本流入本国市场，造成外币的过度供给，所以利率效应又会造成本币升值而外币贬值。如果利率对汇率的效应大于产出对汇率的效应，那么扩张性的财政政策会使本币升值；反之本币贬值。

对等式(3.17)、(3.2)和(3.3)分别求关于 *M* 的导数可得：

$$0=\frac{\partial NX}{\partial Y}\frac{\mathrm{d}Y}{\mathrm{d}M}+\frac{\partial NX}{\partial e}\frac{\mathrm{d}e}{\mathrm{d}M}+\frac{\partial CF}{\partial i}\frac{\mathrm{d}i}{\mathrm{d}M} \quad (3.26)$$

$$0=\frac{\partial S}{\partial Y}\frac{\mathrm{d}Y}{\mathrm{d}M}+\frac{\partial S}{\partial i}\frac{\mathrm{d}i}{\mathrm{d}M}-\frac{\partial I}{\partial i}\frac{\mathrm{d}i}{\mathrm{d}M}-\frac{\partial NX}{\partial Y}\frac{\mathrm{d}Y}{\mathrm{d}M}-\frac{\partial NX}{\partial e}\frac{\mathrm{d}e}{\mathrm{d}M} \quad (3.27)$$

$$1=\frac{\partial L_{\mathrm{T}}}{\partial Y}\frac{\mathrm{d}Y}{\mathrm{d}M}+\frac{\partial L_{\mathrm{S}}}{\partial i}\frac{\mathrm{d}i}{\mathrm{d}M} \quad (3.28)$$

由式(3.26)和式(3.27)可得：

$$\frac{\mathrm{d}i}{\mathrm{d}M}=-\frac{\partial S}{\partial Y}\frac{\mathrm{d}Y}{\mathrm{d}M}\bigg/\left(\frac{\partial S}{\partial i}-\frac{\partial I}{\partial i}+\frac{\partial CF}{\partial i}\right) \quad (3.29)$$

将式(3. 29)代入式(3. 28)可得：

$$\frac{\mathrm{d}Y}{\mathrm{d}M}=\left(\frac{\partial S}{\partial i}-\frac{\partial I}{\partial i}+\frac{\partial CF}{\partial i}\right)\Big/\left[\left(\frac{\partial S}{\partial i}-\frac{\partial I}{\partial i}+\frac{\partial CF}{\partial i}\right)\frac{\partial L_{\mathrm{T}}}{\partial Y}-\frac{\partial S}{\partial Y}\frac{\partial L_{\mathrm{S}}}{\partial i}\right]>0 \tag{3.30}$$

代入式(3. 29)，可以得到：

$$\frac{\mathrm{d}i}{\mathrm{d}M}=-\frac{\partial S}{\partial Y}\Big/\left[\left(\frac{\partial S}{\partial i}-\frac{\partial I}{\partial i}+\frac{\partial CF}{\partial i}\right)\frac{\partial L_{\mathrm{T}}}{\partial Y}-\frac{\partial S}{\partial Y}\frac{\partial L_{\mathrm{S}}}{\partial i}\right]<0 \tag{3.31}$$

将式(3. 30)和式(3. 31)代入式(3. 27)可得：

$$\begin{aligned}\frac{\mathrm{d}e}{\mathrm{d}M}&=\left[\left(\frac{\partial S}{\partial Y}-\frac{\partial NX}{\partial Y}\right)\frac{\mathrm{d}Y}{\mathrm{d}M}+\left(\frac{\partial S}{\partial i}-\frac{\partial I}{\partial i}\right)\frac{\mathrm{d}i}{\mathrm{d}M}\right]\Big/\frac{\partial NX}{\partial e}\\&=\left[\frac{\partial S}{\partial Y}\frac{\partial CF}{\partial i}-\left(\frac{\partial S}{\partial i}-\frac{\partial I}{\partial i}+\frac{\partial CF}{\partial i}\right)\frac{\partial NX}{\partial Y}\right]\Big/\left\{\left[\left(\frac{\partial S}{\partial i}-\frac{\partial I}{\partial i}+\frac{\partial CF}{\partial i}\right)\frac{\partial L_{\mathrm{T}}}{\partial Y}-\frac{\partial S}{\partial Y}\frac{\partial L_{\mathrm{S}}}{\partial i}\right]\times\frac{\partial NX}{\partial e}\right\}>0\end{aligned} \tag{3.32}$$

式(3. 30)、(3. 31)和(3. 32)表明，当资本不完全流动时，在浮动汇率制度下，假定财政政策不变，货币政策同样是有效的。当实行扩张性的货币政策时，*LM* 曲线向右上方移动，导致国内产出水平提高，而国内利率水平降低。在外汇市场上，一方面，利率水平的下降使得本国资本外流，国际市场对本币的需求下降，对外币的需求上升，进而使本币贬值、外币升值；另一方面，国内产出水平的增加，使本国进口增加，导致净出口减少，从而使本国对外币的需求量增加，这样一来也会造成本币贬值而外币升值。因此，实施扩张性的货币政策会使本币贬值。

2)固定汇率制度下的财政政策和货币政策效应

在固定汇率制度下，由于政府会对外汇市场进行干预以维持汇率稳定，因此汇率 e 是外生的；而且货币供给量 M 是在维持汇率稳定的过程中由经济内生决定的。所以，一国经济市场一般均衡的 *BP* 曲线式(3. 17)、*IS* 曲线式(3. 2)和 *LM* 曲线式(3. 3)中，货币供给量 M、国内利率水平 i 和国内产出 Y 是内生变量，对等式(3. 17)、(3. 2)和(3. 3)分别求关于 G 的导数可得：

$$0=\frac{\partial NX}{\partial Y}\frac{\mathrm{d}Y}{\mathrm{d}G}+\frac{\partial CF}{\partial i}\frac{\mathrm{d}i}{\mathrm{d}G} \tag{3.33}$$

$$1=\frac{\partial S}{\partial Y}\frac{\mathrm{d}Y}{\mathrm{d}G}+\frac{\partial S}{\partial i}\frac{\mathrm{d}i}{\mathrm{d}G}-\frac{\partial I}{\partial i}\frac{\mathrm{d}i}{\mathrm{d}G}-\frac{\partial NX}{\partial Y}\frac{\mathrm{d}Y}{\mathrm{d}G} \tag{3.34}$$

$$\frac{\mathrm{d}M}{\mathrm{d}G}=\frac{\partial L_{\mathrm{T}}}{\partial Y}\frac{\mathrm{d}Y}{\mathrm{d}G}+\frac{\partial L_{\mathrm{S}}}{\partial i}\frac{\mathrm{d}i}{\mathrm{d}G} \tag{3.35}$$

由式(3. 33)可得：

$$\frac{\mathrm{d}i}{\mathrm{d}G}=-\frac{\partial NX}{\partial Y}\frac{\mathrm{d}Y}{\mathrm{d}G}\Big/\frac{\partial CF}{\partial i} \tag{3.36}$$

将式(3. 36)代入式(3. 34)可得：

$$\frac{\mathrm{d}Y}{\mathrm{d}G}=\frac{\partial CF}{\partial i}\Big/\left[\frac{\partial CF}{\partial i}\left(\frac{\partial S}{\partial Y}-\frac{\partial NX}{\partial Y}\right)-\frac{\partial NX}{\partial Y}\left(\frac{\partial S}{\partial i}-\frac{\partial I}{\partial i}\right)\right]>0 \tag{3.37}$$

代入式(3.36)可得：

$$\frac{\mathrm{d}i}{\mathrm{d}G}=-\frac{\partial NX}{\partial Y}\Big/\left[\frac{\partial CF}{\partial i}\left(\frac{\partial S}{\partial Y}-\frac{\partial NX}{\partial Y}\right)-\frac{\partial NX}{\partial Y}\left(\frac{\partial S}{\partial i}-\frac{\partial I}{\partial i}\right)\right]>0 \tag{3.38}$$

将式(3.37)和式(3.38)代入式(3.35)式可得：

$$\begin{aligned}\frac{\mathrm{d}M}{\mathrm{d}G}&=\frac{\partial L_{\mathrm{T}}}{\partial Y}\frac{\mathrm{d}Y}{\mathrm{d}G}+\frac{\partial L_{\mathrm{S}}}{\partial i}\frac{\mathrm{d}i}{\mathrm{d}G}\\&=\left(\frac{\partial L_{\mathrm{T}}}{\partial Y}\frac{\partial CF}{\partial i}-\frac{\partial NX}{\partial Y}\frac{\partial L_{\mathrm{S}}}{\partial i}\right)\Big/\left[\frac{\partial NX}{\partial Y}\left(\frac{\partial I}{\partial i}-\frac{\partial S}{\partial i}\right)+\frac{\partial CF}{\partial i}\left(\frac{\partial S}{\partial Y}-\frac{\partial NX}{\partial Y}\right)\right]\end{aligned} \tag{3.39}$$

由方程(3.37)和(3.38)可知，当资本不完全流动时，若实施固定汇率制度，则财政政策有效，并且实施扩张性的财政政策能够使国内产出水平和国内利率水平都有所提高，方程(3.39)表明，扩张性的财政政策对本国货币供给量的影响取决于 $-\frac{L_Y}{L_i}$ 和 $-\frac{\partial NX}{\partial Y}\Big/\frac{\partial CF}{\partial i}$ 的大小，即取决于 *LM* 曲线和 *BP* 曲线的斜率大小。当 $-\frac{L_Y}{L_i}>-\frac{\partial NX}{\partial Y}\Big/\frac{\partial CF}{\partial i}$ 时，$\frac{\mathrm{d}M}{\mathrm{d}G}>0$，即扩张性财政政策使本国货币供给量增加；相反，当 $-\frac{L_Y}{L_i}<-\frac{\partial NX}{\partial Y}\Big/\frac{\partial CF}{\partial i}$ 时，$\frac{\mathrm{d}M}{\mathrm{d}G}<0$，即扩张性财政政策使本国货币供给量减少。

如图3.3所示，经济最初位于 E 点所示的均衡状态，国内利率与国际利率水平相等，国内产出水平为 Y_0。假定货币政策不变，当实行扩张性的财政政策时，*IS* 曲线会由 $IS(e_0)$ 右移至 $IS(e_1)$，此时国内经济的均衡被打破，均衡点从 E 移动到 E''，国内产出水平和国内利率水平分别提高到 Y'' 和 i''。但是此时均衡点 E'' 并不位于 *BP* 曲线之上，这说明国际收支没有平衡。

具体来说，如果 *BP* 曲线斜率小于 *LM* 曲线斜率（如图 3.3(a)所示），即均衡点 E'' 位于 *BP* 曲线的上方，国际收支出现盈余，国内外汇供给过多，本币将会升值。这时，为了维持本国汇率的稳定，政府必须买进外汇、卖出本币，从而使本国货币供给量增加。货币供给量的增加使得 *LM* 曲线由 $LM(M_0)$ 向右移动，这一过程会持续到 *LM* 曲线一直移动至 $LM(M_1)$ 的位置，使得三条曲线重新相交于一点，经济重新达到三个市场的均衡为止。此时，外汇市场重新达到均衡从而汇率稳定不变，经济达到新的均衡点 E_1。

相反，如果 *BP* 曲线斜率大于 *LM* 曲线斜率（如图 3.3(b)所示），均衡点 E'' 位于 *BP* 曲线的下方，国际收支出现赤字，国内外汇供给不足，本币将会贬值。这时，为了维持本国汇率的稳定，政府必须要卖出外汇、买进本币，从而使本国货币供给量减少。货币供给量的减少使得 *LM* 曲线由 $LM(M_0)$ 向左上方移动，这一过程会持续到 *LM* 曲线一直移动至 $LM(M_1)$ 的位置，使得三条曲线重新相交于一点，经济重新达到三个市场的均衡为止。此时，外汇市场重新达到均衡从而汇率稳定不变，经济达到新的均衡点 E_1。

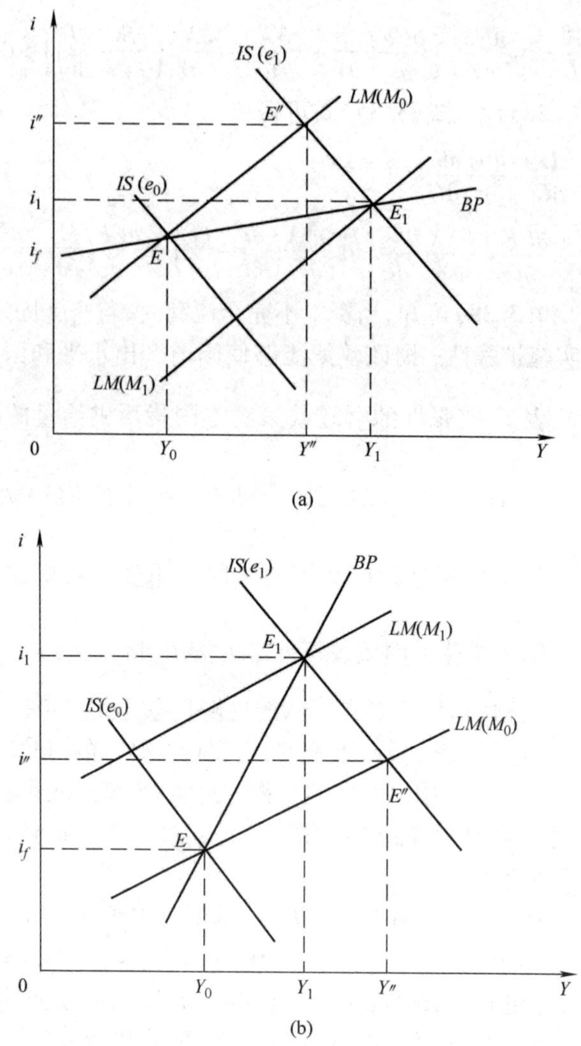

图3.3 资本不完全流动时固定汇率制度下扩张性财政政策的影响效应

(a)*BP* 曲线斜率小于 *LM* 曲线斜率;(b)*BP* 曲线斜率大于 *LM* 曲线斜率

如表3.2所示,在资本不完全自由流动的情况下,无论一国实施的是浮动汇率制度还是固定汇率制度,财政政策都是有效的,当实施扩张性的财政政策能够提高国内的总产出水平和利率水平。在固定汇率制度下,财政政策的实施对汇率无影响,但是为了维持汇率稳定,若 *LM* 曲线的斜率大于 *BP* 曲线的斜率,政府必须配合实行扩张性的货币政策;相反,若 *LM* 曲线的斜率小于 *BP* 曲线的斜率,政府必须配合实行紧缩性的货币政策。然而在浮动汇率制度下,扩张性的财政政策对汇率的影响则取决于 *LM* 曲线和 *BP* 曲线的斜率大小,若 *LM* 曲线的斜率大于 *BP* 曲线的斜率,则扩张性的财政政策使本币升值；相反，若 *LM* 曲线的斜率小于 *BP* 曲线的斜率，则扩张性的财政政策使本币贬值。对于货币政策而言，在固定汇率制度下，由于货币供给量只是政府用来固定汇率的政策工具，此时货币政策内生于政府维持汇率稳定的需要，即货币政策的实施不会造成国民收入的变化；在浮动汇率制度下，货币政策是有效的，当实施扩张性的货币政策时，能够使国内产出水平增加、利率水平下降，同时使本币贬值。

表 3.2　资本不完全流动情况下的货币政策和财政政策

政策	固定汇率制度	浮动汇率制度
扩张性的财政政策	有效，国民收入和利率上升，货币供给量增加或减少	有效，国民收入和利率增加，本币升值或贬值
扩张性的货币政策	无效，国民收入不变	有效，国民收入增加，利率下降，本币贬值

3.2　对 M－F 模型的评述

M－F 模型作为开放经济条件下进行宏观经济分析的基本框架，以其形式化的完美性以及所采用的一般均衡分析范式受到了经济学家的青睐，成为最有影响力的宏观经济模型之一。然而，由于我国经济处于转型期，对外开放的程度尚不完全，致使我国的现实经济状况很难满足 M－F 模型的相关条件，由此该模型的分析与应用在国内就产生了一些质疑，受到了一些经济学家的批评与改造，这些批评与改造主要集中在以下三个方面。

（1）对模型假定前提的质疑。陈时兴（2001）根据中国对外开放程度提高和经济转型的特点，对 M－F 模型的假设条件作出了一些修正和补充，包括假定总供给曲线比较平缓、实行准固定汇率制度、资本不完全流动和国际收支盈余等；程祖伟（2003）认为 M－F 模型的前提假设过于苛刻，基于中国目前尚在实行较为严格的资本管制，并且将在一个较长的时期内逐步放松对资本流动管制的实际情况，对经典的 M－F 模型进行了修正和拓展，去掉其关于资本完全自由流动的前提假设，并假定当存在资本管制时管制是对称的；章和杰和陈威吏（2008）根据中国当前的实际情况，对经典 M－F模型的前提条件进行了修正，包括总供给曲线水平、购买力平价无论短期还是长期均不成立、市场对人民币存在着稳定的升值预期、资本不完全流动、存在资本管制的不对称等。

（2）对 M－F 模型中方程形式所持有的不同观点。蒋莱（2001）指出传统的M－F 模型不仅忽视了一国外汇储备抵御经济危机的作用，而且没有考虑到资本内流对投资的影响，随后作者在 M－F 模型中加入资本内流因素，进而对 M－F 模型进行了修正；吴骏、周永务和王俊峰（2006）认为 M－F 模型中对 *BP* 曲线的假设不符合中国的现实，购买力平价理论更符合中国现实；叶德磊(2006)在证券市场开放和国际化背景下，考虑到证券市场的价格走势与利率变动方向相反，指出 *BP* 曲线有时呈现负斜率状态，从而对 M－F 模型进行了修正和扩展。

(3)认为原始模型过于抽象，忽略了一些重要因素。梁立俊(2003)在固定汇率和资本完全不流动的条件下，引入价格和真实汇率等因素对 M－F 模型和我国货币政策的有效性进行了进一步讨论；王吕和李浩(2006)指出 M－F 模型在分析固定汇率制度和浮动汇率制度下的财政政策和货币政策时异常简便，随后对浮动汇率制度下大国与小国的财政和货币政策的联动影响进行了分析，从而扩展了 M－F 模型。罗云峰(2010)指出 M－F 模型都是单国模型，没有在全球经济的大环境下研究两国经济政策的相互影响，而且模型仅仅考虑了财政政策和货币政策的互动，随后作者对以上两点加以改进，建立两国模型，考虑两国经济政策的相互影响，并将财政政策作为研究的核心，综合考虑 *IS*、*LM* 和 *BP* 三条曲线之间的互动。

从现有的对 M－F 模型的质疑以及基于这些质疑而对模型进行的修正与扩展来看，我们认为对 M－F 模型的批评和质疑都不是本质性的，因为其均未触及模型的基本结构，事实上 M－F 模型除假定条件过于苛刻外，它的基本结构也存在着重大的缺陷，这些重大缺陷主要体现在扩展逻辑上的非一致性、模型结构的非一致性和国际收支平衡意义不明确三个方面。

(1)扩展逻辑上的非一致性。要了解 M－F 模型的实质，首先是要知道 IS－LM 模型的本质经济含义。IS－LM 模型是宏观经济一般均衡分析的简要表述，这种简要表述是局部均衡分析的综合，而局部均衡分析在这里是依据经济活动性质划分的，经济活动的性质可以被分为两类：一类是与实物产品直接有关的生产活动，可将其称为实体经济，在 IS－LM 模型中具体体现为产品市场；另一类则是与实物产品生产非直接相关的经营活动，如今人们将其称为虚拟经济，在 IS－LM 模型中体现为货币市场。显然，这一分类具有完全性，因此对 IS－LM 模型的扩展不能靠增加市场结构来完成。可是，M－F 模型却恰恰是利用增加市场结构来实现 IS－LM 模型从封闭经济体系向开放经济体系的扩展，它的本质是靠增加一个对外市场的局部均衡来实现的，对外市场分类依据的是“国土原则”，其对应的另一类为对内市场，它与依据经济活动性质的分类明显是两种不同的划分方式，所以 M－F 模型存在逻辑上的不一致性。可能有人会说，M－F 模型是依“国土原则”分类的宏观经济均衡模型，$NX=NFI$(NX 为净出口，NFI 为对外净投资)是对外市场均衡方程，$S-I=NX$ 加上 $M_S=L$(其中，I 为投资，S 为储蓄，M_S 为货币供给，L 为货币需求)则是对内市场均衡。实际上，这种解释也是站不住脚的，因为即便是 $S-I=NX$ 加上 $M_S=L$ 这两个方程揭示了对内市场均衡，那三个方程也不能并行给出，$NX=NFI$ 和 $S-I=NX$ 或 $M_S=L$ 也处在不同层次上，将三个方程并行给出组成的 M－F 模型也仍然存在逻辑不一致的问题。

(2)模型结构的非一致性。在 M－F 模型中，产品市场均衡方程表示为 $S-I-G=NX$，若忽略政府的经济职能，那么有 $S-I=NX$；而对于货币市场来说，一般会将货币需求划分为交易性需求、预防性需求与投机性需求，通常将交易性需求和预防性需求合并为交易性需求，这样货币市场均衡方程就变为 $M_S = L_T + L_S$（其中，L_T 为货币的交易性需求，L_S 为货币的投机性需求）。由 M－F 模型的结构及经济性质可以看出，产品市场均衡方程 $S - I = NX$ 和货币市场均衡方程 $M_S = L_T + L_S$ 这两个方程都是结构性方程，而对外市场均衡方程 $NX = NFI$ 则是约束条件，即它要求经济运行保持国际收支平衡，因此，将三个方程并行给出组成的 M－F 模型同样存在模型结构的不一致。

（3）国际收支平衡的意义不明确。国际收支平衡作为一个约束条件，在 M－F 模型的求解过程中起着非常重要的作用，作为一个开放经济而不是基于全球视角的宏观经济模型，国际收支平衡的意义似乎不太明确。因为从一国经济发展的层面看，国家总体经济利益最大化才是其基本目标，由于实现经济利益最大化过程存在副作用，因此，一国经济运行的基本目标便可以表述为：在控制负面影响前提下的利益最大化。至于对外经济关系是否平衡则并不重要，重要的是这种平衡是否有利于促进经济增长、充分就业和实现物价稳定，否则，增添这一约束就没有意义。其次，也是最重要的一点是，当我们将 $S - I = NX$ 中的投资分为国内投资加国外净投资时，在 $NX = NFI$ 的约束下，产品市场均衡方程就变为 $I_n = S$（I_n 为国内投资），此时，M－F 模型便转化成为一个完全封闭的宏观经济模型。也就是说，M－F 模型实质上是一个附加约束条件的封闭经济模型，而非真正开放经济条件下的宏观经济模型。最后还需要说明的是，在各国货币国际地位不对称的现实背景下，强调国际收支平衡本身是没有意义的，因为货币国际地位的不对称不可能使国际收支保持平衡。

综上所述，M－F 模型的重要缺陷在于其基本结构的缺陷，由于产品市场与货币市场已是一种完全的分类，这就决定了对 M－F 模型的扩展不能靠增加市场均衡方程来完成，但是目前，我国学者对 M－F 模型的扩展和修正仍然仅仅局限于对模型假设和方程形式的扩展，而均未触及模型结构，这就导致了 M－F 模型并未实现真正的开放化。

3.3 开放条件下宏观经济模型的扩展

无论从分类结构和模型结构的一致性还是从模型扩展的逻辑顺序上看，将 IS－LM 模型从封闭体系扩展到开放体系都应该是对基本经济变量影响因素的扩展以及依靠增添产品市场或货币市场的行为方程来解决。这就意味着开放经济条件下的宏观经济模型是对封闭经济模型基本变量的开放化和市场行为的开放化。

3.3.1 开放条件下的 IS 模型

当我们在产品市场引入净出口变量 NX 后，产品市场的经济关系就从封闭走向开放了。在开放经济条件下，产品市场的均衡方程可以表示为

$$S - I + T - G = NX \tag{3.40}$$

其中,S 为储蓄,I 为投资,T 为政府税收收入,G 为政府支出。

式(3.40)与封闭体系另一个不同的是,式(3.40)中的各个变量都是开放型的。即使作为开放型的变量,储蓄 S 仍可视为内部选择性变量,它取决于收入水平 Y 和国内利率 r_n;但投资则不同,投资 I 由两部分组成,一个是国内投资 I_n,它取决于国内利率 r_n 和国外利率 r_f,另一个是国外净投资 NFI,它取决于汇率 e、国内利率 r_n 和国外利率 r_f,因此投资 I 可以表示为 $I = I_n(r_n, r_f) - NFI(e, r_n, r_f)$;政府税收收入 T 取决于收入水平 Y 与税率 t;净出口 NX 则由收入水平 Y 与汇率 e 决定。这样,式(3.40)便可以表示为

$$S(Y, r_n) - I_n(r_n, r_f) + NFI(e, r_n, r_f) + T(Y, t) - G = NX(Y, e) \tag{3.41}$$

式(3.41)即为开放经济条件下产品市场均衡方程。若不考虑政府的经济职能,式(3.41)可以简化为

$$S(Y, r_n) - I_n(r_n, r_f) + NFI(e, r_n, r_f) = NX(Y, e) \tag{3.42}$$

式(3.42)显示,在开放经济条件下,国内产品市场能否实现均衡,使总产出达到潜在的产出水平,不仅取决于国内变量 r_n,而且还与外部变量 r_f 和涉外变量 e 有关,只有当 $Y = F(r_n, r_f, e)$ 满足式(3.42)时,国内产品市场的均衡才能实现。而在外部变量给定的情况下,即 $e = \overline{e}, r_f = \overline{r_f}$ 已知或固定时,它才能给出利率与总产出之间的最优关系,也就是 IS 曲线。

3.3.2 开放条件下的 LM 模型

从 M－F 模型的结构也能看到一个有趣的现象,即一个扩展为开放经济的宏观经济模型却直接引用封闭体系下的 LM 模型,这无论在逻辑上还是在经济含义本质上都是难以解释的。所谓开放经济,自然是指国内所有市场的开放,当然也包括货币市场的开放。从这个意义上说,构筑开放经济条件下的宏观经济模型,不仅要使产品市场处于开放状态,而且也要使货币市场处于开放状态。

封闭经济的 LM 模型是由货币市场供求分析得到的,货币需求函数是依据需求性质来决定的,即它由交易性需求、预防性需求和投机性需求三部分组成,当我们将货币的交易性需求和预防性需求合并为交易性需求时,货币需求函数就可以写成

$$L(Y, r) = L_T(Y) + L_S(r) \tag{3.43}$$

从货币需求的性质上看,开放经济与封闭经济没有什么区别,但当我们将封闭经济扩展至开放经济时,开放体系下货币需求各组成部分的决定因素更为复杂,它除了受国内上述因素的影响外,还会受到外部变量与涉外变量的影响,外部变量主要有国外利率,涉外变量主要是汇率,故此可以将开放体系下货币需求函数表述为

$$L(Y, r_n, r_f, e) = L_T(Y, e) + L_S(r_n, r_f, e) \tag{3.44}$$

开放体系下货币供给也变得比封闭经济更复杂,这种复杂性主要体现在货币供给变量的性质发生了变化。在封闭经济条件下,货币供给量是由货币政策决定的,它

可以被视为一个外生变量,而在开放体系下,货币供给量的可控性会遭到外部因素的冲击,货币政策对货币供给的决定性被削弱,货币供给量的内生性增强。在这种背景下,如果对货币供给量仍直接按封闭经济的外生变量处理就明显不恰当了。对此,我们将货币供给量按其可控性分为两部分,一部分是由货币政策决定的可控量,另一部分则是外部资金流入而导致被动发行的货币供给量,即 $M_S = M_{Sn} + eM_{Sf}$(其中,M_{Sn} 为货币政策决定的可控量,M_{Sf} 为外部资金流入量)。由于外资流入与汇率和利差有关,因此开放体系下的货币供给函数可以表示为

$$M_S(r_n, r_f, e) = M_{Sn} + eM_{Sf}(r_n, r_f, e) \tag{3.45}$$

由式(3.44)和式(3.45),我们便可以得到开放经济条件下的 LM 模型,即

$$M_{Sn} + eM_{Sf}(r_n, r_f, e) = L_T(Y, e) + L_S(r_n, r_f, e) \tag{3.46}$$

3.3.3 开放条件下对传统宏观经济模型的扩展与构建

前面的论述表明,产品市场与货币市场是一个完全的划分,开放经济条件下的宏观经济模型实质上是这两个市场的开放化。由上面的讨论可知,一个完整的宏观经济基本模型,即开放的 IS－LM 模型便可表述为

$$\begin{cases} S(Y, r_n) - I_n(r_n, r_f) + NFI(e, r_n, r_f) = NX(Y, e) \\ M_{Sn} + eM_{Sf}(e, r_n, r_f) = L_T(Y, e) + L_S(e, r_n, r_f) \end{cases} \tag{3.47}$$

式(3.47)作为开放条件下的宏观经济模型,它并不是一个完备的系统,因为两个方程根本不可能确定四个未知量 Y、r_n、r_f、e 的唯一均衡解。实际上,开放体系不存在唯一确定的均衡解是易于解释的,因为它不是全球宏观经济模型,在全球宏观经济模型中,经济变量没有内外之分,这就决定了全球宏观经济模型既不需要涉及汇率 e,也没有内外利率 r_n 和 r_f 之别,故全球宏观经济模型应存在唯一均衡解。或者说,全球宏观经济本身就是一个完备的系统,讨论它的唯一均衡解是有意义的。然而,当我们不是立足于全球视角,而是从国家宏观经济运行来考虑问题时,就会发现,封闭经济向开放经济的扩展本身是将一个完备的系统向一个不完备系统的转换,因为外部变量和涉外变量可能与内部变量并不存在必然和确定的联系(涉外变量 e 可能存在内生化性质),变量 e 和 r_f 本质上只能作为外生变量处理,此时的宏观经济均衡是指外部条件和外部联系给定下的均衡。当外部条件给定时,$r_f = \overline{r_f}$,式(3.47)是否存在唯一的均衡解则取决于涉外变量 e 的选择,即取决于汇率制度的选择。

在固定汇率制度下,式(3.47)变为

$$\begin{cases} S(Y, r_n) - I_n(r_n, \overline{r_f}) + NFI(\overline{e}, r_n, \overline{r_f}) = NX(Y, \overline{e}) \\ M_{Sn} + \overline{e}M_{Sf}(\overline{e}, r_n, \overline{r_f}) = L_T(Y, \overline{e}) + L_S(\overline{e}, r_n, \overline{r_f}) \end{cases} \tag{3.48}$$

式(3.48)是一个两个方程、两个未知量的方程组,在一般情况下它有唯一的一组解,此时该体系便成为一个完备的系统。

在浮动汇率制度下,汇率 e 由外汇市场的供求状况决定。这里我们不妨假设内

外部资产选择具有完全的可替代性，且忽略交易费用，则汇率的决定便符合利率平价原则，即$(1+r_{\mathrm{n}})e_0=e(1+r_{\mathrm{f}})$（$e_0$为上一期的汇率，是一已知量），此时式(3.47)便可扩展为

$$\begin{cases} S(Y,r_{\mathrm{n}})-I_{\mathrm{n}}(r_{\mathrm{n}},\overline{r_{\mathrm{f}}})+NFI(e,r_{\mathrm{n}},\overline{r_{\mathrm{f}}})=NX(Y,e) \\ M_{\mathrm{Sn}}+eM_{\mathrm{Sf}}(e,r_{\mathrm{n}},\overline{r_{\mathrm{f}}})=L_{\mathrm{T}}(Y,e)+L_{\mathrm{S}}(e,r_{\mathrm{n}},\overline{r_{\mathrm{f}}}) \\ (1+r_{\mathrm{n}})e_0=e(1+\overline{r_{\mathrm{f}}}) \end{cases} \tag{3.49}$$

式(3.49)是一个三个方程、三个未知量的方程组，在一般情况下它有唯一的一组解，此时该体系也成为一个完备的系统。

只有当外部变量和涉外变量与内部变量存在必然且确定的联系时，即当国内经济与国际经济完全融合时，式(3.47)才有可能成为一个完备的系统，在这种背景下的均衡解与国内经济所处的国际地位有关。因为在这种情况下，利率平价能获得满足，式(3.47)因此可扩展为

$$\begin{cases} S(Y,r_{\mathrm{n}})-I_{\mathrm{n}}(r_{\mathrm{n}},r_{\mathrm{f}})+NFI(e,r_{\mathrm{n}},r_{\mathrm{f}})=NX(Y,e) \\ M_{\mathrm{Sn}}+eM_{\mathrm{Sf}}(e,r_{\mathrm{n}},r_{\mathrm{f}})=L_{\mathrm{T}}(Y,e)+L_{\mathrm{S}}(e,r_{\mathrm{n}},r_{\mathrm{f}}) \\ (1+r_{\mathrm{n}})e_0=e(1+r_{\mathrm{f}}) \end{cases} \tag{3.50}$$

式(3.50)即为大国宏观经济模型，它是内外利率与汇率之间存在确定关系下的宏观经济模型，该模型因含有四个未知量，且只有三个方程，故其均衡解并不唯一。但对大国经济来说，基本的汇率制度适合选择浮动汇率制度，且汇率的变化要与利率的变动相匹配，即$(1+r_{\mathrm{f}})\mathrm{d}e+e\mathrm{d}r_{\mathrm{f}}=e_0\mathrm{d}r_{\mathrm{n}}$。因为当$e=e_0$时，由式(3.50)的第三式可得$r_{\mathrm{n}}=r_{\mathrm{f}}=r$，即满足小国经济之特点。或者反过来看，当$r_{\mathrm{n}}=r_{\mathrm{f}}=r$时，由式(3.50)的第三式可得$e=e_0$，代入式(3.50)后就有

$$\begin{cases} S(Y,r)-I_{\mathrm{n}}(r)+NFI(e_0,r)=NX(Y,e_0) \\ M_{\mathrm{Sn}}+e_0M_{\mathrm{Sf}}(e_0,r)=L_{\mathrm{T}}(Y,e_0)+L_{\mathrm{S}}(e_0,r) \end{cases} \tag{3.51}$$

式(3.51)为小国宏观经济模型，其表明小国经济不仅汇率制度选择必须是固定汇率制度，而且存在唯一均衡解。

第4章　美元无限供给弹性与二元经济结构

布雷顿森林体系崩溃后，美元彻底取代了黄金成为世界最主要的储备资产，一个以信用美元为核心的货币制度形成，国际货币制度安排显示出极度的非对称性。当美元本位制摆脱黄金的约束后，美元供给的外部硬性约束完全消失，这为美国经济的滞胀以及不断扩大的财政赤字寻求出路提供了条件，促成了美国长期量化宽松的货币政策及其债务的货币化，结果导致全球美元的泛滥及世界性的通货膨胀，持续的通货膨胀使传统的竞争性行业面临严峻的挑战，它极大地挫伤了实体经济的发展，发达国家由此出现实体经济产业空洞化就是一个很自然的事情。另一方面，只要美元作为最重要的国际储备货币的地位没能被彻底动摇，美国便可以通过不断地增加美元供应量从世界各国购买任意数量的消费品和资本品，从而满足国内的消费需求和形成对全球资源的垄断。因为美国人根本用不着去生产实物产品，他们只需要印钞票就行。为了保证无限制印钞的可持续性，美国经济发展的核心便是想办法维持美元作为国际储备货币的地位，于是美国必须创造一种美元的回流机制，为美国的贸易赤字提供融资，一个发达的金融市场便在美国形成。在实体经济产业空洞化的背景下，为了最大限度维护美元的信用，美国凭借其在国际货币体系中的霸权地位，通过向全球提供金融"游戏规则"来引导全球性的金融博弈，甚至不惜强制一些国家参与不对称的金融游戏，从中赚回大量的因贸易流失的美元，这进一步刺激了虚拟经济的扩张与繁荣以及金融市场的过度发展，结果造就了美国空洞的实体经济部门和发达的虚拟经济部门并存的"二元经济"格局。美国经济的二元结构不仅为相对落后国家外向型战略的成功实践提供了条件，而且严重冲击着世界其他经济体经济运行的稳定性，并引导经济结构向虚拟化方向的发展。

我国作为一个发展中大国，改革开放使我们很好地抓住了美国二元经济结构形成过程中产业空洞化的机遇，实现了经济的快速发展。然而，当我国经济成为世界第二大经济体，我国经济正在全面融入世界经济之际，美元因素以及美国经济的二元结构因素将凸显，这使我们所面临的外部环境会变得愈来愈复杂，经济问题愈来愈难以解决。面对复杂的外部环境及美元或美国经济因素，我们如何从战略上审视它给中国经济的进一步发展与经济结构变迁可能带来的冲击以及我们应如何采取相应的应对措施等都是事关中国经济未来走向与前途的重大理论与现实问题。本项研究将复杂的外部环境与美国经济因素抽象为美元无限供给弹性，试图从理论与实证两方面分别来论证美元不断量化宽松冲击对我国经济结构变动的影响。本章由四个部分组成，第一部分为信用不断扩张下的经济结构效应，第二部分为美元无限供给弹性与二元经济结构，第三部分为我国二元经济结构的实证分析，第四部分为本章结论。

4.1 信用不断扩张下的经济结构效应

4.1.1 开放经济模型中的虚拟经济与实体经济

如果按实体经济与虚拟经济来分类,一个完整的开放经济条件下的宏观经济一般均衡模型可由大家熟知的 IS – LM 模型开放化得到,即将 IS – LM 模型中产品市场和货币市场所涉变量开放化得到。正如我们在第 3 章中所构建的开放条件宏观经济模型,当我们将宏观经济相关总量涉外变量开放化后便得到了开放的 IS – LM 模型,它可以表示为

$$\begin{cases} S(Y,r_n) - I_n(r_n,r_f) + NFI(e,r_n,r_f) + T - G = NX(Y,e) \\ M_S = M_{Sn} + eM_{Sf}(e,r_n,r_f) = L_T(Y,e) + L_S(e,r_n,r_f) \end{cases} \tag{4.1}$$

其中,$S(Y,r_n)$为储蓄,它是国民收入 Y 与国内利率 r_n 的函数;$I_n(r_n,r_f)$为国内投资,它是国内利率 r_n 与国外利率 r_f 的函数;$NFI(e,r_n,r_f)$为对外净投资,它是汇率 e、国内利率 r_n 和国外利率 r_f 的函数;$NX(Y,e)$为净出口,它是国民收入 Y 与汇率 e 的函数;M_S 是货币供给总量,它由两部分组成,一个是可控的国内因素所决定的货币供给量 M_{Sn},另一个是外币净流入所引致的货币供给量,即外汇占款 $eM_{Sf}(e,r_n,r_f)$,它是汇率 e、国内利率 r_n 和国外利率 r_f 的函数;$L_T(Y,e)$是货币的交易性需求,它是国民收入 Y 与汇率 e 的函数;$L_S(e,r_n,r_f)$为货币的投机性需求,它是汇率 e、国内利率 r_n 和国外利率 r_f 的函数;T 为政府税收;G 为政府支出。

与传统的蒙代尔 – 弗莱明模型(M – F 模型)所不同的是,式(4.1)中我们放弃了国际收支平衡的均衡条件,原因在于现行的国际货币制度安排中,不同国家货币的地位是非对称的现实,美元信用体系下的国际货币制度安排决定了只要美国放弃国际收支平衡的目标,其他国家坚守国际收支平衡不仅没有实际意义,而且也不现实。虽然这种处理会破坏均衡解的唯一性,但它却更贴近现实,并且从理论上看,开放经济条件下,一国经济的均衡本身就应是选择性均衡,除非内外部利率和汇率具有内生性,如果一旦将内外部利率和汇率内生化,模型就不再是开放经济条件下一国经济的均衡模型,而是基于开放经济的全球均衡模型。因此,无论从套利的有限有效还是从国家性行政壁垒的角度分析,开放经济条件下一国经济的均衡一定是外部利率和汇率形成机制给定下的均衡。

另外,由于市场失灵的原因,使得实际经济难以在式(4.1)所表述的一般均衡状态下运行,政府干预成为克服市场失灵的理由。在政府干预政策选择上,新古典主义与凯恩斯主义存在着明显的分歧,新古典主义主张供给管理,即通过税收政策调节经济,而凯恩斯主义则主张需求管理,即通过政府支出政策干预经济。为了简化分析,本项研究假定政府干预经济选择需求管理的方式,而忽略供给管理的方式。当政府干预经济选择需求管理时,式(4.1)便可以变形为

$$\begin{cases} G = S(Y, r_n) - I_n(r_n, r_f) + NFI(e, r_n, r_f) - NX(Y, e) \\ M_S = M_{Sn} + eM_{Sf}(e, r_n, r_f) = L_T(Y, e) + L_S(e, r_n, r_f) \end{cases} \tag{4.2}$$

式(4.2)不仅揭示了开放经济条件下一国经济的选择性均衡，而且还体现了宏观经济均衡下经济结构的内在关系，如果将一国的经济简单划分为实体经济与虚拟经济，那么式(4.2)第一式所对应的产品市场均衡可以被视为实体经济部门，第二式所对应的货币市场均衡则可以被视为虚拟经济部门。从第二式的构成上看，货币的交易性需求 L_T 是由产品市场均衡决定的，它是实体经济发展所必需的虚拟经济，而货币的投机性需求 L_S 则不同，它是纯粹的虚拟经济，虽然金融市场投机有其合理的一面，但过度投机却是百害而无一利的。因此，对实体经济与虚拟经济发展的结构性考察就在于对虚拟经济发展的合理性判断。从实体经济与虚拟经济的内在联系上看，我们设定 L_S/L_T 为某一常数是虚拟经济发展的合理水平，超过这一常数即意味着虚拟经济发展过度，低于这一常数则意味着虚拟经济发展不足。为了简单起见，我们在以下的分析中直接以投机性货币需求作为虚拟经济的代表性变量，以交易性货币需求作为实体经济的代表性变量。

4.1.2　信用扩张对经济结构的影响

美元本位的建立以及美国实体经济长期不振，必然导致美元信用的不断扩张，美元信用的持续扩张不仅会影响美国的经济发展与经济结构，而且会影响全球经济与经济结构的变化，尤其是对那些持续存在对美国国际收支盈余的国家来说，这种影响将更为明显。对这些国家来说，持续的美元净流入必然使本币超额发行，本币的超发又通过商业银行这类金融机构的存款乘数效应不断放大信贷规模，结果不仅对经济发展与稳定产生持续的严重冲击，而且在长期的流动性过剩环境下，还会导致经济结构的歧变。

为了考察信用扩张对经济结构的影响，我们可以利用前述有关实体经济与虚拟经济代表性变量的选择，运用开放经济下的一般均衡模型(4.2)来分析货币供给量不断增加的经济结构效应，在此之前，我们先讨论货币供给量扩张对虚拟经济和实体经济的影响。由于虚拟经济和实体经济都会伴随着货币供给量的扩张而增长，从绝对数量角度很难真正反映出货币供给量对这种“二元经济结构”的影响，因此本项研究从相对数量角度，即分析货币供给量增加对二者在经济总量中所占比重的影响。由前述分析可知，货币的投机性需求占货币总需求的比重 $L_S/(L_T+L_S)$ 可视为虚拟经济的相对发展状况，而货币的交易性需求占货币总需求的比重 $L_T/(L_T+L_S)$ 则表明了实体经济的相对发展状况。研究货币供给量扩张的结构性效应，即对 $L_S/(L_T+L_S)$ 和 $L_T/(L_T+L_S)$ 分别求关于 M_S 的导数，于是得到货币供给量扩张对虚拟经济占比的影响为

$$\left(\frac{L_S}{L_T+L_S}\right)' = \frac{L_S' \cdot L_T - L_T' \cdot L_S}{(L_T+L_S)^2} \tag{4.3}$$

其中，$L'_{\mathrm{T}}=\frac{\partial L_{\mathrm{T}}}{\partial Y}\frac{\mathrm{d}Y}{\mathrm{d}M_{\mathrm{S}}}+\frac{\partial L_{\mathrm{T}}}{\partial e}\frac{\mathrm{d}e}{\mathrm{d}M_{\mathrm{S}}}$，$L'_{\mathrm{S}}=\frac{\partial L_{\mathrm{S}}}{\partial Y}\frac{\mathrm{d}e}{\mathrm{d}M_{\mathrm{S}}}+\frac{\partial L_{\mathrm{S}}}{\partial e}\frac{\mathrm{d}e}{\mathrm{d}M_{\mathrm{S}}}+\frac{\partial L_{\mathrm{S}}}{\partial r_{\mathrm{f}}}\frac{\mathrm{d}r_{\mathrm{f}}}{\mathrm{d}M_{\mathrm{S}}}$。

为了对式(4.3)求解，接下来需要对模型(4.2)中的方程求关于 M_{S} 的导数，对式(4.2)中的方程求关于 M_{S} 的导数可得

$$\begin{cases}0=\frac{\partial S}{\partial Y}\frac{\mathrm{d}Y}{\mathrm{d}M_{\mathrm{S}}}+\frac{\partial S}{\partial r_{\mathrm{n}}}\frac{\mathrm{d}r_{\mathrm{n}}}{\mathrm{d}M_{\mathrm{S}}}-\frac{\partial I_{\mathrm{n}}}{\partial r_{\mathrm{n}}}\frac{\mathrm{d}r_{\mathrm{n}}}{\mathrm{d}M_{\mathrm{S}}}-\frac{\partial I_{\mathrm{n}}}{\partial r_{\mathrm{f}}}\frac{\mathrm{d}r_{\mathrm{f}}}{\mathrm{d}M_{\mathrm{S}}}+\frac{\partial NFI}{\partial e}\frac{\mathrm{d}e}{\mathrm{d}M_{\mathrm{S}}}+\frac{\partial NFI}{\partial r_{\mathrm{n}}}\frac{\mathrm{d}r_{\mathrm{n}}}{\mathrm{d}M_{\mathrm{S}}}+\frac{\partial NFI}{\partial r_{\mathrm{f}}}\frac{\mathrm{d}r_{\mathrm{f}}}{\mathrm{d}M_{\mathrm{S}}}-\\ \quad\frac{\partial NX}{\partial Y}\frac{\mathrm{d}Y}{\mathrm{d}M_{\mathrm{S}}}-\frac{\partial NX}{\partial e}\frac{\mathrm{d}e}{\mathrm{d}M_{\mathrm{S}}}\\ 1=\frac{\mathrm{d}e}{\mathrm{d}M_{\mathrm{S}}}M_{\mathrm{Sf}}+e\frac{\partial M_{\mathrm{Sf}}}{\partial e}\frac{\mathrm{d}e}{\mathrm{d}M_{\mathrm{S}}}+e\frac{\partial M_{\mathrm{Sf}}}{\partial r_{\mathrm{n}}}\frac{\mathrm{d}r_{\mathrm{n}}}{\mathrm{d}M_{\mathrm{S}}}+e\frac{\partial M_{\mathrm{Sf}}}{\partial r_{\mathrm{f}}}\frac{\mathrm{d}r_{\mathrm{f}}}{\mathrm{d}M_{\mathrm{S}}}\\ 1=\frac{\partial L_{\mathrm{T}}}{\partial Y}\frac{\mathrm{d}Y}{\mathrm{d}M_{\mathrm{S}}}+\frac{\partial L_{\mathrm{T}}}{\partial e}\frac{\mathrm{d}e}{\mathrm{d}M_{\mathrm{S}}}+\frac{\partial L_{\mathrm{S}}}{\partial e}\frac{\mathrm{d}e}{\mathrm{d}M_{\mathrm{S}}}+\frac{\partial L_{\mathrm{S}}}{\partial r_{\mathrm{n}}}\frac{\mathrm{d}r_{\mathrm{n}}}{\mathrm{d}M_{\mathrm{S}}}+\frac{\partial L_{\mathrm{S}}}{\partial r_{\mathrm{f}}}\frac{\mathrm{d}r_{\mathrm{f}}}{\mathrm{d}M_{\mathrm{S}}}\end{cases}\tag{4.4}$$

令 $A=\frac{\partial NX}{\partial e}-\frac{\partial NFI}{\partial e}$，它是汇率变动所引起的贸易盈余的增量与资本项目净流出变动的差额，可称为汇率变动的国际收支效应，因为 NX 和 NFI 的决定变量本质上是不同的，NX 的决定变量是实际值，而 NFI 的决定变量是预期值，两者对 e 的反应在时间上是不一致的，而本项研究对实际变量与预期变量不加以区分的原因只是为了简化分析，它并不影响分析过程中的基本关系与结论；$\theta=\frac{\partial S}{\partial r_{\mathrm{n}}}-\frac{\partial I_{\mathrm{n}}}{\partial r_{\mathrm{n}}}+\frac{\partial NFI}{\partial r_{\mathrm{n}}}$反映了国内利率变动对储蓄与投资的影响，可称之为国内利率变动的投资缺口效应；$a=\frac{\partial I_{\mathrm{n}}}{\partial r_{\mathrm{f}}}-\frac{\partial NFI}{\partial r_{\mathrm{f}}}$反映了国外利率变动对投资选择的影响，可称之为国外利率变动的投资选择效应；$\gamma=\frac{\partial L_{\mathrm{T}}}{\partial e}+\frac{\partial L_{\mathrm{S}}}{\partial e}$反映了汇率变动对货币需求及需求结构的影响，可称之为汇率变动的货币需求结构效应。

由式(4.4)中的三个方程可以解出

$$\frac{\mathrm{d}Y}{\mathrm{d}M_{\mathrm{S}}}=E_{r_{\mathrm{f}}}\frac{Ae}{r_{\mathrm{f}}}-a(1-E_e)-\frac{1}{M_{\mathrm{Sf}}}\left(A\frac{\partial L_{\mathrm{S}}}{\partial r_{\mathrm{f}}}-a\gamma\right)+\\ \left[eA\left(\frac{E_{r_{\mathrm{n}}}}{r_{\mathrm{n}}}\frac{\partial L_{\mathrm{S}}}{\partial r_{\mathrm{f}}}-\frac{E_{r_{\mathrm{f}}}}{r_{\mathrm{f}}}\frac{\partial L_{\mathrm{S}}}{\partial r_{\mathrm{n}}}\right)+(1-E_e)\left(\theta\frac{\partial L_{\mathrm{S}}}{\partial r_{\mathrm{f}}}+a\frac{\partial L_{\mathrm{S}}}{\partial r_{\mathrm{n}}}\right)-e\gamma\left(a\frac{E_{r_{\mathrm{n}}}}{r_{\mathrm{n}}}+\theta\frac{E_{r_{\mathrm{f}}}}{r_{\mathrm{f}}}\right)\right]\frac{\mathrm{d}r_{\mathrm{n}}}{\mathrm{d}M_{\mathrm{S}}}\\ \Bigg/\left\{\left[E_{r_{\mathrm{f}}}\frac{Ae}{r_{\mathrm{f}}}-a(1-E_e)\right]\frac{\partial L_{\mathrm{T}}}{\partial Y}+\left[E_{r_{\mathrm{f}}}\frac{\gamma e}{r_{\mathrm{f}}}-(1-E_e)\frac{\partial L_{\mathrm{S}}}{\partial r_{\mathrm{f}}}\right](s-n)\right\}\tag{4.5}$$

$$
\begin{aligned}
\frac{\mathrm{d}r_{\mathrm{f}}}{\mathrm{d}M_{\mathrm{S}}}=&\left\{\frac{1}{M_{\mathrm{Sf}}}\left(A\frac{\partial L_{\mathrm{T}}}{\partial Y}+s\gamma-n\gamma\right)-(1-E_e)(s-n)-\left[e\frac{E_{r_{\mathrm{n}}}}{r_{\mathrm{n}}}\left(A\frac{\partial L_{\mathrm{T}}}{\partial Y}+s\gamma-n\gamma\right)+\right.\right.\\
&\left.\left.(1-E_e)\left(\theta\frac{\partial L_{\mathrm{T}}}{\partial Y}-(s-n)\frac{\partial L_{\mathrm{S}}}{\partial r_{\mathrm{n}}}\right)\right]\frac{\mathrm{d}r_{\mathrm{n}}}{\mathrm{d}M_{\mathrm{S}}}\right\}\Big/\left\{\left[E_{r_{\mathrm{f}}}\frac{Ae}{r_{\mathrm{f}}}-a(1-E_e)\right]\frac{\partial L_{\mathrm{T}}}{\partial Y}+\right.\\
&\left.\left[E_{r_{\mathrm{f}}}\frac{\gamma e}{r_{\mathrm{f}}}-(1-E_e)\frac{\partial L_{\mathrm{S}}}{\partial r_{\mathrm{f}}}\right](s-n)\right\}
\end{aligned}
\tag{4.6}
$$

$$
\begin{aligned}
\frac{\mathrm{d}e}{\mathrm{d}M_{\mathrm{S}}}=&\left\{-\frac{1}{M_{\mathrm{Sf}}}\left(a\frac{\partial L_{\mathrm{T}}}{\partial Y}+(s-n)\frac{\partial L_{\mathrm{S}}}{\partial r_{\mathrm{f}}}\right)+e(s-n)\frac{E_{r_{\mathrm{f}}}}{r_{\mathrm{f}}}+\left[e\left(a\frac{E_{r_{\mathrm{n}}}}{r_{\mathrm{n}}}+\theta\frac{E_{r_{\mathrm{f}}}}{r_{\mathrm{f}}}\right)\frac{\partial L_{\mathrm{T}}}{\partial Y}+\right.\right.\\
&\left.\left.e(s-n)\left(\frac{E_{r_{\mathrm{n}}}}{r_{\mathrm{n}}}\frac{\partial L_{\mathrm{S}}}{\partial r_{\mathrm{f}}}-\frac{E_{r_{\mathrm{f}}}}{r_{\mathrm{f}}}\frac{\partial L_{\mathrm{S}}}{\partial r_{\mathrm{n}}}\right)\right]\frac{\mathrm{d}r_{\mathrm{n}}}{\mathrm{d}M_{\mathrm{S}}}\right\}\Big/\left\{\left[E_{r_{\mathrm{f}}}\frac{Ae}{r_{\mathrm{f}}}-a(1-E_e)\right]\frac{\partial L_{\mathrm{T}}}{\partial Y}+\right.\\
&\left.\left[E_{r_{\mathrm{f}}}\frac{\gamma e}{r_{\mathrm{f}}}-(1-E_e)\frac{\partial L_{\mathrm{S}}}{\partial r_{\mathrm{f}}}\right](s-n)\right\}
\end{aligned}
\tag{4.7}
$$

其中，$s=\frac{\partial S}{\partial Y}$为边际储蓄倾向，$n=\frac{\partial NX}{\partial Y}$为边际净出口倾向，$E_e=-\frac{\partial M_{\mathrm{Sf}}}{\partial e}\frac{e}{M_{\mathrm{Sf}}}$为外币供给的汇率弹性，$E_{r_{\mathrm{n}}}=\frac{\partial M_{\mathrm{Sf}}}{\partial r_{\mathrm{n}}}\frac{r_{\mathrm{n}}}{M_{\mathrm{Sf}}}$为外币供给的国内利率弹性，$E_{r_{\mathrm{f}}}=\frac{\partial M_{\mathrm{Sf}}}{\partial r_{\mathrm{f}}}\frac{r_{\mathrm{f}}}{M_{\mathrm{Sf}}}$为外币供给的国外利率弹性。

将式(4.5)、式(4.6)和式(4.7)分别代入L'_{T}和L'_{S}的表达式，可以得到

$$
L'_{\mathrm{T}}=\frac{\partial L_{\mathrm{T}}}{\partial Y}\frac{\mathrm{d}Y}{\mathrm{d}M_{\mathrm{S}}}+\frac{\partial L_{\mathrm{T}}}{\partial e}\frac{\mathrm{d}e}{\mathrm{d}M_{\mathrm{S}}}
$$

$$
=\frac{\left\{\begin{aligned}&\frac{\partial L_{\mathrm{T}}}{\partial e}\left[\frac{E_{r_{\mathrm{f}}}e(s-n)}{r_{\mathrm{f}}}-\frac{1}{M_{\mathrm{Sf}}}\left(a\frac{\partial L_{\mathrm{T}}}{\partial Y}+(s-n)\frac{\partial L_{\mathrm{S}}}{\partial r_{\mathrm{f}}}\right)\right]+\frac{\partial L_{\mathrm{T}}}{\partial Y}\left[Ae\frac{E_{r_{\mathrm{f}}}}{r_{\mathrm{f}}}-a(1-E_e)-\frac{1}{M_{\mathrm{Sf}}}\left(A\frac{\partial L_{\mathrm{S}}}{\partial r_{\mathrm{f}}}-a\gamma\right)\right]\\&-\left\{\begin{aligned}&e\left(\frac{E_{r_{\mathrm{f}}}}{r_{\mathrm{f}}}\frac{\partial L_{\mathrm{S}}}{\partial r_{\mathrm{n}}}-\frac{E_{r_{\mathrm{n}}}}{r_{\mathrm{n}}}\frac{\partial L_{\mathrm{S}}}{\partial r_{\mathrm{f}}}\right)\left[\frac{\partial L_{\mathrm{S}}}{\partial e}(s-n)+A\frac{\partial L_{\mathrm{T}}}{\partial Y}\right]\\&+e\frac{\partial L_{\mathrm{S}}}{\partial e}\frac{\partial L_{\mathrm{T}}}{\partial Y}\left(a\frac{E_{r_{\mathrm{n}}}}{r_{\mathrm{n}}}+\theta\frac{E_{r_{\mathrm{f}}}}{r_{\mathrm{f}}}\right)-(1-E_e)\frac{\partial L_{\mathrm{T}}}{\partial Y}\left(\theta\frac{\partial L_{\mathrm{S}}}{\partial r_{\mathrm{f}}}+a\frac{\partial L_{\mathrm{S}}}{\partial r_{\mathrm{n}}}\right)\end{aligned}\right\}\frac{\mathrm{d}r_{\mathrm{n}}}{\mathrm{d}M_{\mathrm{S}}}\end{aligned}\right\}}{\left[E_{r_{\mathrm{f}}}\frac{Ae}{r_{\mathrm{f}}}-a(1-E_e)\right]\frac{\partial L_{\mathrm{T}}}{\partial Y}+\left[E_{r_{\mathrm{f}}}\frac{\gamma e}{r_{\mathrm{f}}}-(1-E_e)\frac{\partial L_{\mathrm{S}}}{\partial r_{\mathrm{f}}}\right](s-n)}
\tag{4.8}
$$

$$
L'_{\mathrm{s}}=\frac{\partial L_{\mathrm{S}}}{\partial e}\frac{\mathrm{d}e}{\mathrm{d}M_{\mathrm{S}}}+\frac{\partial L_{\mathrm{S}}}{\partial r_{\mathrm{n}}}\frac{\mathrm{d}r_{\mathrm{n}}}{\mathrm{d}M_{\mathrm{S}}}+\frac{\partial L_{\mathrm{S}}}{\partial r_{\mathrm{f}}}\frac{\mathrm{d}r_{\mathrm{f}}}{\mathrm{d}M_{\mathrm{S}}}
$$

$$=\frac{\left\{\begin{aligned}&\frac{\partial L_S}{\partial e}\left[\frac{E_{r_f}}{r_f}e(s-n)-\frac{1}{M_{Sf}}\left(a\frac{\partial L_T}{\partial Y}+(s-n)\frac{\partial L_S}{\partial r_f}\right)\right]-\frac{\partial L_S}{\partial r_f}\left[(1-E_e)(s-n)-\frac{1}{M_{Sf}}\left(A\frac{\partial L_T}{\partial Y}+s\gamma-n\gamma\right)\right]\\&+\left\{\begin{aligned}&e\frac{\partial L_S}{\partial e}\frac{\partial L_T}{\partial Y}\left(a\frac{E_{r_n}}{r_n}+\theta\frac{E_{r_f}}{r_f}\right)-(1-E_e)\frac{\partial L_T}{\partial Y}\left(\theta\frac{\partial L_S}{\partial r_f}+a\frac{\partial L_S}{\partial r_n}\right)\\&+e\left(\frac{E_{r_n}}{r_n}\frac{\partial L_S}{\partial r_f}-\frac{E_{r_f}}{r_f}\frac{\partial L_S}{\partial r_n}\right)\left[\frac{\partial L_S}{\partial e}(s-n)-A\frac{\partial L_T}{\partial Y}-\gamma(s-n)\right]\end{aligned}\right\}\frac{\mathrm{d}r_n}{\mathrm{d}M_S}\end{aligned}\right\}}{\left[E_{r_f}\frac{Ae}{r_f}-a(1-E_e)\right]\frac{\partial L_T}{\partial Y}+\left[E_{r_f}\frac{\gamma e}{r_f}-(1-E_e)\frac{\partial L_S}{\partial r_f}\right](s-n)}\tag{4.9}$$

接下来将式(4.8)和式(4.9)代入式(4.3),通过整理可以得到货币供给量扩张对虚拟经济占比的影响为

$$\left(\frac{L_S}{L_T+L_S}\right)'=\frac{L'_S\cdot L_T-L'_T\cdot L_S}{(L_T+L_S)^2}$$

$$=\frac{\left\{\begin{aligned}&A\left(\frac{\partial L_T}{\partial Y}+(s-n)\frac{\partial L_T}{\partial e}\right)\left[\frac{1}{M_{Sf}}\frac{\partial L_S}{\partial r_f}(L_T+L_S)-eL_S\frac{E_{r_f}}{r_f}\right]+aL_S\frac{\partial L_T}{\partial Y}(1-E_e)\\&-aL_T\frac{\partial L_T}{\partial Y}\frac{\partial L_S}{\partial e}\left(1+\frac{1}{M_{Sf}}\right)-L_T(s-n)\left[(1-E_e)\frac{\partial L_S}{\partial r_f}-e\frac{E_{r_f}}{r_f}\frac{\partial L_S}{\partial e}\right]\\&+(L_T+L_S)\left\{\begin{aligned}&e\frac{\partial L_S}{\partial e}\frac{\partial L_T}{\partial Y}\left(a\frac{E_{r_n}}{r_n}+\theta\frac{E_{r_f}}{r_f}\right)-(1-E_e)\frac{\partial L_T}{\partial Y}\left(\theta\frac{\partial L_S}{\partial r_f}+a\frac{\partial L_S}{\partial r_n}\right)\\&-e\left(\frac{E_{r_n}}{r_n}\frac{\partial L_S}{\partial r_f}-\frac{E_{r_f}}{r_f}\frac{\partial L_S}{\partial r_n}\right)\left[\frac{\partial L_T}{\partial e}(s-n)+A\frac{\partial L_T}{\partial Y}\right]\end{aligned}\right\}\frac{\mathrm{d}r_n}{\mathrm{d}M_S}\end{aligned}\right\}}{(L_T+L_S)^2\left\{\left[E_{r_f}\frac{Ae}{r_f}-a(1-E_e)\right]\frac{\partial L_T}{\partial Y}+\left[E_{r_f}\frac{\gamma e}{r_f}-(1-E_e)\frac{\partial L_S}{\partial r_f}\right](s-n)\right\}}\tag{4.10}$$

式(4.10)为货币供给量扩张对虚拟经济占比的影响效应,由该表达式的构成可以看出,货币供给量扩张对虚拟经济占比的影响在数量的决定上是非常复杂的,它不仅与所有的宏观经济变量有关,而且还受到国外货币供给利率弹性和汇率弹性的影响。

4.2 美元无限供给弹性与二元经济结构

布雷顿森林体系崩溃之后,美元供给的硬性约束完全消失,它的供给量完全由美国自身的政治经济需要来决定。这就是说,相对于非储备货币国,只要美国需要,美元的特殊地位决定了它可以向这些国家提供无限的流动性,从而导致了全球的流动性过剩。为了分析的方便,我们将这种格局抽象为美元无限供给弹性。

4.2.1　美元无限供给弹性的假定

在布雷顿森林体系崩溃之后,美元已经取代了布雷顿森林体系下和金本位制下的国际储备——黄金,成为全世界最重要的储备货币,美元本位制也随之成为一种新的国际货币体制。当美元本位制摆脱了黄金的约束后,美元供给的外部硬性约束便完全消失,美元的发行数量完全由美国货币当局根据实际经济状况来决定,只要美元作为国际储备货币的地位没能被彻底动摇,美国便可以通过不断增加美元供应量从他国购买实物产品,从而满足国内的消费需求和形成对全球资源的垄断(尹应凯、崔茂中,2009)。为了保证无限制印钞的可持续性,美国经济发展的核心便是想办法维持美元作为国际储备货币的地位,于是美国必须创造一种美元的回流机制,为美国的贸易赤字提供融资,于是便形成了美国极度发达的金融市场。

具体来讲,美国货币当局供给美元分为内源型供给和外源型供给两个主要渠道(陈如、张旭昆,2010)。如图 4.1 所示,内源型供给是指由于美国拥有对美元印刷的权利,美联储可以通过公开市场业务的方式向市场中投放美元资金;外源型供给是指国外的美元资金重新流回到美国市场。来自于内源型供给的美元一部分注入美国的金融市场,另一部分则进入美国的实体经济;来自于外源型供给的美元一部分注入美国的实体经济,用于美国家庭和企业进行产品购买和生产,另一部分则是注入美国的虚拟经济,用于在美国的金融市场中购买美国的股票、债券、期货或者投资于美国的房地产等。

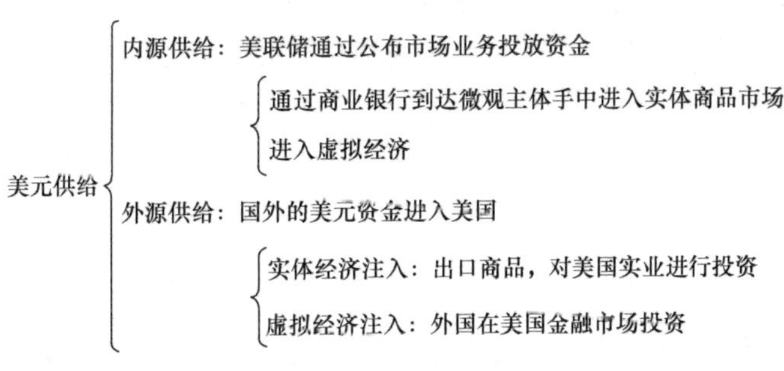

图 4.1　美元供给的内源和外源两个渠道

在美元本位制下,美国根本用不着去生产实物产品,他们只需要印制钞票就能够购买世界各国任意数量的消费品和资本品,在这样的经济背景下美国逐渐将经济重心转向发展金融业,于是造成了国内实体经济产业的空洞化。与此同时,美国为了满足本国居民的消费,更多依靠从其他国家进口商品和劳务,并且通过国际贸易结算的方式向贸易伙伴国输出美元,这样一来美元就从美国的本国货币变成了世界货币,出口商品或者劳务的国家收取美元,同时兑换成本国货币,进而增加了本国货币的货币供给。然而由于美元是本位货币,其他国家出于对美元的需求,为了对本国持有的美元储备进行保值或者增值,会将美元大量地投资于美国的金融市场,这样一来美元又流回美国。并且随着美国进口商品和劳务数量的不断增加,它向全世界供给美元的数量也会随之增加,当这些贸易伙伴国无力冲销流入的过剩美元时,作为外汇储备的美元就以购买美国国债的方式从贸易伙伴国向美国进行回流,这个过程相当于之前所描述的金融市场注入的外源型美元供给。

通过上述分析不难发现,作为美国本国货币的美元一旦从美国流出,便会以世界货币的形式为其他国家提供货币供给,只要美元的国际结算地位不变,这些国家为了对美元进行保值或者对冲供给过剩的美元,最终会将美元投资于美国的金融市场,使美元重新流回到美国国库。因此,面对不断恶化的经济形势,美国只需凭借其美元的强势地位和其发达的金融市场,便可以平衡美国用于进口的贸易赤字,为美国的经济增长提供动力和源泉。由此可知,内源型供给的美元作用于美国的实体经济,其中绝大部分美元会转化为外源型的美元供给作用于美国的金融市场,此过程循环往复进行下去,最终形成了美元极度发达的金融市场,最终使美国国内经济结构表现出空洞的实体经济和发达的虚拟经济并存的“二元经济”结构。

美国经济的这种二元结构使我们想起著名发展经济学家刘易斯①有关发展中国家二元经济的分析,无论是从简化分析还是从抽象的角度,抑或是借鉴刘易斯有关劳动力无限供给弹性的研究假设,本项研究提出了美元无限供给弹性的假定。美元的特殊地位以及美国实体经济相对较弱的竞争力决定了美元存在持续外流的趋势,相对而言就是,新兴经济体或快速发展的发展中国家则存在美元不断净流入的趋势,尤其是对那些大国来说,开放的金融市场甚至随时都面临美元流动性过剩的冲击。在开放经济条件下,美元供给的变动对非储备货币国经济的影响路径有三条渠道:一是贸易渠道,二是利率渠道,三是汇率渠道。所谓美元无限供给弹性,是指当内外利差和预期汇率发生变动时,外币(美元)流入增长率为无穷大的一种极端情形,若假定美国利率不变,用公式表示就是

$$E_e = -\frac{\partial M_{\mathrm{Sf}}}{\partial e}\frac{e}{M_{\mathrm{Sf}}} = \infty \quad 或者 \quad E_{r_{\mathrm{n}}} = \frac{\partial M_{\mathrm{Sf}}}{\partial r_{\mathrm{n}}}\frac{r_{\mathrm{n}}}{M_{\mathrm{Sf}}} = \infty \tag{4.11}$$

其中,E_e 表示外币流入的汇率弹性,$E_{r_{\mathrm{n}}}$表示外币流入的国内利率弹性。

4.2.2 美元无限供给弹性下的二元经济结构

由定义可知,$a = \frac{\partial I_{\mathrm{n}}}{\partial r_{\mathrm{f}}} - \frac{\partial NFI}{\partial r_{\mathrm{f}}}$,$A = \frac{\partial NX}{\partial e} - \frac{\partial NFI}{\partial e}$,$\theta = \frac{\partial S}{\partial r_{\mathrm{n}}} - \frac{\partial I_{\mathrm{n}}}{\partial r_{\mathrm{n}}} + \frac{\partial NFI}{\partial r_{\mathrm{n}}}$分别是实体经济部分对外部利率变动、预期汇率变动和国内利率变动的反应,它们的取值自然是有限的;另外,由 $\gamma = \frac{\partial L_{\mathrm{T}}}{\partial e} + \frac{\partial L_{\mathrm{S}}}{\partial e}$的定义,对其进行变形可得

① 威廉·阿瑟·刘易斯:《二元经济论》,1~4 页,北京,北京经济学院出版社,1989。

$$\gamma=\frac{\partial L_{\mathrm{T}}}{\partial e}+\frac{\partial L_{\mathrm{S}}}{\partial e}=\frac{\partial L_{\mathrm{T}}}{\partial e}+\frac{\partial L_{\mathrm{S}}}{\partial e}\frac{e}{L_{\mathrm{S}}}\frac{L_{\mathrm{S}}}{e}=\frac{\partial L_{\mathrm{T}}}{\partial e}+E_{L_e}\frac{L_{\mathrm{S}}}{e} \tag{4.12}$$

其中，E_{L_e}为货币预期汇率的投机需求弹性。由于$\frac{\partial L_{\mathrm{T}}}{\partial e}$是货币的交易性需求对预期汇率变动的反应，交易性需求的性质决定了$\frac{\partial L_{\mathrm{T}}}{\partial e}$的取值始终为一有限值。这里为了分析的简便，假定货币市场各相关需求弹性为有界量，即E_{L_e}为有界量，又由于假设美元利率不变，因此$E_{r_{\mathrm{f}}}$为零，故γ同样为有界量。在式(4.10)中省略独立的有界量之后，可以将其简化为

$$\left(\frac{L_{\mathrm{S}}}{L_{\mathrm{T}}+L_{\mathrm{S}}}\right)'=\frac{\left\{\begin{array}{l}L_{\mathrm{T}}(s-n)(1-E_e)\dfrac{\partial L_{\mathrm{S}}}{\partial r_{\mathrm{f}}}-aL_{\mathrm{S}}\dfrac{\partial L_{\mathrm{T}}}{\partial Y}(1-E_e)\\ -(L_{\mathrm{T}}+L_{\mathrm{S}})\left\{\begin{array}{l}ea\dfrac{\partial L_{\mathrm{S}}}{\partial e}\dfrac{\partial L_{\mathrm{T}}}{\partial Y}\dfrac{E_{r_{\mathrm{n}}}}{r_{\mathrm{n}}}-(1-E_e)\dfrac{\partial L_{\mathrm{T}}}{\partial Y}\left(\theta\dfrac{\partial L_{\mathrm{S}}}{\partial r_{\mathrm{f}}}+a\dfrac{\partial L_{\mathrm{S}}}{\partial r_{\mathrm{n}}}\right)\\ -e\dfrac{E_{r_{\mathrm{n}}}}{r_{\mathrm{n}}}\dfrac{\partial L_{\mathrm{S}}}{\partial r_{\mathrm{f}}}\left[\dfrac{\partial L_{\mathrm{T}}}{\partial e}(s-n)+A\dfrac{\partial L_{\mathrm{T}}}{\partial Y}\right]\end{array}\right\}\dfrac{\mathrm{d}r_{\mathrm{n}}}{\mathrm{d}M_{\mathrm{S}}}\end{array}\right\}}{(L_{\mathrm{T}}+L_{\mathrm{S}})^2\left[a(1-E_e)\dfrac{\partial L_{\mathrm{T}}}{\partial Y}+(1-E_e)(s-n)\dfrac{\partial L_{\mathrm{S}}}{\partial r_{\mathrm{f}}}\right]} \tag{4.13}$$

式(4.13)为美元无限供给弹性下信用扩张对虚拟经济占比的影响效应。由表达式可以看出，在美元无限供给弹性下，美国货币供给量扩张对虚拟经济占比的影响除了与所有的宏观经济变量有关，还与美元货币供给利率弹性和汇率弹性有关。由于美元无限供给弹性具有双渠道性质，其中任何一个渠道的反应过度均可视为美元无限供给弹性。因此，美元无限供给弹性对国内经济结构的影响便可依不同渠道的反应程度分为三种情形来讨论。

1)美元供给利率弹性有界而汇率弹性趋于无穷大

在$E_{r_{\mathrm{n}}}$有界但$E_e=\infty$的情况下，由式(4.13)得到货币供给量扩张对虚拟经济占比的影响为

$$\left(\frac{L_{\mathrm{S}}}{L_{\mathrm{T}}+L_{\mathrm{S}}}\right)'=\frac{L_{\mathrm{T}}\dfrac{\partial L_{\mathrm{S}}}{\partial r_{\mathrm{f}}}(s-n)-aL_{\mathrm{S}}\dfrac{\partial L_{\mathrm{T}}}{\partial Y}+(L_{\mathrm{T}}+L_{\mathrm{S}})\dfrac{\partial L_{\mathrm{T}}}{\partial Y}\left(\theta\dfrac{\partial L_{\mathrm{S}}}{\partial r_{\mathrm{f}}}+a\dfrac{\partial L_{\mathrm{S}}}{\partial r_{\mathrm{n}}}\right)\dfrac{\mathrm{d}r_{\mathrm{n}}}{\mathrm{d}M_{\mathrm{S}}}}{(L_{\mathrm{T}}+L_{\mathrm{S}})^2\left[a\dfrac{\partial L_{\mathrm{T}}}{\partial Y}+(s-n)\dfrac{\partial L_{\mathrm{S}}}{\partial r_{\mathrm{f}}}\right]}$$

在产品市场内外均衡的情况下，国内利率变动的投资缺口效应为零，即$\theta=0$，于是上式可以进一步简化为

$$\left(\frac{L_{\mathrm{S}}}{L_{\mathrm{T}}+L_{\mathrm{S}}}\right)'=\frac{L_{\mathrm{T}}\dfrac{\partial L_{\mathrm{S}}}{\partial r_{\mathrm{f}}}(s-n)-aL_{\mathrm{S}}\dfrac{\partial L_{\mathrm{T}}}{\partial Y}+a(L_{\mathrm{T}}+L_{\mathrm{S}})\dfrac{\partial L_{\mathrm{T}}}{\partial Y}\dfrac{\partial L_{\mathrm{S}}}{\partial r_{\mathrm{n}}}\dfrac{\mathrm{d}r_{\mathrm{n}}}{\mathrm{d}M_{\mathrm{S}}}}{(L_{\mathrm{T}}+L_{\mathrm{S}})^2\left[a\dfrac{\partial L_{\mathrm{T}}}{\partial Y}+(s-n)\dfrac{\partial L_{\mathrm{S}}}{\partial r_{\mathrm{f}}}\right]}$$

即

$$\left(\frac{L_S}{L_T+L_S}\right)'=\frac{L_T\left[\frac{\partial L_S}{\partial r_f}(s-n)+a\frac{\partial L_T}{\partial Y}\frac{\partial L_S}{\partial r_n}\frac{dr_n}{dM_S}\right]+aL_S\frac{\partial L_T}{\partial Y}\left(\frac{\partial L_S}{\partial r_n}\frac{dr_n}{dM_S}-1\right)}{(L_T+L_S)^2\left[a\frac{\partial L_T}{\partial Y}+(s-n)\frac{\partial L_S}{\partial r_f}\right]}\tag{4.14}$$

式(4.14)表明，在美元无限供给汇率弹性下，货币供给量扩张对虚拟经济占比的取值决定于宏观经济变量和货币投机性需求对货币的内部吸收率$\frac{\partial L_S}{\partial r_n}\frac{dr_n}{dM_S}$的大小，如今的信用货币制度决定了货币的投机性需求具有比交易性需要高得多的货币吸收率，为了分析的方便，这里我们不妨假设货币的投机性需求具有完全的吸收效应，即$\frac{\partial L_S}{\partial r_n}\frac{dr_n}{dM_S}=1$时，$\left(\frac{L_S}{L_T+L_S}\right)'=L_T/(L_T+L_S)^2>0$，这意味着美元净流入国货币供给量的不断扩张会导致虚拟经济占比的增加，从而导致经济结构向虚拟化方向发展。

2）美元供给利率弹性趋于无穷大而汇率弹性有界

在$E_{r_n}=\infty$但E_e有界的情况下，由式(4.13)得到货币供给量扩张对虚拟经济占比的影响为

$$\left(\frac{L_S}{L_T+L_S}\right)'=\infty\tag{4.15}$$

式(4.15)表明，在美元无限供给利率弹性下，美国货币供给量的扩张将导致虚拟经济占比趋于无穷大，究其原因可能是在美元净流入国货币供给量不断扩张下，该国经济运行的稳定性遭到严重的冲击，美元的无限流入甚至会摧毁该国的经济，即$\frac{dY}{dM_S}=\infty$（这一结论将在第6章加以详细说明）。因此我们认为，在美元无限供给利率弹性下，美元信用的扩张不仅会摧毁美元净流入国的经济，同样也会对该国的经济结构造成破坏性影响。

3）美元供给利率弹性和汇率弹性同时趋于无穷大

在$E_{r_n}=\infty$且$E_e=\infty$的情况下，由式(4.10)可知虚拟经济占比的大小取决于E_{r_n}和E_e的阶数，当E_{r_n}是E_e的高阶无穷大时，美元净流入国信用扩张对虚拟经济占比的取值为式(4.15)；当E_e是E_{r_n}的高阶无穷大时，美元净流入国信用扩张对虚拟经济占比的取值为式(4.14)；而当E_{r_n}与E_e为同阶无穷大时，由式(4.10)可得信用扩张对虚拟经济占比的影响效应为

$$\left(\frac{L_S}{L_T+L_S}\right)'=$$

$$\frac{\left\{\begin{aligned}&L_T\frac{\partial L_S}{\partial r_f}(s-n)-aL_S\frac{\partial L_T}{\partial Y}+L_S\gamma\frac{\partial L_T}{\partial Y}\frac{ae}{r_n}\frac{dr_n}{dM_S}\\&+(L_T+L_S)\left\{\frac{\partial L_S}{\partial e}\frac{\partial L_T}{\partial Y}\frac{ae}{r_n}+\frac{\partial L_T}{\partial Y}\left(\theta\frac{\partial L_S}{\partial r_f}+a\frac{\partial L_S}{\partial r_n}\right)+\frac{e}{r_n}\frac{\partial L_S}{\partial r_f}\left[\frac{\partial L_S}{\partial e}(s-n)-A\frac{\partial L_T}{\partial Y}-\gamma(s-n)\right]\right\}\frac{dr_n}{dM_S}\end{aligned}\right\}}{(L_T+L_S)^2\left[a\frac{\partial L_T}{\partial Y}+(s-n)\frac{\partial L_S}{\partial r_f}\right]}$$

在产品市场内外均衡的情况下,国内利率变动的投资缺口效应为零,即 $\theta=0$,于是上式可以进一步简化为

$$\left(\frac{L_S}{L_T+L_S}\right)'=$$

$$\frac{L_T\frac{\partial L_S}{\partial r_f}(s-n)-aL_S\frac{\partial L_T}{\partial Y}+(L_T+L_S)a\frac{\partial L_T}{\partial Y}\frac{\partial L_S}{\partial r_n}\frac{dr_n}{dM_S}+(L_T+L_S)\left\{\frac{e}{r_n}\frac{\partial L_S}{\partial e}\left[a\frac{\partial L_T}{\partial Y}+\frac{\partial L_S}{\partial r_f}(s-n)\right]-\frac{eA}{r_n}\frac{\partial L_S}{\partial r_f}\frac{\partial L_T}{\partial Y}\right\}\frac{dr_n}{dM_S}}{(L_T+L_S)^2\left[a\frac{\partial L_T}{\partial Y}+(s-n)\frac{\partial L_S}{\partial r_f}\right]}$$

即

$$\left(\frac{L_S}{L_T+L_S}\right)'=$$

$$\frac{L_T\left[\frac{\partial L_S}{\partial r_f}(s-n)+a\frac{\partial L_T}{\partial Y}\frac{\partial L_S}{\partial r_n}\frac{dr_n}{dM_S}\right]+aL_S\frac{\partial L_T}{\partial Y}\left(\frac{\partial L_S}{\partial r_n}\frac{dr_n}{dM_S}-1\right)+(L_T+L_S)\left\{\frac{e}{r_n}\frac{\partial L_S}{\partial e}\left[a\frac{\partial L_T}{\partial Y}+\frac{\partial L_S}{\partial r_f}(s-n)\right]-\frac{eA}{r_n}\frac{\partial L_S}{\partial r_f}\frac{\partial L_T}{\partial Y}\right\}\frac{dr_n}{dM_S}}{(L_T+L_S)^2\left[a\frac{\partial L_T}{\partial Y}+(s-n)\frac{\partial L_S}{\partial r_f}\right]}$$

(4.16)

式(4.16)表明,在美元无限供给汇率弹性和利率弹性同阶的情况下,货币供给量扩张对虚拟经济占比的取值同样决定于宏观经济变量和货币投机性需求对货币的内部吸收率 $\frac{\partial L_S}{\partial r_n}\frac{dr_n}{dM_S}$ 的大小,当货币的投机性需求具有完全吸收效应,即 $\frac{\partial L_S}{\partial r_n}\frac{dr_n}{dM_S}=1$ 时,式(4.16)可以进一步转化为

$$\left(\frac{L_S}{L_T+L_S}\right)'=$$

$$\frac{L_T\left[\frac{\partial L_S}{\partial r_f}(s-n)+a\frac{\partial L_T}{\partial Y}\right]+(L_T+L_S)\left\{\frac{e}{r_n}\frac{\partial L_S}{\partial e}\left[a\frac{\partial L_T}{\partial Y}+\frac{\partial L_S}{\partial r_f}(s-n)\right]-\frac{eA}{r_n}\frac{\partial L_S}{\partial r_f}\frac{\partial L_T}{\partial Y}\right\}\frac{dr_n}{dM_S}}{(L_T+L_S)^2\left[a\frac{\partial L_T}{\partial Y}+(s-n)\frac{\partial L_S}{\partial r_f}\right]}$$

(4.17)

式(4.17)中$\frac{\mathrm{d}r_n}{\mathrm{d}M_S}$为国内利率对货币供给量变化的反应程度，根据凯恩斯的流动性偏好利率理论，利率会随着货币供给量的增加而下降，但是当利率下降到一定程度时，再继续增加货币供给量，利率也不会再随之下降，此时人们对货币的需求无限大，形成了“流动性陷阱”。也就是说，在发生流动性陷阱时，有$\frac{\mathrm{d}r_n}{\mathrm{d}M_S}=0$，将其代入式(4.17)可以得到$\left(\frac{L_S}{L_T+L_S}\right)'=\frac{L_T}{(L_T+L_S)^2}>0$，这表明，当美元凭借利率和汇率双渠道传导时，在发生流动性陷阱的情况下，美元净流入国货币供给量的不断扩张会导致虚拟经济占比的增加，从而造成经济结构的虚拟化。

上述分析表明，在美元无限供给弹性下，若外资净流入是通过利率单渠道传导，在美元信用扩张的冲击下，美元净流入国的经济水平与经济结构均会遭到毁灭性的破坏；而若美元净流入是通过汇率单渠道或是通过利率与汇率双渠道(发生流动性陷阱)传导，且当货币的投机性需求具有完全吸收效应时，那么美元货币供给量的增加会导致美元净流入国虚拟经济占比的上升。这就意味着，在美元无限供给弹性下，美元信用的不断扩张会引起美元净流入国虚拟经济部门的膨胀和繁荣以及实体经济部门的衰退和空洞，进而导致经济向虚拟化方向发展，结果造就了发达的虚拟经济部门和空洞的实体经济部门并存的“二元经济”格局。

4.3 我国二元经济结构的实证分析

前面的理论分析表明，美元无限供给弹性不仅使美国经济表现出发达的虚拟经济与相对落后的实体经济并存的二元经济结构，而且在开放经济条件下，它还将导致美元流入国经济结构的二元化。我国在经历了30多年的改革开放后，社会经济形态已基本完成了从封闭体系向开放体系的过渡，美元对我国经济及其经济结构的影响愈来愈明显，受美元不断流入的冲击，我国经济结构是否存在虚拟化的趋势呢？对此，本部分将结合美元供给与我国的相关实际数据，利用实证分析的方法给出相应的经验证据。

4.3.1 变量及样本数据的选择

由前面理论模型的分析可知，考察美元无限供给弹性对我国经济结构的影响是在于分析美元供给对我国货币需求结构的影响。这里我们选择美元供给量增长率(M_{US})作为美元信用扩张的代表变量。由于在实际中，我们没法区分国内货币总需求中哪一部分属交易性需求，哪一部分属投机性需求，故在确定结构性变量时没法使用$\frac{L_S}{L_T+L_S}$。由$\frac{L_S}{L_T+L_S}$所要表述的经济含义来看，它无非是要揭示虚拟经济或实体经济在整个国民经济中的比重。由国民经济核算体系的基本知识可知,国内生产总值(GDP)可作为实体经济发展状况的代表变量,但是因为我们使用的样本数据是月度数据,考虑到我国国内生产总值缺乏月度数据,因此本项研究选取我国工业增加值(IVA)作为实体经济的代表变量,由于按年度数据计算的两者之间的简单相关系数达到 0.99,所以这一替代是比较可行的。又由于货币市场均衡决定了货币需求等于货币供给,结合我们对经济的考量包含虚拟经济因素,因此本项研究选择货币供给总量 M_3 作为货币需求总量(包括交易性货币需求和投机性货币需求)的代表变量,又根据前述,本项研究选择投机性货币需求作为虚拟经济的代表变量,选择交易性货币需求作为实体经济的代表变量,故实体经济占比(ST)变量为 IVA/M_3,虚拟经济占比(XN)变量为 $1-IVA/M_3$。

实证数据选择月度数据,并且考虑到数据的可获取性,选择的样本区间为 1996 年 1 ~ 12 月。其中,美元货币供给量(经过季节调整之后)的数据来自于美国联邦储备系统网站(http://www.federalreserve.gov/),美元货币供给量增长率数据通过计算得到。由于我国国家统计局 2006 年之后就不再对外公布名义工业增加值的绝对数值,因此本项研究采用如下方法对 2006 年之后的数据进行构造:以 2006 年工业增加值的绝对数值和 2007—2015 年各月公布的同比增长率数据计算得到 2007—2015 年中国工业增加值绝对数值,其中 1996—2006 年工业增加值的绝对数值和 2007—2015 年各月公布的同比增长率数据来自于中国国家统计局网站(http://www.stats.gov.cn/)。随后对名义工业增加值数据利用中国 PPI(工业品出厂价格指数)数据剔除物价因素影响;基期 PPI(1996M01 = 100)是先通过统计局公布的 2009 年的 PPI 月度环比数据推算出 2009 年 1 月份为 100 的 2009 年基期数据,然后利用各年的 PPI(上年同月 = 100)的增长率向前和向后推算出 2009 年 1 月份为 100 的月度 PPI 基期数据,再转化为 1996 年 1 月份为 100 的 PPI 基期月度数据。又因为中国人民银行并不对外公布 M_3 的数据,因此本部分根据我国对货币供给量层次的划分原则,使用 M_2 + 金融债券 + 票据融资 + 有价证券及投资的数据对 M_3 进行替代,其中 M_2、金融债券、票据融资和有价证券的数据来自于中国人民银行网站(http://www.pbc.gov.cn/)。

4.3.2　变量的季节调整和数据的平稳性检验

1)变量的季节调整

季节调整(Seasonal Adjustment)就是将时间序列中的季节变动要素剔除,从而使时间序列能够显示出潜在的趋势循环分量,趋势循环分量能够更加真实地反映出经济时间序列运动的客观规律。目前,比较常用的季节调整方法有 4 种,分别为 Census X12 方法、X11 方法、移动平均方法和 Tramo/Seats 方法。

本项研究采用的是 X12 季节调整方法。X12 季节调整方法是美国商务部人口普查局(Bureau of Census, Department of Commerce)在 X11 方法基础上研究开发的季节调整程序,包括了 X11 季节调整方法的全部功能,即 X12 方法是基于移动平均法的季节调整方法,它的特点在于除了能够适应各种经济指标的性质,根据各种季节调整的目的选择计算方式之外,在不作选择的情况下,也能够根据事先编入的统计基准,按照数据的特征自动选择计算方式。在计算过程中可以根据数据中的随机因素大小,采用不同长度的移动平均,随机因素越大,移动平均长度越长。X12 方法是通过几次迭代来进行分解的,每一次对组成因子的估算都进一步精化①。

由于美元货币供给量数据已经经过了季节调整,故本项研究利用 Eviews 6.0 软件中的 X12 方法仅对虚拟经济占比数据进行季节调整。

由图 4.2 可以看出,虚拟经济占比 XN 的增长率数据变动幅度较大,说明变量存在着明显的季节变动,因此必须对其作季节调整。经调整消除长期趋势和季节变动后的序列变量波动见图 4.3,由此可以看出,经过季节调整之后的 XN 增长率数据的波动幅度明显减弱,说明变量中的季节因素已经被剔除。

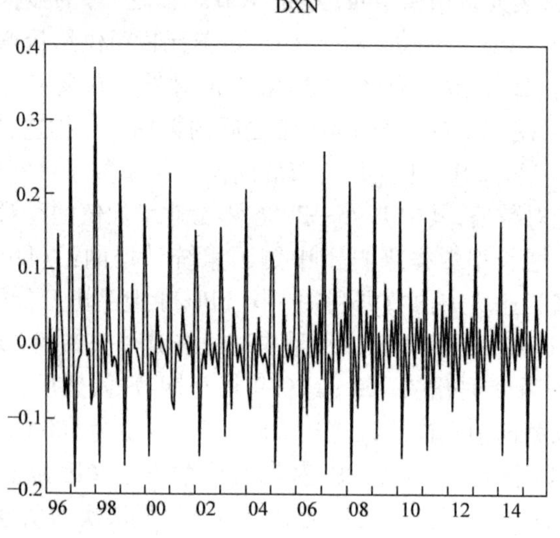

图 4.2　XN 增长率的原始数据图

此外,为了克服样本序列的异方差性,对经过季节调整后的虚拟经济占比 XN 和美元供给量增长率 M_{US}的统计数据进行取对数处理,在取对数的过程中,删除了美元供给量增长率为负值的 10 个样本,最后留下 194 个样本,并且分别记为 LXN 和 LM_{US}。

2)数据的平稳性检验

用非平稳的时间序列建立回归模型会造成虚假回归问题。虚假回归使得检验回归系数显著性的 t 统计量的分布随着样本容量的增大而发散,同时可决系数 R^2 的值会很高,进而导致用非平稳时间序列建立的回归模型的估计结果毫无解释意义。在实

① 高铁梅:《计量经济分析方法与建模》,30 页,北京,清华大学出版社,2009。

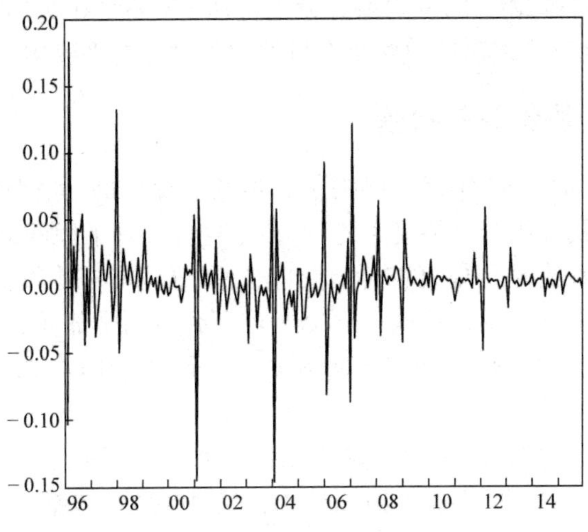

图4.3 经过季节调整之后XN波动示意图

际中，多数经济时间序列都是非平稳的，但是某些非平稳经济时间序列的某种线性组合却有可能是平稳的。当若干个时间序列都是同阶单整的，那么这些时间序列可能存在协整关系，即这些经济时间序列之间存在着长期稳定的均衡关系。因此，为防止伪回归现象的发生，本项研究先应对时间序列进行单位根的稳定性检验。

本项研究采用常用的增广迪基－富勒（Augmented Dicky－Fuller，ADF）检验模型时间序列的单位根。ADF检验的回归方程式为

$$\Delta y_t = \beta_1 + \beta_2 t + (\rho - 1) y_{t-1} + \sum_{i=1}^{p} \gamma_i \Delta y_{t-i} + \varepsilon_t \tag{4.18}$$

式中：ε_t 为白噪声，Δ 为差分算子，β_1、β_2、ρ 和 γ_i 为待估参数，y 为所考察稳定性的变量。采用麦金农（Mckinnon）临界值，Δy_{t-i}的最优滞后期 m 由SC准则确定。

接下来利用Eviews 6.0软件对虚拟经济占比 *LXN* 和美元货币供给量增长率 LM_{US}的统计数据进行平稳性检验，检验结果如表4.1所示。由表4.1可知，变量 *LXN*

表4.1 *LXN* 和 LM_{US}变量单位根的ADF检验

变量	检验形式 (c,t,q)	ADF－t值	Prob.	结论
LXN	$(c,0,2)$	－2.269 906	0.182 7	非平稳
LM_{US}	$(0,0,4)$	－1.715 401	0.081 7	非平稳
DLXN ＊＊	$(c,0,1)$	－15.569 13	0	平稳
DLM_{US} ＊＊	$(0,0,3)$	－8.012 424	0	平稳

注：检验形式中的 c、t、q 分别表示常数项、趋势项和滞后阶数，检验形式根据检验方程回归系数的 t 检验来决定；ADF检验的滞后阶数根据施瓦茨信息准则（SIC）选取，滞后0阶即为DF检验。表中＊＊表示在1%的显著性水平下拒绝原假设，即在1%的显著性水平下认为变量是平稳的。

和 LM_{US} 在 1% 的显著性水平下均不能拒绝存在单位根的原假设，即两个变量都是非平稳的，而变量 LXN 和 LM_{US} 的一阶差分无论是在 1% 还是在 5% 的显著性水平下均拒绝了原假设，这就意味着模型中两个变量的增长过程是平稳的。

4.3.3 变量间的协整关系检验

协整概念是 20 世纪 80 年代由恩格尔和格兰杰提出的，他们认为两个或者多个非平稳时间序列的线性组合可能是平稳的，假如这样一种平稳的或者 $I(0)$ 的线性组合存在，这些非平稳（有单位根）的时间序列之间被认为具有协整关系。用 x_t 表示 $N\times 1$ 阶时间序列向量 $(x_{1t},x_{2t},\cdots,x_{Nt})'$，如果：$x_t$ 所含有的全部变量都是 $I(d)$ 阶的，并若存在一个 $N\times 1$ 阶向量 $\beta(\beta\neq 0)$，使得 $\beta' x_t \sim I(d-b)$，$0<b\leqslant d$，则称 x_t 的各个分量存在 d、b 阶协整关系。

协整检验可以分为两种：一种是基于回归系数的协整检验，其中比较典型的是 Johansen 协整检验；另一种是基于回归残差的协整检验，包括 CRDW（Cointegration Regression Durbin－Watson）检验、DF 检验和 ADF 检验。由于本部分的实证研究要构建 VAR 模型并进行脉冲响应分析和方差分析，所以在此处采用的是基于回归系数协整检验中的 Johansen 协整检验。Johansen（1995）协整检验的基本思想是基于 VAR 模型将一个求极大似然函数的问题转化为一个求特征根和对应的特征向量的问题，该方法能够判定协整方程的个数。Johansen 协整检验的原假设和备择假设分别为

$$H_{r0}:\ \lambda_{r+1}=0 \qquad\qquad H_{r1}:\ \lambda_{r+1}>0$$

相应的检验统计量为

$$\eta_r=-T\sum_{i=r+1}^{k}\ln\left(1-\lambda_i\right) \tag{4.19}$$

其中，$r=0,1,\cdots,k-1$，λ_i 是按照大小顺序排列的位于第 i 位的特征值，T 是观测期的总数，即样本容量。Johansen 协整检验不是一个独立的检验，而是对应于 r 的不同取值的一系列检验。从检验不存在任何协整关系的零假设开始，然后是最多一个协整关系，直到存在最多 $k-1$ 个协整关系，共进行 k 次检验。

由于变量 LXN 和 LM_{US} 的时间序列均是一阶单整，它们之间可能存在协整关系，接下来对 LXN 和 LM_{US} 进行协整检验，检验结果如表 4.2 所示。

表 4.2 LXN 和 LM_{US} 变量协整关系的检验结果

原假设	特征值	迹统计量	临界值	Prob.
没有协整关系＊＊	0.233 253 3	54.414 95	25.872 11	0
最多有一个协整关系	0.022 982	4.394 211	12.517 98	0.684 6

注：＊＊表示在 1% 的显著性水平下拒绝原假设，即在 1% 的显著性水平下认为变量存在协整关系。

由表4.2的检验结果可知,变量 LXN 和 LM_{US} 在1%的显著性水平下最多存在一个协整关系,这意味着我国经济结构中虚拟经济占比与美元货币供给量之间存在着长期的均衡关系。并且根据检验结果可以得到协整方程为

$$LXN = 2.02 \times 10^{-5}t + 0.010\,416LM_{US} \tag{4.20}$$

$$(3.884\,6) \qquad\qquad (7.493\,5)$$

从式(4.20)可以看出,1996年1月份至2015年12月份,虚拟经济占比同美元货币供给量和时间趋势表现出同向变动关系,在其他影响因素不变的情况下,美元供给量增长率每增加1个百分点,虚拟经济占比会相应增加0.010 4个百分点,并且随着时间的延续,虚拟经济占比呈现出每月递增的变化趋势,但是其递增幅度有限,仅为0.000 02%。这种状况说明,我国的经济结构在美元信用扩张的作用下已经呈现出了向虚拟化方向发展的趋势。

4.3.4 SVAR模型的建立和脉冲响应函数分析

根据AIC准则和SC准则,首先确定汇改之前VAR模型的最优滞后阶数为3阶,并建立了变量 LXN 和 LM_{US} 之间的VAR(3)模型,随后对该模型的平稳性进行检验,由于模型所有的根模均在单位圆内,所以认为所建立的VAR(3)模型是平稳的。

1)模型及识别方法

首先建立变量 LXN 和 LM_{US} 之间的二元结构VAR(3)模型,即SVAR(3)模型,于是有

$$\boldsymbol{C}_0\boldsymbol{y}_t = \boldsymbol{\Gamma}_0 + \boldsymbol{\Gamma}_1\boldsymbol{y}_{t-1} + \boldsymbol{\Gamma}_2\boldsymbol{y}_{t-2} + \boldsymbol{\Gamma}_3\boldsymbol{y}_{t-3} + \boldsymbol{\varepsilon}_t \tag{4.21}$$

式中:

$$\boldsymbol{y}_t = \begin{pmatrix} LXN_t \\ LM_{US_t} \end{pmatrix}, \quad \boldsymbol{C}_0 = \begin{pmatrix} 1 & -c_{12} \\ -c_{21} & 1 \end{pmatrix}, \boldsymbol{\Gamma}_0 = \begin{pmatrix} c_{10} \\ c_{20} \end{pmatrix},$$

$$\boldsymbol{\Gamma}_i = \begin{pmatrix} \gamma_{11}^{(i)} & \gamma_{12}^{(i)} \\ \gamma_{21}^{(i)} & \gamma_{22}^{(i)} \end{pmatrix} (i=1,2,3), \boldsymbol{\varepsilon}_t = \begin{pmatrix} \varepsilon_{1t} \\ \varepsilon_{2t} \end{pmatrix}$$

LXN 和 LM_{US} 分别为我国虚拟经济占比和美国货币供给量增长率的序列,ε_{1t} 和 ε_{2t} 分别是作用在虚拟经济占比和美国货币供给量增长率上的结构式冲击,即结构式残差。

如果 C_0 是可逆的,可将结构式方程转化为简化式方程:

$$\boldsymbol{y}_t = \boldsymbol{C}_0^{-1}\boldsymbol{\Gamma}_0 + \boldsymbol{C}_0^{-1}\boldsymbol{\Gamma}_1\boldsymbol{y}_{t-1} + \boldsymbol{C}_0^{-1}\boldsymbol{\Gamma}_2\boldsymbol{y}_{t-2} + \boldsymbol{C}_0^{-1}\boldsymbol{\Gamma}_3\boldsymbol{y}_{t-3} + \boldsymbol{\mu}_t \tag{4.22}$$

其中 $\boldsymbol{\mu}_t = \boldsymbol{C}_0^{-1}\boldsymbol{\varepsilon}_t$,$\boldsymbol{\mu}_t$ 是VAR模型的扰动项,一般而言,简化式扰动项 $\boldsymbol{\mu}_t$ 是结构式扰动项 $\boldsymbol{\varepsilon}_t$ 的线性组合,因此代表一种复合冲击①。

① 高铁梅:《计量经济分析方法与建模 Eviews 应用及实例》,276页,北京,清华大学出版社,2009。

对于 k 元 p 阶的 SVAR 模型,需要对结构式施加 $k(k-1)/2$ 个限制条件才能识别出结构冲击,而对于本项研究的模型来说,由于模型中包含了 2 个内生变量,则 $k(k-1)/2=1$,即需要对模型施加 1 个约束条件才能识别结构冲击。虽然我国经济的虚拟化程度会在一定程度上对美国的货币政策产生影响,但是这种影响并不会在当期体现,因此根据经济运行的这一特点假定:美国货币供给量的增长不会受到当期我国虚拟经济占比的影响,即 $\boldsymbol{C}_0$ 矩阵中 $c_{21}=0$。

2)脉冲响应函数分析

本项研究利用 Eviews 6.0 软件对变量 LXN 和 LM_{US}之间的 SVAR 模型进行了脉冲响应函数分析。图 4.3 是基于 SVAR 模型的美国货币供给量对我国虚拟经济占比的脉冲响应轨迹。图中横坐标表示冲击发生后的时间间隔(月度),纵坐标表示虚拟经济占比对美国货币供给量冲击的反应程度(百分比)。

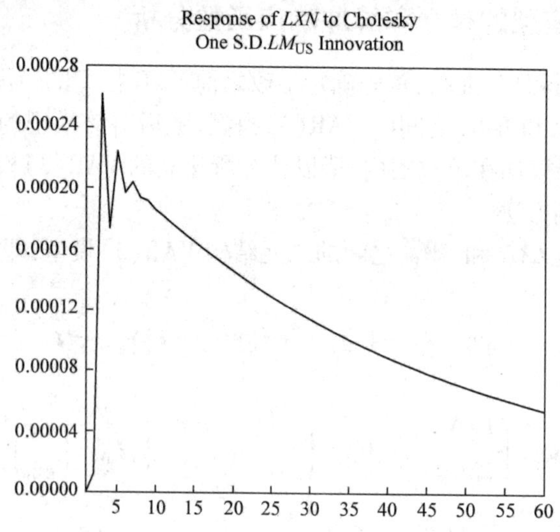

图 4.4　SVAR 模型 LM_{US}对 LXN 的脉冲响应函数

通过图 4.4 的 SVAR 模型的脉冲响应函数可以发现,美国货币供给量对我国虚拟经济占比的冲击影响效应始终是正向的。LM_{US}冲击值于第 1 期略有下降后于第 2 期迅速上升,并在第 3 期达到最大正向冲击值,此后三年间呈现出快速下滑的趋势,三年后随着预测期的延续,该脉冲值表现为缓慢的下降,并于五年后趋于稳定的零值。这说明,美国货币供给量对我国虚拟经济占比的影响不仅在短期,甚至在中长期(五年内)都具有影响效应,但是该冲击作用会随着时间的延续逐渐减弱,即美国货币供给量对我国虚拟经济占比的冲击在短期表现得更为明显。

由上述脉冲响应函数分析得知,美国货币供给量的增加在短期对我国虚拟经济占比的冲击影响程度要大于中长期,那么本项研究接下来将借助误差修正模型将 LXN 和 LM_{US}之间的长期表现和短期效应综合在一起,进一步对两变量之间的关系进行测度。

4.3.5 误差修正模型的构建 $LXN=2.02\times10^{-5}t+0.010\ 416LM_{\mathrm{US}}$

由式(4.20)可以得到非均衡误差方程为

$$e_t=LXN-2.02\times10^{-5}t-0.010\ 4LM_{\mathrm{US}} \tag{4.23}$$

依据式(4.23)所得的样本值,加上模型中各变量的平稳性性质,就可以利用 OLS 方法进行估计。通过反复筛选变量和检验模型,最终我们得到误差修正模型为

$$\underset{}{\Delta LXN_t}=\underset{(1.732\ 1)}{0.035\ 6}-\underset{(-7.896\ 6)}{0.459\ 9}\Delta LXN_{t-1}+\underset{(1.739\ 0)}{2.39\times10^{-5}}\Delta LM_{\mathrm{US}_t}+\underset{(1.699\ 7)}{3.04\times10^{-5}}\Delta LM_{\mathrm{US}_{t-1}}-\underset{(-1.729\ 7)}{0.0077}e_{t-2} \tag{4.24}$$

$$R^2=0.539\ 9,\quad LM_1=0.894\ 6,\quad LM_2=1.973\ 9$$

$$ARCH=3.460\ 1,\quad AIC=-13.564\ 4,\quad SC=-13.485\ 3$$

式(4.24)的回归系数均通过了显著性检验,误差修正项系数为负,符合反向修正机制,即前两个月的非均衡误差以 0.007 7 的比率对本月的虚拟经济占比变化率 ΔLXN_t 作出反向修正。$R^2=0.539\ 9$,说明模型的拟合程度一般,$LM_1=0.894\ 6$ 小于 $\chi^2_{0.05}(1)=3.841$,$LM_2=1.973\ 9$ 小于 $\chi^2_{0.05}(2)=5.991$,所以模型既不存在一阶自相关也不存在二阶自相关;$ARCH=3.460\ 1$ 小于 $\chi^2_{0.05}(1)=3.841$,表明模型同样不存在异方差。

式(4.24)中的差分项反映了宏观经济变量短期波动的影响,而误差修正项则反映宏观经济变量的长期影响,由模型各参数的估计值可以得到以下结论。第一,本月的虚拟经济占比增长率取决于上月的虚拟经济占比增长率和本月与上月的美国货币供给量增长率。在其他变量保持不变的情况下,上个月的虚拟经济占比增长率每提高 1%,会造成本月虚拟经济占比增长率下降 0.459 9 个百分点;本月和上月美国货币供给量增长率每提高 1%,会导致本月虚拟经济占比增长率分别提高 2.39×10^{-5} 和 3.04×10^{-5} 个百分点。第二,在宏观经济变量对虚拟经济占比产生影响作用的同时,误差修正项以 0.007 7 的比率反作用于虚拟经济占比增长率,使得虚拟经济占比的波动与宏观经济变量之间形成从非均衡向均衡态势的不断运动格局。

4.3.6 实证结论

综合协整检验、脉冲响应函数分析和误差修正模型的实证结果可以发现,美元信用的不断扩张不仅在短期甚至在中长期都会促使我国经济向虚拟化的方向发展,但是美元货币供给量的增加对我国经济虚拟化程度的冲击作用会随着时间的延续呈现出逐渐减弱的趋势,也就是说,美元信用扩张对我国经济虚拟化程度的短期冲击要大于中长期。

4.4 本章结论

本章利用开放经济的宏观经济模型,结合美元无限供给弹性的假定,从理论与实证分析两个方面探讨了信用扩张下的二元经济结构。理论分析结果表明:在美元无限供给弹性下,美元信用的不断扩张会导致整个经济体中虚拟经济占比的不断上升,即出现虚拟经济与实体经济相背离的发展趋势,最终造成虚拟经济部门蓬勃发展而实体经济部门衰退萎缩的“二元经济”格局,全球经济结构向虚拟化方向发展。实证结果显示:美国货币供给量的增加无论在短期还是在中长期均会对我国虚拟经济占比产生正向的冲击,即我国虚拟经济占比在美国货币供给量增加的影响下不断提高,并且其短期的冲击效应要大于中长期;另外,我国虚拟经济占比在美元信用扩张的冲击下还表现出明显的趋势性。

第5章　美元无限供给弹性与外部冲击

随着经济全球化进程的不断发展，世界各国的经济正在以惊人的速度紧密联系到一起，各国货币政策的相互影响也日益加深，尤其是经济大国（美国）的货币政策调整所带来的国际影响越来越明显。20 世纪 80 年代之后，在美国货币政策传导机制的影响下，全球经济出现了严重的失衡，金融危机频繁爆发，特别是本世纪初的几年，伴随着美国房地产泡沫的兴起，全球出现了流动性过剩的现象，许多国家的国内物价居高不下，资产价格急剧膨胀。美国次贷危机和金融危机的爆发，使整个世界被卷入到百年不遇的金融海啸之中。全球经济结构的失衡在相当程度上取决于布雷顿森林体系崩溃之后的美元信用本位制，自 1973 年布雷顿森林体系崩溃之后，美元彻底取代了黄金成为世界上最主要的储备资产。

上一章的分析表明，在美元本位制的驱动下，美国形成了空洞的实体经济部门和发达的虚拟经济部门并存的“二元经济”格局，美国经济的这种二元结构严重影响着世界其他经济体的健康稳定运行，并引导经济结构向虚拟化方向发展。作为一个发展中的大国，我国经济正在全面融入世界经济，美元因素和美国经济的二元结构因素使我国面临的外部环境日趋复杂。鉴于此，本部分将利用第 3 章构建的开放经济条件下 IS－LM 模型的扩展模型，探讨外部冲击和涉外冲击给美国经济和世界经济带来的影响，进而讨论了美元无限供给弹性对大国经济的冲击效应。本章由四个部分构成，第一部分是外部冲击对经济影响效应的理论分析，第二部分是美元无限供给弹性下的外部冲击，第三部分是对美元无限供给弹性下外部冲击的实证检验，第四部分是本章结论。

5.1　外部冲击影响效应的理论分析

第 3 章的分析表明，在开放的经济条件下，一国宏观经济的均衡与外部变量和涉外变量的取值有关，当外部变量、涉外变量的取值发生变动时，即在存在外部冲击的情况下，国内经济将作出调整。为了考察外部冲击的影响，可以考虑分别对式(3.46)中的两个式子求有关 r_f 和 e 的导数。

5.1.1　外部利率冲击的影响效应

首先来考虑纯外部冲击，即宏观经济模型系统式(3.46)对变量 r_f 的反应。对式(3.46)中的两个式子分别求有关 r_f 的导数得

$$\begin{cases}\dfrac{\partial S}{\partial Y}\dfrac{\mathrm{d}Y}{\mathrm{d}r_{\mathrm{f}}}+\dfrac{\partial S}{\partial r_{\mathrm{n}}}\dfrac{\mathrm{d}r_{\mathrm{n}}}{\mathrm{d}r_{\mathrm{f}}}-\dfrac{\partial I_{\mathrm{n}}}{\partial r_{\mathrm{n}}}\dfrac{\mathrm{d}r_{\mathrm{n}}}{\mathrm{d}r_{\mathrm{f}}}-\dfrac{\partial I_{\mathrm{n}}}{\partial r_{\mathrm{f}}}+\dfrac{\partial NFI}{\partial e}\dfrac{\mathrm{d}e}{\mathrm{d}r_{\mathrm{f}}}+\dfrac{\partial NFI}{\partial r_{\mathrm{n}}}\dfrac{\mathrm{d}r_{\mathrm{n}}}{\mathrm{d}r_{\mathrm{f}}}+\dfrac{\partial NFI}{\partial r_{\mathrm{f}}}=\dfrac{\partial NX}{\partial Y}\dfrac{\mathrm{d}Y}{\mathrm{d}r_{\mathrm{f}}}+\dfrac{\partial NX}{\partial e}\dfrac{\mathrm{d}e}{\mathrm{d}r_{\mathrm{f}}}\\ \dfrac{\mathrm{d}e}{\mathrm{d}r_{\mathrm{f}}}M_{\mathrm{Sf}}+e\dfrac{\partial M_{\mathrm{Sf}}}{\partial e}\dfrac{\mathrm{d}e}{\mathrm{d}r_{\mathrm{f}}}+e\dfrac{\partial M_{\mathrm{Sf}}}{\partial r_{\mathrm{n}}}\dfrac{\mathrm{d}r_{\mathrm{n}}}{\mathrm{d}r_{\mathrm{f}}}+e\dfrac{\partial M_{\mathrm{Sf}}}{\partial r_{\mathrm{f}}}=\dfrac{\partial L_{\mathrm{T}}}{\partial Y}\dfrac{\mathrm{d}Y}{\mathrm{d}r_{\mathrm{f}}}+\dfrac{\partial L_{\mathrm{T}}}{\partial e}\dfrac{\mathrm{d}e}{\mathrm{d}r_{\mathrm{f}}}+\dfrac{\partial L_{\mathrm{S}}}{\partial e}\dfrac{\mathrm{d}e}{\mathrm{d}r_{\mathrm{f}}}+\dfrac{\partial L_{\mathrm{S}}}{\partial r_{\mathrm{n}}}\dfrac{\mathrm{d}r_{\mathrm{n}}}{\mathrm{d}r_{\mathrm{f}}}+\dfrac{\partial L_{\mathrm{S}}}{\partial r_{\mathrm{f}}}\end{cases} \tag{5.1}$$

由式(5.1)的第二式可得

$$\frac{\mathrm{d}e}{\mathrm{d}r_{\mathrm{f}}}=\left(\frac{\partial L_{\mathrm{T}}}{\partial Y}\frac{\mathrm{d}Y}{\mathrm{d}r_{\mathrm{f}}}+\frac{\partial L_{\mathrm{S}}}{\partial r_{\mathrm{n}}}\frac{\mathrm{d}r_{\mathrm{n}}}{\mathrm{d}r_{\mathrm{f}}}+\frac{\partial L_{\mathrm{S}}}{\partial r_{\mathrm{f}}}-e\frac{\partial M_{\mathrm{Sf}}}{\partial r_{\mathrm{n}}}\frac{\mathrm{d}r_{\mathrm{n}}}{\mathrm{d}r_{\mathrm{f}}}-e\frac{\partial M_{\mathrm{Sf}}}{\partial r_{\mathrm{f}}}\right)\Big/\left(M_{\mathrm{Sf}}+e\frac{\partial M_{\mathrm{Sf}}}{\partial e}-\frac{\partial L_{\mathrm{T}}}{\partial e}-\frac{\partial L_{\mathrm{S}}}{\partial e}\right)$$

代入式(5.1)的第一式后有

$$\left[\left(\frac{\partial S}{\partial Y}-\frac{\partial NX}{\partial Y}\right)\frac{\mathrm{d}Y}{\mathrm{d}r_{\mathrm{f}}}-\frac{\partial I_{\mathrm{n}}}{\partial r_{\mathrm{f}}}+\frac{\partial NFI}{\partial r_{\mathrm{f}}}+\left(\frac{\partial S}{\partial r_{\mathrm{n}}}-\frac{\partial I_{\mathrm{n}}}{\partial r_{\mathrm{n}}}+\frac{\partial NFI}{\partial r_{\mathrm{n}}}\right)\frac{\mathrm{d}r_{\mathrm{n}}}{\mathrm{d}r_{\mathrm{f}}}\right]\Big/\left(\frac{\partial NX}{\partial e}-\frac{\partial NFI}{\partial e}\right)=$$

$$\left[\frac{\partial L_{\mathrm{T}}}{\partial Y}\frac{\mathrm{d}Y}{\mathrm{d}r_{\mathrm{f}}}+\frac{\partial L_{\mathrm{S}}}{\partial r_{\mathrm{f}}}-e\frac{\partial M_{\mathrm{Sf}}}{\partial r_{\mathrm{f}}}+\left(\frac{\partial L_{\mathrm{S}}}{\partial r_{\mathrm{n}}}-e\frac{\partial M_{\mathrm{Sf}}}{\partial r_{\mathrm{n}}}\right)\frac{\mathrm{d}r_{\mathrm{n}}}{\mathrm{d}r_{\mathrm{f}}}\right]\Big/\left(M_{\mathrm{Sf}}+e\frac{\partial M_{\mathrm{Sf}}}{\partial e}-\frac{\partial L_{\mathrm{T}}}{\partial e}-\frac{\partial L_{\mathrm{S}}}{\partial e}\right)$$

令 $A=\dfrac{\partial NX}{\partial e}-\dfrac{\partial NFI}{\partial e}\neq 0$, $B=M_{\mathrm{Sf}}+e\dfrac{\partial M_{\mathrm{Sf}}}{\partial e}-\dfrac{\partial L_{\mathrm{T}}}{\partial e}-\dfrac{\partial L_{\mathrm{S}}}{\partial e}\neq 0$,解得

$$\frac{\mathrm{d}Y}{\mathrm{d}r_{\mathrm{f}}}=\left\{\begin{array}{l}\left(\dfrac{\partial I_{\mathrm{n}}}{\partial r_{\mathrm{f}}}-\dfrac{\partial NFI}{\partial r_{\mathrm{f}}}\right)B+\left(\dfrac{\partial L_{\mathrm{S}}}{\partial r_{\mathrm{f}}}-e\dfrac{\partial M_{\mathrm{Sf}}}{\partial r_{\mathrm{f}}}\right)A+\\ \left[\left(\dfrac{\partial L_{\mathrm{S}}}{\partial r_{\mathrm{n}}}-e\dfrac{\partial M_{\mathrm{Sf}}}{\partial r_{\mathrm{n}}}\right)A-\left(\dfrac{\partial S}{\partial r_{\mathrm{n}}}-\dfrac{\partial I_{\mathrm{n}}}{\partial r_{\mathrm{n}}}+\dfrac{\partial NFI}{\partial r_{\mathrm{n}}}\right)B\right]\dfrac{\mathrm{d}r_{\mathrm{n}}}{\mathrm{d}r_{\mathrm{f}}}\end{array}\right\}\Bigg/\left(\frac{\partial S}{\partial Y}B-\frac{\partial NX}{\partial Y}B-\frac{\partial L_{\mathrm{T}}}{\partial Y}A\right) \tag{5.2}$$

式(5.2)即为外部冲击对总产出的影响,它由两部分构成,一部分是直接冲击,表现为$\left[\left(\dfrac{\partial I_{\mathrm{n}}}{\partial r_{\mathrm{f}}}-\dfrac{\partial NFI}{\partial r_{\mathrm{f}}}\right)B+\left(\dfrac{\partial L_{\mathrm{S}}}{\partial r_{\mathrm{f}}}-e\dfrac{\partial M_{\mathrm{Sf}}}{\partial r_{\mathrm{f}}}\right)A\right]\Big/\left(sB-nB-\dfrac{\partial L_{\mathrm{T}}}{\partial Y}A\right)$,它不仅反映了外部冲击直接所导致产品市场投资结构的调整对总产出的影响,而且还包含了货币市场投机因素所引起货币供给结构变动对总产出的影响;另一部分是间接冲击,表现为$\left\{\left[\left(\dfrac{\partial L_{\mathrm{S}}}{\partial r_{\mathrm{n}}}-e\dfrac{\partial M_{\mathrm{Sf}}}{\partial r_{\mathrm{n}}}\right)A-\left(\dfrac{\partial S}{\partial r_{\mathrm{n}}}-\dfrac{\partial I_{\mathrm{n}}}{\partial r_{\mathrm{n}}}+\dfrac{\partial NFI}{\partial r_{\mathrm{n}}}\right)B\right]\dfrac{\mathrm{d}r_{\mathrm{n}}}{\mathrm{d}r_{\mathrm{f}}}\right\}\Big/\left(sB-nB-\dfrac{\partial L_{\mathrm{T}}}{\partial Y}A\right)$,它反映了外部冲击经过内部利率传导对总产出产生的影响。

另外,从式(5.2)可以看出,外部冲击对宏观经济运行的影响是复杂的,这种复杂性主要体现在传递渠道的双重途径,即利率传导和汇率传导,传递渠道的不同以及传递效果的不确定使得外部冲击的影响也变得不确定。为了有一个明确的结论,这里我们不妨按大小国模型分别进行分析。

1)小国经济

因为小国经济有 $r_{\mathrm{n}}=r_{\mathrm{f}}=r$ 的特点,这就意味着$\dfrac{\mathrm{d}r_{\mathrm{n}}}{\mathrm{d}r_{\mathrm{f}}}=1$,且外部冲击与内部变动没什么区别,尤其是小国经济适宜选择固定汇率制度,这使外部冲击完全被内化为国

内利率的调整,由式(3.50)得

$$\frac{\mathrm{d}Y_1}{\mathrm{d}r}=\left(-\frac{\partial S}{\partial r}+\frac{\mathrm{d}I_{\mathrm{n}}}{\mathrm{d}r}-\frac{\mathrm{d}NFI}{\mathrm{d}r}\right)\bigg/(s-n) \tag{5.3}$$

$$\frac{\mathrm{d}Y_2}{\mathrm{d}r}=\left(e_0\frac{\mathrm{d}M_{\mathrm{Sf}}}{\mathrm{d}r}-\frac{\mathrm{d}L_{\mathrm{S}}}{\mathrm{d}r}\right)\bigg/\frac{\partial L_{\mathrm{T}}}{\partial Y} \tag{5.4}$$

式(5.3)为产品市场的产出效应,这里 $s=\frac{\partial S}{\partial Y}$为边际储蓄倾向,$n=\frac{\partial NX}{\partial Y}$为边际净出口倾向。由小国经济的基本特征可知,固定的汇率制度和利率同方向、同程度的调整,使其对外净投资不会发生变化,即$\frac{\mathrm{d}NFI}{\mathrm{d}r}=0$。又由于储蓄、投资与利率的关系是反方向的,即$\frac{\partial S}{\partial r}>0$,$\frac{\partial I_{\mathrm{n}}}{\partial r}<0$,而边际储蓄倾向 $s=\frac{\partial S}{\partial Y}>0$,而边际净出口倾向 $n=\frac{\partial NX}{\partial Y}<0$,因此外部利率冲击对产品市场影响的效应$\frac{\mathrm{d}Y_1}{\mathrm{d}r}=\left(-\frac{\partial S}{\partial r}+\frac{\mathrm{d}I_{\mathrm{n}}}{\mathrm{d}r}\right)\bigg/(s-n)<0$,外部因素对产品市场产生正向冲击;只有当 $s=n$ 时,产品市场的均衡才能得以建立。式(5.4)为货币市场的产出效应,它表明外部冲击通过货币供求的变动对总产出的影响。一般来说,在固定汇率制度下,当利率对外保持同方向、同程度变动时,外币净流入不会发生变化,除非外部冲击是有敌意性的,否则有$\frac{\mathrm{d}M_{\mathrm{Sf}}}{\mathrm{d}r}=0$。又由于$\frac{\mathrm{d}L_{\mathrm{S}}}{\mathrm{d}r}<0$,$\frac{\partial L_{\mathrm{T}}}{\partial Y}>0$,所以有$\frac{\mathrm{d}Y_2}{\mathrm{d}r}=-\frac{\mathrm{d}L_{\mathrm{S}}}{\mathrm{d}r}\bigg/\frac{\partial L_{\mathrm{T}}}{\partial Y}>0$,说明对小国经济来说,外部冲击通过货币市场传导对总产出的影响始终是负向的。由此表明,发展中国家过早完全开放货币市场不利于其经济的发展。

综合式(5.3)和式(5.4)可以看出,对小国经济来说,外部冲击的产品市场产出效应与通过货币市场传导的产出效应通常不一致,表明小国经济在受到外部冲击的情况下,一般均衡难以建立。而在非均衡的运行状况下,实际总产出水平符合短边法则,具体说就是,当外部利率上升时,实际总产出水平由产品市场决定,而当外部利率下降时,实际总产出水平则由货币市场决定,无论哪种情况,外部冲击对小国经济的发展都是不利的。另外,由式(5.3)和式(5.4)我们也能得到小国经济受外部冲击下的一般均衡条件为

$$\frac{\partial L_{\mathrm{T}}}{\partial Y}\left(-\frac{\partial S}{\partial r}+\frac{\mathrm{d}I_{\mathrm{n}}}{\mathrm{d}r}-\frac{\mathrm{d}NFI}{\mathrm{d}r}\right)=(s-n)\left(e_0\frac{\mathrm{d}M_{\mathrm{Sf}}}{\mathrm{d}r}-\frac{\mathrm{d}L_{\mathrm{S}}}{\mathrm{d}r}\right) \tag{5.5}$$

式(5.5)表明,小国经济在面临外部冲击时,市场选择难以使经济运行调整到均衡状态。为了使经济调整到均衡状态,小国经济政府只能通过相应的收入政策和对外贸易政策来引导边际货币交易性需求倾向、边际储蓄倾向和边际净出口倾向作出调整,并使之满足式(5.5)的条件。

2)大国经济

在大国经济背景下,$(1+r_{\mathrm{f}})\mathrm{d}e+e\mathrm{d}r_{\mathrm{f}}=e_0\mathrm{d}r_{\mathrm{n}}$,浮动汇率制度决定了外部利率冲击可能会通过汇率的传导对国民经济运行产生系统性影响。将$\frac{\mathrm{d}e}{\mathrm{d}r_{\mathrm{f}}}=\left(e_0\frac{\mathrm{d}r_{\mathrm{n}}}{\mathrm{d}r_{\mathrm{f}}}-e\right)/(1+r_{\mathrm{f}})$分别代入方程(5.1)中两式对 r_{f} 的导数式得到

$$\left[Be_0+(1+r_{\mathrm{f}})e\frac{\partial M_{\mathrm{Sf}}}{\partial r_{\mathrm{n}}}-(1+r_{\mathrm{f}})\frac{\partial L_{\mathrm{S}}}{\partial r_{\mathrm{n}}}\right]\frac{\mathrm{d}r_{\mathrm{n}}}{\mathrm{d}r_{\mathrm{f}}}=(1+r_{\mathrm{f}})\left(\frac{\partial L_{\mathrm{T}}}{\partial Y}\frac{\mathrm{d}Y}{\mathrm{d}r_{\mathrm{f}}}+\frac{\partial L_{\mathrm{S}}}{\partial r_{\mathrm{f}}}-e\frac{\partial M_{\mathrm{Sf}}}{\partial r_{\mathrm{f}}}\right)+eB$$

$$\left[(s-n)\frac{\mathrm{d}Y}{\mathrm{d}r_{\mathrm{f}}}-\frac{\partial I_{\mathrm{n}}}{\partial r_{\mathrm{f}}}+\frac{\partial NFI}{\partial r_{\mathrm{f}}}\right](1+r_{\mathrm{f}})+eA=\left[-\left(\frac{\partial S}{\partial r_{\mathrm{n}}}-\frac{\partial I_{\mathrm{n}}}{\partial r_{\mathrm{n}}}+\frac{\partial NFI}{\partial r_{\mathrm{n}}}\right)(1+r_{\mathrm{f}})+e_0A\right]\frac{\mathrm{d}r_{\mathrm{n}}}{\mathrm{d}r_{\mathrm{f}}}$$

令$Be_0+(1+r_{\mathrm{f}})e\frac{\partial M_{\mathrm{Sf}}}{\partial r_{\mathrm{n}}}-(1+r_{\mathrm{f}})\frac{\partial L_{\mathrm{S}}}{\partial r_{\mathrm{n}}}=\alpha$,$-\left(\frac{\partial S}{\partial r_{\mathrm{n}}}-\frac{\partial I_{\mathrm{n}}}{\partial r_{\mathrm{n}}}+\frac{\partial NFI}{\partial r_{\mathrm{n}}}\right)(1+r_{\mathrm{f}})+e_0A=\beta$,则有

$$\left\{\left[(s-n)\frac{\mathrm{d}Y}{\mathrm{d}r_{\mathrm{f}}}-\frac{\partial I_{\mathrm{n}}}{\partial r_{\mathrm{f}}}+\frac{\partial NFI}{\partial r_{\mathrm{f}}}\right](1+r_{\mathrm{f}})+eA\right\}\alpha=\beta\left[(1+r_{\mathrm{f}})\left(\frac{\partial L_{\mathrm{T}}}{\partial Y}\frac{\mathrm{d}Y}{\mathrm{d}r_{\mathrm{f}}}+\frac{\partial L_{\mathrm{S}}}{\partial r_{\mathrm{f}}}-e\frac{\partial M_{\mathrm{Sf}}}{\partial r_{\mathrm{f}}}\right)+eB\right] \tag{5.6}$$

解式(5.6)得

$$\frac{\mathrm{d}Y}{\mathrm{d}r_{\mathrm{f}}}=\left[\left(\frac{\partial I_{\mathrm{n}}}{\partial r_{\mathrm{f}}}-\frac{\partial NFI}{\partial r_{\mathrm{f}}}-\frac{eA}{1+r_{\mathrm{f}}}\right)\alpha+\beta\left(\frac{\partial L_{\mathrm{S}}}{\partial r_{\mathrm{f}}}-e\frac{\partial M_{\mathrm{Sf}}}{\partial r_{\mathrm{f}}}+\frac{eB}{1+r_{\mathrm{f}}}\right)\right]\Big/\left(s\alpha-n\alpha-\beta\frac{\partial L_{\mathrm{T}}}{\partial Y}\right) \tag{5.7}$$

式(5.7)为外部利率冲击对大国经济的影响效应,该式表明,外部利率冲击一般不会破坏大国经济运行的均衡状态,但它会对经济运行水平产生系统性的影响,除非$\left(\frac{\partial I_{\mathrm{n}}}{\partial r_{\mathrm{f}}}-\frac{\partial NFI}{\partial r_{\mathrm{f}}}-\frac{eA}{1+r_{\mathrm{f}}}\right)\Big/\left(\frac{\partial L_{\mathrm{S}}}{\partial r_{\mathrm{f}}}-e\frac{\partial M_{\mathrm{Sf}}}{\partial r_{\mathrm{f}}}+\frac{eB}{1+r_{\mathrm{f}}}\right)=-\frac{\beta}{\alpha}$。然而,从 α 和 β 的定义上看,$\left(\frac{\partial I_{\mathrm{n}}}{\partial r_{\mathrm{f}}}-\frac{\partial NFI}{\partial r_{\mathrm{f}}}-\frac{eA}{1+r_{\mathrm{f}}}\right)\Big/\left(\frac{\partial L_{\mathrm{S}}}{\partial r_{\mathrm{f}}}-e\frac{\partial M_{\mathrm{Sf}}}{\partial r_{\mathrm{f}}}+\frac{eB}{1+r_{\mathrm{f}}}\right)=-\frac{\beta}{\alpha}$ 的可能性几乎不存在,因为相关宏观经济变量对内外利率的反应不可能方向相反,且程度一致。

5.1.2 预期汇率冲击的影响效应

接下来我们再考虑涉外变量 e 预期变化的冲击,前面的分析表明,小国经济适宜选择固定汇率制度,只有大国经济才适合浮动汇率制度,这就意味着,预期汇率冲击的分析仅对大国经济才有意义。为了考察预期汇率 e 变动的冲击,可以考虑对式(3.46)中的两个式子分别求有关 e 的导数,由此可得

$$\begin{cases}\frac{\partial S}{\partial Y}\frac{\mathrm{d}Y}{\mathrm{d}e}+\frac{\partial S}{\partial r_{\mathrm{n}}}\frac{\mathrm{d}r_{\mathrm{n}}}{\mathrm{d}e}-\frac{\partial I_{\mathrm{n}}}{\partial r_{\mathrm{n}}}\frac{\mathrm{d}r_{\mathrm{n}}}{\mathrm{d}e}-\frac{\partial I_{\mathrm{n}}}{\partial r_{\mathrm{f}}}\frac{\mathrm{d}r_{\mathrm{f}}}{\mathrm{d}e}+\frac{\partial NFI}{\partial e}+\frac{\partial NFI}{\partial r_{\mathrm{n}}}\frac{\mathrm{d}r_{\mathrm{n}}}{\mathrm{d}e}+\frac{\partial NFI}{\partial r_{\mathrm{f}}}\frac{\mathrm{d}r_{\mathrm{f}}}{\mathrm{d}e}=\frac{\partial NX}{\partial Y}\frac{\mathrm{d}Y}{\mathrm{d}e}+\frac{\partial NX}{\partial e}\\ M_{\mathrm{Sf}}+e\frac{\partial M_{\mathrm{Sf}}}{\partial e}+e\frac{\partial M_{\mathrm{Sf}}}{\partial r_{\mathrm{n}}}\frac{\mathrm{d}r_{\mathrm{n}}}{\mathrm{d}e}+e\frac{\partial M_{\mathrm{Sf}}}{\partial r_{\mathrm{f}}}\frac{\mathrm{d}r_{\mathrm{f}}}{\mathrm{d}e}=\frac{\partial L_{\mathrm{T}}}{\partial Y}\frac{\mathrm{d}Y}{\mathrm{d}e}+\frac{\partial L_{\mathrm{T}}}{\partial e}+\frac{\partial L_{\mathrm{S}}}{\partial e}+\frac{\partial L_{\mathrm{S}}}{\partial r_{\mathrm{n}}}\frac{\mathrm{d}r_{\mathrm{n}}}{\mathrm{d}e}+\frac{\partial L_{\mathrm{S}}}{\partial r_{\mathrm{f}}}\frac{\mathrm{d}r_{\mathrm{f}}}{\mathrm{d}e}\end{cases} \tag{5.8}$$

由式(5.8)的第二式可得

$$\frac{\mathrm{d}r_f}{\mathrm{d}e}=\left[\frac{\partial L_T}{\partial Y}\frac{\mathrm{d}Y}{\mathrm{d}e}+\frac{\partial L_T}{\partial e}+\frac{\partial L_S}{\partial e}+\left(\frac{\partial L_S}{\partial r_n}-e\frac{\partial M_{Sf}}{\partial r_n}\right)\frac{\mathrm{d}r_n}{\mathrm{d}e}-M_{Sf}-e\frac{\partial M_{Sf}}{\partial e}\right]\Big/\left(e\frac{\partial M_{Sf}}{\partial r_f}-\frac{\partial L_S}{\partial r_f}\right)$$

代入式(5.8)的第一式可得

$$\left[(s-n)\frac{\mathrm{d}Y}{\mathrm{d}e}+\left(\frac{\partial S}{\partial r_n}-\frac{\partial I_n}{\partial r_n}+\frac{\partial NFI}{\partial r_n}\right)\frac{\mathrm{d}r_n}{\mathrm{d}e}+\frac{\partial NFI}{\partial e}-\frac{\partial NX}{\partial e}\right]\Big/\left(\frac{\partial I_n}{\partial r_f}-\frac{\partial NFI}{\partial r_f}\right)$$
$$=\left[\frac{\partial L_T}{\partial Y}\frac{\mathrm{d}Y}{\mathrm{d}e}+\frac{\partial L_T}{\partial e}+\frac{\partial L_S}{\partial e}+\left(\frac{\partial L_S}{\partial r_n}-e\frac{\partial M_{Sf}}{\partial r_n}\right)\frac{\mathrm{d}r_n}{\mathrm{d}e}-M_{Sf}-e\frac{\partial M_{Sf}}{\partial e}\right]\Big/\left(e\frac{\partial M_{Sf}}{\partial r_f}-\frac{\partial L_S}{\partial r_f}\right)$$

令 $a=\frac{\partial I_n}{\partial r_f}-\frac{\partial NFI}{\partial r_f}$,$b=e\frac{\partial M_{Sf}}{\partial r_f}-\frac{\partial L_S}{\partial r_f}$,可以得到

$$\frac{\mathrm{d}Y}{\mathrm{d}e}=\left\{-aB+\left[a\left(\frac{\partial L_S}{\partial r_n}-e\frac{\partial M_{Sf}}{\partial r_n}\right)-b\left(\frac{\partial S}{\partial r_n}-\frac{\partial I_n}{\partial r_n}+\frac{\partial NFI}{\partial r_n}\right)\right]\frac{\mathrm{d}r_n}{\mathrm{d}e}+bA\right\}\Big/\left[(s-n)b-a\frac{\partial L_T}{\partial Y}\right] \tag{5.9}$$

式(5.9)即为涉外变量预期汇率变动对总产出的影响,它由两部分构成,一部分是直接效应,表现为$(-aB+bA)/\left[(s-n)b-a\frac{\partial L_T}{\partial Y}\right]$,它不仅反映了预期汇率变动直接所导致产品市场投资结构的调整对总产出的影响,而且还包含了货币市场投机因素所引起货币供给结构变动对总产出的影响;另一部分是间接冲击,表现为$\left[a\left(\frac{\partial L_S}{\partial r_n}-e\frac{\partial M_{Sf}}{\partial r_n}\right)\frac{\mathrm{d}r_n}{\mathrm{d}e}-b\left(\frac{\partial S}{\partial r_n}-\frac{\partial I_n}{\partial r_n}+\frac{\partial NFI}{\partial r_n}\right)\frac{\mathrm{d}r_n}{\mathrm{d}e}\right]\Big/\left[(s-n)b-a\frac{\partial L_T}{\partial Y}\right]$,它反映了预期汇率变动经过内部利率传导对总产出产生的影响。预期汇率变动对宏观经济运行的影响同样是非常复杂的,这种复杂性主要体现在传递渠道的双重途径,即内外利率的传导,传递渠道的不同以及传递效果的不确定使得预期汇率变动的影响可能变得不确定。

当我们将$\frac{\mathrm{d}r_f}{\mathrm{d}e}-\frac{e_0}{e}\frac{\mathrm{d}r_n}{\mathrm{d}e}-\frac{1+r_f}{e}$融入式(5.8)时,就有

$$\frac{\mathrm{d}r_n}{\mathrm{d}e}=\left(\frac{\partial L_T}{\partial Y}\frac{\mathrm{d}Y}{\mathrm{d}e}-B+\frac{1+r_f}{e}b\right)\Big/\left(\frac{e_0b}{e}-\frac{\partial L_S}{\partial r_n}+e\frac{\partial M_{Sf}}{\partial r_n}\right)$$

令 $\lambda=\frac{e_0b}{e}-\frac{\partial L_S}{\partial r_n}+e\frac{\partial M_{Sf}}{\partial r_n}$,将上式代入式(5.9)得

$$\frac{\mathrm{d}Y}{\mathrm{d}e}=\left\{\begin{matrix}(-aB+bA)\lambda(1+r_f)+\\ \left[a(\alpha-e_0B)-b(\beta-e_0A)\right]\left(B-\frac{1+r_f}{e}b\right)\end{matrix}\right\}\Bigg/\left\{\begin{matrix}(s-n)b\lambda(1+r_f)-\\ \left[a(\lambda+\lambda r_f-\alpha+e_0B)+b(\beta-e_0A)\right]\frac{\partial L_T}{\partial Y}\end{matrix}\right\} \tag{5.10}$$

因为$\lambda(1+r_f)=\alpha-Be_0+\frac{e_0b}{e}(1+r_f)$,代入式(5.10)整理后得

$$\frac{\mathrm{d}Y}{\mathrm{d}e}=[\alpha Ae-a\alpha(1+r_f)-B\beta e+b\beta(1+r_f)]\Big/\left\{\begin{array}{l}(s-n)[\alpha e-Be_0e+e_0b(1+r_f)]\\-[ae_0(1+r_f)-ee_0A+\beta e]\dfrac{\partial L_T}{\partial Y}\end{array}\right\} \tag{5.11}$$

式(5.11)即为预期汇率变动对国内宏观经济的冲击,这种冲击效应极其复杂,这种复杂性完全由开放经济中内外利率因受到预期汇率冲击可能的调整决定。然而当内外利率因受到预期汇率冲击不做调整时,这种冲击就会简单得多,此时

$$\begin{cases}\dfrac{\mathrm{d}Y_1}{\mathrm{d}e}=A/(s-n)\\ \dfrac{\mathrm{d}Y_2}{\mathrm{d}e}=B/\dfrac{\partial L_T}{\partial Y}\end{cases} \tag{5.12}$$

式(5.12)表明,在内外利率不能自动调节的情况下,预期汇率冲击将导致产品市场与货币市场不同的效应,两个市场不同的效应使经济运行均衡状态遭到破坏,除非$\frac{\partial L_T}{\partial Y}A=(s-n)B$,即$\frac{\partial L_T}{\partial Y}\left(\frac{\partial NX}{\partial e}-\frac{\partial NFI}{\partial e}\right)=(s-n)\left(M_{Sf}+e\frac{\partial M_{Sf}}{\partial e}-\frac{\partial L_T}{\partial e}-\frac{\partial L_S}{\partial e}\right)$成立。否则,经济运行不可能保持均衡。由于产品市场和货币市场的调整速度存在差异,产品市场调整的连续性与相对稳定性决定了$\frac{\partial L_T}{\partial Y}\left(\frac{\partial NX}{\partial e}-\frac{\partial NFI}{\partial e}\right)$不太可能与货币市场的反应$(s-n)\left(M_{Sf}+e\frac{\partial M_{Sf}}{\partial e}-\frac{\partial L_T}{\partial e}-\frac{\partial L_S}{\partial e}\right)$保持一致,这就决定了经济会在一种非均衡状态下运行。克服这种非均衡状态的唯一手段是利用货币政策工具进行相应的调节,使

$$\frac{\mathrm{d}r_n}{\mathrm{d}e}=\left[\frac{\partial L_T}{\partial Y}A-(s-n)B\right]\Big/\left[(s-n)\left(e\frac{\partial M_{Sf}}{\partial r_n}-\frac{\partial L_S}{\partial r_n}\right)+\frac{\partial L_T}{\partial Y}\left(\frac{\partial S}{\partial r_n}-\frac{\partial I_n}{\partial r_n}+\frac{\partial NFI}{\partial r_n}\right)\right] \tag{5.13}$$

5.2 美元无限供给弹性之外部冲击

5.2.1 美元无限供给弹性的外部利率冲击

由前述定义可知,$B=M_{Sf}+e\frac{\partial M_{Sf}}{\partial e}-\frac{\partial L_T}{\partial e}-\frac{\partial L_s}{\partial e}$,对其变形后可得

$$B=M_{Sf}(1-E_e)-\frac{\partial L_T}{\partial e}-\frac{\partial L_S}{\partial e}\frac{e}{L_S}\frac{L_S}{e}=M_{Sf}(1-E_e)-\frac{\partial L_T}{\partial e}-E_{L_e}\frac{L_S}{e} \tag{5.14}$$

其中,交易性需求的性质决定了$\frac{\partial L_T}{\partial e}$的取值有界,而且$M_{Sf}$作为已知状态,其取值自然也是有限的,故在分析美元无限供给弹性时,省略式(5.14)中独立的有界量,可

以将其简写为

$$B = -M_{\mathrm{Sf}}E_e - E_{L_e}\frac{L_{\mathrm{S}}}{e} \tag{5.15}$$

将式(5.14)代入式(5.7),可以得到

$$\begin{aligned}\frac{\mathrm{d}Y}{\mathrm{d}r_{\mathrm{f}}} &= \left[\left(a - \frac{eA}{1+r_{\mathrm{f}}}\right)\alpha + \beta\left(-b + \frac{eB}{1+r_{\mathrm{f}}}\right)\right] \Big/ \left(s\alpha - n\alpha - \beta\frac{\partial L_{\mathrm{T}}}{\partial Y}\right)\\ &= [a\alpha(1+r_{\mathrm{f}}) - eA\alpha - b\beta(1+r_{\mathrm{f}}) + eB\beta] \Big/ \left[\left(s\alpha - n\alpha - \beta\frac{\partial L_{\mathrm{T}}}{\partial Y}\right)(1+r_{\mathrm{f}})\right]\\ &= \left[a\alpha(1+r_{\mathrm{f}}) - eA\alpha - b\beta(1+r_{\mathrm{f}}) - e\beta\left(M_{\mathrm{Sf}}E_e + E_{L_e}\frac{L_{\mathrm{S}}}{e}\right)\right] \Big/ \left[\left(s\alpha - n\alpha - \beta\frac{\partial L_{\mathrm{T}}}{\partial Y}\right)(1+r_{\mathrm{f}})\right]\end{aligned} \tag{5.16}$$

根据第4章的分析可知,a、A 和 β 均有界($\beta = -\theta(1+r_{\mathrm{f}}) + e_0A$,在 θ 和 A 有界的前提下也是有界的);剩下的只有与货币市场有关的量 b 和 α 暂不能确定是否有界。由 $b = e\frac{\partial M_{\mathrm{Sf}}}{\partial r_{\mathrm{f}}} - \frac{\partial L_{\mathrm{S}}}{\partial r_{\mathrm{f}}}$,$\alpha = Be_0 + (1+r_{\mathrm{f}})e\frac{\partial M_{\mathrm{Sf}}}{\partial r_{\mathrm{n}}} - (1+r_{\mathrm{f}})\frac{\partial L_{\mathrm{S}}}{\partial r_{\mathrm{n}}}$的定义可知,$b$ 和 α 分别可以变形为

$$b = \frac{\partial M_{\mathrm{Sf}}}{\partial r_{\mathrm{f}}}\frac{r_{\mathrm{f}}}{M_{\mathrm{Sf}}}\frac{eM_{\mathrm{Sf}}}{r_{\mathrm{f}}} - \frac{\partial L_{\mathrm{S}}}{\partial r_{\mathrm{f}}}\frac{r_{\mathrm{f}}}{L_{\mathrm{S}}}\frac{L_{\mathrm{S}}}{r_{\mathrm{f}}} = E_{r_{\mathrm{f}}}\frac{eM_{\mathrm{Sf}}}{r_{\mathrm{f}}} - E_{L_{r_{\mathrm{f}}}}\frac{L_{\mathrm{S}}}{r_{\mathrm{f}}} \tag{5.17}$$

其中,$E_{r_{\mathrm{f}}}$、$E_{L_{r_{\mathrm{f}}}}$分别为外部利率对货币流入和货币投机性需求的弹性。

$$\alpha = -eM_{\mathrm{Sf}}\left(\frac{e_0}{e}E_e - E_{r_{\mathrm{n}}}\frac{1+r_{\mathrm{f}}}{r_{\mathrm{n}}}\right) - \frac{L_{\mathrm{S}}}{e}\left[E_{L_e}e_0 + E_{L_{r_{\mathrm{n}}}}\frac{e(1+r_{\mathrm{f}})}{r_{\mathrm{n}}}\right] \tag{5.18}$$

其中,$E_{r_{\mathrm{n}}}$、$E_{L_{r_{\mathrm{n}}}}$分别为国内利率对货币流入和货币投机性需求的弹性。将式(5.18)代入式(5.16),并且省略独立的有界量之后可得

$$\begin{aligned}\frac{\mathrm{d}Y}{\mathrm{d}r_{\mathrm{f}}} &= \left[a\alpha(1+r_{\mathrm{f}}) - eA\alpha - b\beta(1+r_{\mathrm{f}}) - e\beta\left(M_{\mathrm{Sf}}E_e + E_{L_e}\frac{L_{\mathrm{S}}}{e}\right)\right] \Big/ \left[\left(s\alpha - n\alpha - \beta\frac{\partial L_{\mathrm{T}}}{\partial Y}\right)(1+r_{\mathrm{f}})\right]\\ &= \left\{\begin{array}{l}[eA - a(1+r_{\mathrm{f}})]\left[\begin{array}{l}eM_{\mathrm{Sf}}\left(\frac{e_0}{e}E_e - E_{r_{\mathrm{n}}}\frac{1+r_{\mathrm{f}}}{r_{\mathrm{n}}}\right)\\ + \frac{L_{\mathrm{S}}}{e}\left[E_{L_e}e_0 + E_{L_{r_{\mathrm{n}}}}\frac{e(1+r_{\mathrm{f}})}{r_{\mathrm{n}}}\right]\end{array}\right]\\ - e\beta\left(M_{\mathrm{Sf}}E_e + E_{L_e}\frac{L_{\mathrm{S}}}{e}\right) - \beta(1+r_{\mathrm{f}})\left(E_{r_{\mathrm{f}}}\frac{eM_{\mathrm{Sf}}}{r_{\mathrm{f}}} - E_{L_{r_{\mathrm{f}}}}\frac{L_{\mathrm{S}}}{r_{\mathrm{f}}}\right)\end{array}\right\} \Big/\\ &\quad \left\{(s-n)(1+r_{\mathrm{f}})\left[\begin{array}{l}-eM_{\mathrm{Sf}}\left(\frac{e_0}{e}E_e - E_{r_{\mathrm{n}}}\frac{1+r_{\mathrm{f}}}{r_{\mathrm{n}}}\right)\\ - \frac{L_{\mathrm{S}}}{e}\left[E_{L_e}e_0 + E_{L_{r_{\mathrm{n}}}}\frac{e(1+r_{\mathrm{f}})}{r_{\mathrm{n}}}\right]\end{array}\right]\right\}\end{aligned} \tag{5.19}$$

式(5.19)表明,在美元无限供给弹性下,外部利率的变动对国内总产出的影响完全取决于宏观经济运行的基础状态和货币市场的相关需求弹性的状态。在货币市

场各相关需求弹性为有界量的假定条件下，即 E_{L_e}、$E_{L_{r_f}}$ 和 $E_{L_{r_n}}$ 均为有界量，又由于假设美元利率不变，因此 E_{r_f} 为零，故 b 同 a、A 和 β 一样为有界量。进而 B 可以简化为 $-M_{\mathrm{Sf}}E_e$，α 可以简化为 $-eM_{\mathrm{Sf}}\left(\frac{e_0}{e}E_e - E_{r_n}\frac{1+r_f}{r_n}\right)$，并将其他与 B 和 α 无关的独立因素在式(5.19)中忽略，由此可得

$$\frac{\mathrm{d}Y}{\mathrm{d}r_f}=\left\{\begin{matrix}[eA-a(1+r_f)]\left[eM_{\mathrm{Sf}}\left(\frac{e_0}{e}E_e-E_{r_n}\frac{1+r_f}{r_n}\right)\right]\\ -eM_{\mathrm{Sf}}E_e\beta\end{matrix}\right\}\Big/\left\{(s-n)(1+r_f)\left[-eM_{\mathrm{Sf}}\left(\frac{e_0}{e}E_e-E_{r_n}\frac{1+r_f}{r_n}\right)\right]\right\}$$

$$=\left\{\left[[a(1+r_f)-eA]\frac{e_0}{e}+\beta\right]E_e-[a(1+r_f)-eA]E_{r_n}\frac{1+r_f}{r_n}\right\}\Big/$$

$$\left\{(s-n)(1+r_f)\left[\left(\frac{e_0}{e}E_e-E_{r_n}\frac{1+r_f}{r_n}\right)\right]\right\} \tag{5.20}$$

式(5.20)为外部利率对国内产出水平的冲击影响，由表达式可以看出，该冲击影响除了取决于宏观经济运行的基本状态，还与美元供给的利率弹性和汇率弹性有关，接下来依不同渠道的反应程度将分三种情况进行讨论。

(1)美元供给利率弹性有界而汇率弹性趋于无穷大时，即 E_{r_n} 有界且 $E_e=\infty$。在这种情况下，由式(5.20)可得外部利率对国内总产出的冲击影响为

$$\frac{\mathrm{d}Y}{\mathrm{d}r_f}=[ae_0(1+r_f)-e_0eA+e\beta]/[e_0(s-n)(1+r_f)] \tag{5.21}$$

式(5.21)表明，在开放经济条件下，如果美元供给的利率弹性有界而汇率弹性趋于无穷大时，也就是说，美元的流动主要通过汇率渠道影响国内经济时，则外部利率对国内经济的影响是存在的，并且是有限的。而且根据 a、A 和 β 的定义，式(5.21)可以进一步写成

$$\frac{\mathrm{d}Y}{\mathrm{d}r_f}=\left[\left(\frac{\partial I_n}{\partial r_f}-\frac{\partial NFI}{\partial r_f}\right)-\frac{e}{e_0}\left(\frac{\partial S}{\partial r_n}-\frac{\partial I_n}{\partial r_n}+\frac{\partial NFI}{\partial r_n}\right)\right]/(s-n) \tag{5.22}$$

式(5.22)的分母项中边际储蓄倾向 $s=\frac{\partial S}{\partial Y}>0$，而边际净出口倾向 $n=\frac{\partial NX}{\partial Y}<0$，因此 $s-n>0$；分子项中由于 $\frac{\partial I_n}{\partial r_f}>0$，$\frac{\partial NFI}{\partial r_f}<0$，故 $a=\frac{\partial I_n}{\partial r_f}-\frac{\partial NFI}{\partial r_f}>0$；又因为 $\frac{\partial S}{\partial r_n}>0$，$\frac{\partial I_n}{\partial r_n}<0$，$\frac{\partial NFI}{\partial r_n}>0$，故 $\theta=\frac{\partial S}{\partial r_n}-\frac{\partial I_n}{\partial r_n}+\frac{\partial NFI}{\partial r_n}>0$，因此外部利率对国内产出水平的冲击效果取决于 a、θ、e 和 e_0 之间的大小关系，即取决于 a/θ(国外利率变动的投资选择效应与国内利率变动的投资缺口效应之比)同 e/e_0(预期汇率与即期汇率之比)之间的大小关系。当 $a/\theta>e/e_0$ 时，$\frac{\mathrm{d}Y}{\mathrm{d}r_f}>0$，即外部利率对国内总产出水平的冲击影响是负向的；当 $a/\theta<e/e_0$ 时，$\frac{\mathrm{d}Y}{\mathrm{d}r_f}<0$，即外部利率对国内总产出水平的冲击影响是正向的；只有当 $a/$

$\theta = e/e_0$ 时，$\frac{dY}{dr_f}=0$，即外部利率对国内总产出水平无影响。

（2）美元供给的利率弹性趋于无穷大而汇率弹性有界时，即 $E_{r_n}=\infty$ 且 E_e 有界。在这种情况下，由式（5.20）可得外部利率对国内总产出的冲击影响为

$$\frac{dY}{dr_f}=[a(1+r_f)-eA]/(s-n)(1+r_f) \tag{5.23}$$

式（5.23）表明，在开放经济条件下，如果美元供给的利率弹性趋于无穷大而汇率弹性有界时，即美元的流动主要通过利率渠道影响国内经济，则外部利率对国内经济的影响也是存在的，并且同样是有限的。此时，外部利率对国内总产出水平的冲击效果取决于 a、A、e 和 r_f 这四个宏观经济变量之间的大小关系，$\left(\frac{\partial I_n}{\partial r_f}-\frac{\partial NFI}{\partial r_f}\right)(1+r_f)$ 和 $e\left(\frac{\partial NX}{\partial e}-\frac{\partial NFI}{\partial e}\right)$ 的大小。由于 $a>0$，因此当 $A\leqslant 0$，即当汇率变动的国际收支效应取非正值时，$\frac{dY}{dr_f}>0$，即外部利率对国内总产出水平的冲击影响是负向的。当 $A>0$ 时情况比较复杂：①当 $a(1+r_f)>eA$，即 $\frac{a}{A}>\frac{e}{1+r_f}$ 时，$\frac{dY}{dr_f}>0$，这表示当国外利率变动的投资选择效应与汇率变动的国际收支效应之比大于 $\frac{e}{1+r_f}$ 时，外部利率对国内总产出水平的冲击影响是负向的；②当 $a(1+r_f)<eA$，即 $\frac{a}{A}<\frac{e}{1+r_f}$ 时，$\frac{dY}{dr_f}<0$，此时外部利率对国内总产出水平的冲击影响是正向的；③只有当 $a(1+r_f)=eA$，即 $\frac{a}{A}=\frac{e}{1+r_f}$ 时，$\frac{dY}{dr_f}=0$，外部利率对国内总产出水平无影响。

（3）美元供给的利率弹性和汇率弹性均趋于无穷大时，即 $E_{r_n}=\infty$ 且 $E_e=\infty$。在这种情况下，由式（5.20）可知外部利率对国内总产出的冲击效应取决于 E_{r_n} 和 E_e 的阶数，当 E_{r_n} 的无穷大阶数高于 E_e 时，外部利率对国内总产出的冲击影响效应为式（5.23），当 E_e 的无穷大阶数高于 E_{r_n} 时，外部利率对国内总产出的冲击影响效应为式（5.22），而当 E_{r_n} 与 E_e 为同阶无穷大时，由式（5.20）可得外部利率对国内总产出的影响效应为

$$\frac{dY}{dr_f}=\left\{[a(1+r_f)-eA]\left(\frac{e_0}{e}-\frac{1+r_f}{r_n}\right)+\beta\right\}\Big/\left\{(s-n)(1+r_f)\left(\frac{e_0}{e}-\frac{1+r_f}{r_n}\right)\right\} \tag{5.24}$$

式（5.24）表明，在开放经济条件下，如果美元供给的利率弹性和汇率弹性均趋于无穷大时，即美元的流动通过汇率与利率双渠道按相同的等级影响国内经济，那么外部利率对国内经济的影响也是存在的，并且同样是有限的。同样，根据 a、A、β 和 θ 的定义将式（5.24）写成

$$\frac{\mathrm{d}Y}{\mathrm{d}r_{\mathrm{f}}}=\left[a\left(\frac{e_0}{e}-\frac{1+r_{\mathrm{f}}}{r_{\mathrm{n}}}\right)-\theta+\frac{eA}{r_{\mathrm{n}}}\right]\Big/\left[(s-n)\left(\frac{e_0}{e}-\frac{1+r_{\mathrm{f}}}{r_{\mathrm{n}}}\right)\right] \tag{5.25}$$

在式(5.25)中，根据利率平价有$(1+r_{\mathrm{n}})e_0=e(1+r_{\mathrm{f}})$，那么可以推导出$\frac{e_0}{e}=\frac{1+r_{\mathrm{f}}}{1+r_{\mathrm{n}}}<\frac{1+r_{\mathrm{f}}}{r_{\mathrm{n}}}$，即$\frac{e_0}{e}-\frac{1+r_{\mathrm{f}}}{r_{\mathrm{n}}}<0$，并且由$a>0,\theta>0$可知，分子项中的$a\left(\frac{e_0}{e}-\frac{1+r_{\mathrm{f}}}{r_{\mathrm{n}}}\right)-\theta<0$，于是外部利率冲击对总产出的作用效果取决于$A$的取值。当$A\leqslant 0$时，$\frac{\mathrm{d}Y}{\mathrm{d}r_{\mathrm{f}}}>0$，即外部利率对国内总产出水平的影响是负向的。当$A>0$时，情况则较为复杂，它取决于$\frac{eA}{r_{\mathrm{n}}}$和$a\left(\frac{e_0}{e}-\frac{1+r_{\mathrm{f}}}{r_{\mathrm{n}}}\right)-\theta$之间的大小。①如果$\frac{eA}{r_{\mathrm{n}}}>\left|a\left(\frac{e_0}{e}-\frac{1+r_{\mathrm{f}}}{r_{\mathrm{n}}}\right)-\theta\right|$，那么$\frac{\mathrm{d}Y}{\mathrm{d}r_{\mathrm{f}}}<0$，即外部利率对国内总产出水平的冲击影响是正向的；②如果$\frac{eA}{r_{\mathrm{n}}}<\left|a\left(\frac{e_0}{e}-\frac{1+r_{\mathrm{f}}}{r_{\mathrm{n}}}\right)-\theta\right|$，那么$\frac{\mathrm{d}Y}{\mathrm{d}r_{\mathrm{f}}}>0$，即外部利率对国内总产出水平的影响是负向的；③如果$\frac{eA}{r_{\mathrm{n}}}=\left|a\left(\frac{e_0}{e}-\frac{1+r_{\mathrm{f}}}{r_{\mathrm{n}}}\right)-\theta\right|$，则$\frac{\mathrm{d}Y}{\mathrm{d}r_{\mathrm{f}}}=0$，即外部利率对国内总产出水平无影响。

由此可以看出，美元无限供给弹性的条件下，排除特殊情况（$a/\theta=e/e_0$、$a(1+r_{\mathrm{f}})=eA$以及$\frac{eA}{r_{\mathrm{n}}}=\left|a\left(\frac{e_0}{e}-\frac{1+r_{\mathrm{f}}}{r_{\mathrm{n}}}\right)-\theta\right|$）外部利率对国内产出无冲击效果，无论美元的流入是单渠道还是双渠道，外部利率对国内产出的冲击效果都是存在的，并且是有限的；但是外部利率对国内总产出水平的冲击效果则与相关宏观经济参数的取值有关，不同的参数关系不仅决定了冲击效果程度上的不同，甚至还决定了冲击效应的方向。

5.2.2 美元无限供给弹性的预期汇率冲击

通过前面的分析可知，当假定货币市场各相关需求弹性为有界量时，a、b、A和β均有界，并且B可以简化为$-M_{\mathrm{Sf}}E_e$，α可以简化为$-eM_{\mathrm{Sf}}\left(\frac{e_0}{e}E_e-E_{r_{\mathrm{n}}}\frac{1+r_{\mathrm{f}}}{r_{\mathrm{n}}}\right)$，将其他与$B$和$\alpha$无关的独立因素在式(5.11)中忽略，可得

$$\begin{aligned}\frac{\mathrm{d}Y}{\mathrm{d}e}&=[\alpha Ae-a\alpha(1+r_{\mathrm{f}})-B\beta e+b\beta(1+r_{\mathrm{f}})]\Big/\left\{\begin{array}{l}(s-n)[\alpha e-Be_0e+e_0b(1+r_{\mathrm{f}})]\\-[ae_0(1+r_{\mathrm{f}})-ee_0A+\beta e]\frac{\partial L_{\mathrm{T}}}{\partial Y}\end{array}\right\}\\&=\left\{[a(1+r_{\mathrm{f}})-eA]\left[\left(\frac{e_0}{e}E_e-E_{r_{\mathrm{n}}}\frac{1+r_{\mathrm{f}}}{r_{\mathrm{n}}}\right)\right]+E_e\beta\right\}\Big/\left[(s-n)(1+r_{\mathrm{f}})E_{r_{\mathrm{n}}}\frac{e}{r_{\mathrm{n}}}\right]\end{aligned} \tag{5.26}$$

式(5.26)表明，在美元无限供给弹性下，预期汇率变动对国内总产出的影响不仅取

决于宏观经济运行的基础状态，还与美元供给的利率弹性和汇率弹性有关。

（1）美元供给的利率弹性有界而汇率弹性趋于无穷大时，即 E_{r_n} 有界且 $E_e=\infty$。在这种情况下，由式（5.26）可得预期汇率对国内总产出的冲击影响为

$$\frac{\mathrm{d}Y}{\mathrm{d}e}=\left[\frac{ae_0(1+r_f)}{e}-e_0eA+\beta\right]E_e/\left[\frac{e}{r_n}(s-n)(1+r_f)E_{r_n}\right]=\infty \tag{5.27}$$

式（5.27）表明，在开放经济条件下，如果美元供给的利率弹性有界而汇率弹性趋于无穷大，即美元流动主要通过汇率渠道影响国内经济，那么预期汇率对国内经济的影响将趋于无穷大，即美元的流入将能摧毁任何一个浮动汇率制的大国经济。

（2）美元供给利率弹性趋于无穷大而汇率弹性有界时，即 $E_{r_n}=\infty$ 且 E_e 有界。在这种情况下，由式（5.26）可得预期汇率对国内总产出的冲击影响为

$$\frac{\mathrm{d}Y}{\mathrm{d}e}=[eA-a(1+r_f)]/e(s-n) \tag{5.28}$$

式（5.28）表明，在开放经济条件下，如果美元供给利率弹性趋于无穷大而汇率弹性有界时，即美元流动主要通过国内利率渠道影响国内经济，那么预期汇率对国内经济的冲击效果取决于 a、A、e 和 r_f 的取值。当 $A\leqslant 0$，即当汇率变动的国际收支效应为非正值时，$\frac{\mathrm{d}Y}{\mathrm{d}e}<0$，即预期汇率对国内总产出水平产生负向冲击。当 $A>0$ 时情况比较复杂：①当 $eA>a(1+r_f)$，即 $\frac{a}{A}<\frac{e}{1+r_f}$ 时，$\frac{\mathrm{d}Y}{\mathrm{d}e}>0$，这表示当国外利率变动的投资选择效应与汇率变动的国际收支效应之比小于 $\frac{e}{1+r_f}$ 时，外部利率对国内总产出水平的冲击影响是正向的；②当 $eA<a(1+r_f)$，即 $\frac{a}{A}>\frac{e}{1+r_f}$ 时，$\frac{\mathrm{d}Y}{\mathrm{d}e}<0$，此时外部利率对国内总产出水平的冲击影响是负向的；③只有当 $eA=a(1+r_f)$，即 $\frac{a}{A}=\frac{e}{1+r_f}$ 时，$\frac{\mathrm{d}Y}{\mathrm{d}e}=0$，外部利率对国内总产出水平无影响。

（3）美元供给利率弹性和汇率弹性均趋于无穷大时，即 $E_{r_n}=\infty$ 且 $E_e=\infty$。在这种情况下，由式（5.26）可知预期汇率对国内总产出的冲击效应取决于 E_{r_n} 和 E_e 的阶数，当 E_{r_n} 的无穷大阶数高于 E_e 时，外部利率对国内总产出的冲击影响效应为式（5.28），当 E_e 的无穷大阶数高于 E_{r_n} 时，外部利率对国内总产出的冲击影响效应趋于无穷，同式（5.27），而当 E_{r_n} 与 E_e 为同阶无穷大时，由式（5.26）可得外部利率对国内总产出的影响效应为

$$\frac{\mathrm{d}Y}{\mathrm{d}e}=\left[a\left(\frac{e_0}{e}-\frac{1+r_f}{r_n}\right)-\theta+\frac{eA}{r_n}\right]/\frac{e}{r_n}(s-n) \tag{5.29}$$

式（5.29）表明，在开放经济条件下，如果美元的流动通过汇率与利率双渠道按相同的等级影响国内经济，在美元无限供给弹性下，预期汇率对国内经济的影响也是存在的，并且同样有限。在式（5.29）中，预期汇率对总产出的冲击效应取决于各个宏观

经济参数的大小关系，由于$\frac{e_0}{e}-\frac{1+r_f}{r_n}<0,a>0,\theta>0$，当$A\leqslant 0$时，$\frac{\mathrm{d}Y}{\mathrm{d}e}<0$，即预期汇率对国内总产出水平的影响是负向的。当$A>0$时情况较为复杂，①如果$\frac{eA}{r_n}>\left|a\left(\frac{e_0}{e}-\frac{1+r_f}{r_n}\right)-\theta\right|$，那么$\frac{\mathrm{d}Y}{\mathrm{d}e}>0$，即预期汇率对国内总产出水平的冲击影响是正向的；②如果$\frac{eA}{r_n}<\left|a\left(\frac{e_0}{e}-\frac{1+r_f}{r_n}\right)-\theta\right|$，那么$\frac{\mathrm{d}Y}{\mathrm{d}e}<0$，即预期汇率对国内总产出水平的冲击影响是负向的；③如果$\frac{eA}{r_n}=\left|a\left(\frac{e_0}{e}-\frac{1+r_f}{r_n}\right)-\theta\right|$，那么$\frac{\mathrm{d}Y}{\mathrm{d}e}=0$，即预期汇率对国内总产出水平无影响。

由此可以看出，在美元无限供给弹性的条件下，外部利率和预期汇率的变动对国内总产出是否产生冲击影响以及所产生的冲击效果如何都是比较复杂的，它们都取决于宏观经济参数的不同取值。但是需要特别注意的是，与外部利率对国内总产出的冲击影响始终是有限值不同，在美元流入以汇率单渠道进行传导时，预期汇率对国内总产出的冲击影响表现为趋于无穷大。

通过上述的理论分析可以发现，在美元无限供给弹性下，无论外资净流入是单渠道还是双渠道，外部利率和预期汇率对国内经济水平的冲击作用是否存在以及冲击效果如何，均与相关宏观经济参数有关，不同的参数关系不仅决定了冲击效果程度上的不同，而且还决定了冲击效应的方向。对于外部利率冲击而言，当外部利率冲击的方向与国内宏观调控的目标相背离时，外部利率冲击会阻碍国内经济的发展，并且加剧经济的波动，但是该冲击效果始终是有限的。而对于预期汇率来说，其冲击效果不仅表现为有限的正向冲击和负向冲击，更为严重的是，当美元净流入通过汇率单渠道对国内总产出进行冲击时，该冲击效果是趋于无穷大的，即在美元无限供给弹性下，预期汇率冲击有可能摧毁一个大国的经济。

5.3 美元无限供给弹性下外部冲击的实证研究

根据开放条件下宏观经济模型的理论分析可知，在美元无限供给弹性下，美元的流入能够对一个大国经济造成明显的冲击影响，这种外部冲击主要通过外部变量——美元利率和涉外变量——预期汇率两个传导渠道对大国经济产生影响效应。由上述理论分析可知，外部利率冲击虽然不会破坏大国经济运行的均衡状态，但是它会对经济运行水平产生系统性的影响，而预期汇率的冲击最严重的可能会使一个大国经济陷入经济崩溃或者是极度投机的两难境地。接下来本项研究将基于美元无限供给弹性的假定，针对外部冲击对我国经济运行的影响进行实证研究。

5.3.1 变量和样本数据的选择

本部分将实证分析美元无限供给弹性下的外部冲击给我国经济运行带来的影响效应，在实证中，选择如下变量构建结构 VAR(SVAR)模型：第一，在开放的宏观经济模型中，外部冲击包括外部变量——外部利率和涉外变量——预期汇率两个，本项研究选取美国联邦基金利率(Federal Funds Rate，FFR)作为外部利率的代表变量，根据我国众多学者的研究经验，选择美元兑人民币 1 年期远期汇率(Non - Deliverable Forward，NDF)作为预期汇率的代表变量；第二，考虑到国内生产总值缺乏月度数据，因此本部分仍然选取我国实际工业增加值作为经济水平的代表变量。

由于远期汇率数据获取的局限性，本部分选择的样本区间为 1998 年 12 月至 2015 年 12 月，所使用的数据均为月度数据。又由于我国自 2005 年 7 月 21 日进行了汇率改革，开始实行以市场供求为基础、参考一篮子货币进行调节、有管理的浮动汇率制度。因此，本部分实证为了能够更加科学和准确地分析外部冲击对我国经济的影响，在此将实证数据以我国进行汇率制度改革的时间作为分界点，划分为进行汇改之前(1998 年 12 月至 2005 年 7 月)和进行汇改之后(2005 年 8 月至 2015 年 12 月)两部分。

其中，美国联邦基金利率数据来自于美国联邦储备系统(Board of Governors of the Federal Reserve System)网站(http://www.federalreserve.gov/)；美元兑人民币 1 年期远期汇率数据来自于彭博(bloomberg)数据库。

5.3.2 变量的季节调整和数据的平稳性检验

本项研究首先对 1998 年 12 月至 2015 年 12 月的实际工业增加值数据进行季节调整，然后对经过季节调整后的我国实际工业增加值、美国联邦基金利率和美元兑人民币 1 年期远期汇率的统计数据进行平稳性检验。

1)变量的季节调整

由图 5.1 可以看出，实际工业增加值的增长率数据变动幅度较大，说明变量存在着明显的季节变动，因此必须对其进行季节调整。本项研究利用软件 Eviews 6.0 采用 X12 方法对 *IVA* 进行分解，经调整消除长期趋势和季节变动后的序列变量波动见图 5.2。由此可以看出，经过季节调整之后的实际工业增加值的增长率数据的波动幅度有明显的减弱，说明变量中的季节因素已经被消除。

此外，为了克服样本序列的异方差性和各个变量量纲的不一致性，对美国联邦基金利率、美元兑人民币 1 年期远期汇率和经过季节调整后的实际工业增加值的统计数据均进行取对数处理，并且分别记为 *LFFR*、*LNDF* 和 *LIVA*。

2)数据的平稳性检验

利用 Eviews 6.0 软件对汇改前后美国联邦基金利率、美元兑人民币 1 年期远期汇率和经过季节调整后的实际工业增加值的统计数据进行单位根检验，检验结果如

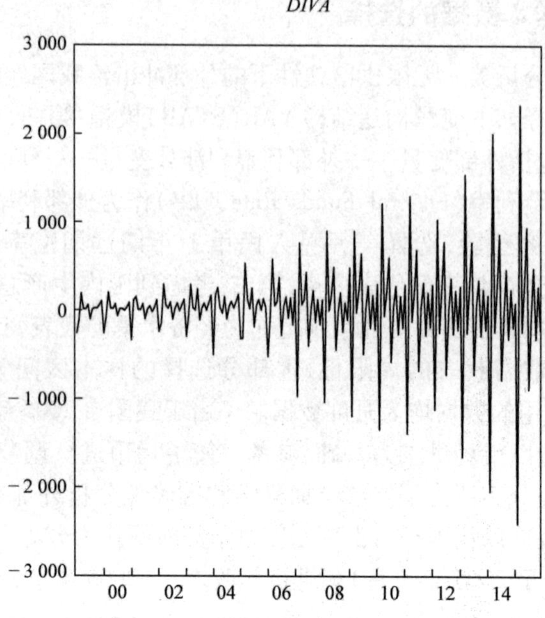

图 5.1　*IVA* 增长率的原始数据图

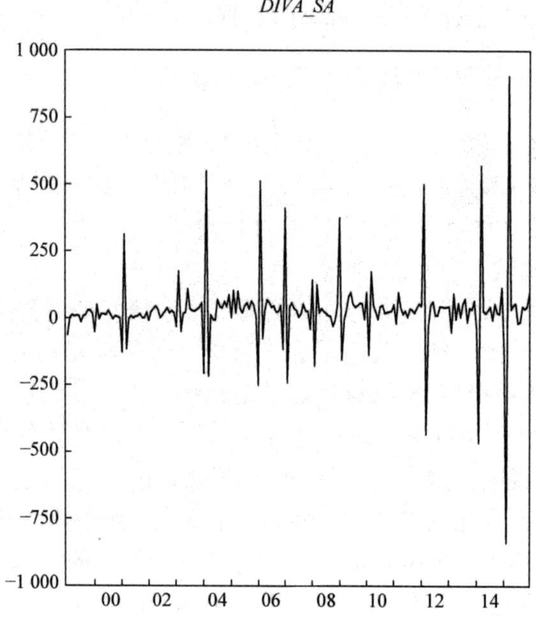

图 5.2　经过季节调整之后 *IVA* 波动示意图

表 5.1 和表 5.2 所示。

由表 5.1 可知，变量 *LFFR*、*LNDF* 和 *LIVA* 无论是在 1% 还是在 5% 的显著性水平下均不能拒绝存在单位根的原假设，即三个变量都是非平稳的；然而三个变量数据的一阶差分在 1% 的显著性水平下是平稳的，因此可以判断在我国进行汇改之前，*LFFR*、*LNDF* 和 *LIVA* 三个变量都是一阶单整变量，这就意味着模型中各变量的增长过程是平稳的。

表 5.1　变量 *LFFR*、*LNDF* 和 *LIVA* 单位根的 ADF 检验(1998 年 12 月至 2005 年 7 月)

变量	检验形式(c,t,q)	*ADF* - *t* 值	Prob.	结论
LFFR	(c,0,1)	-1.145 107	0.694 1	非平稳
LNDF	(0,0,0)	-1.329 265	0.612 3	非平稳
LIVA	(c,0,2)	1.605 342	0.999 4	非平稳
DLFFR	(c,0,0)	-4.016 744 * *	0.002 2	平稳
DLNDF	(0,0,0)	-8.697 464 * *	0.000 0	平稳
DLIVA	(c,0,1)	-10.614 28 * *	0.000 1	平稳

注：检验形式中的 c、t、q 分别表示常数项、趋势项和滞后阶数，检验形式根据检验方程回归系数的 t 检验来决定；ADF 检验的滞后阶数根据施瓦茨信息准则(SIC)选取，滞后 0 阶即为 DF 检验。表中 * * 表示在 1% 的显著性水平下拒绝原假设，即在 1% 的显著性水平下认为变量是平稳的。

表 5.2 的检验结果同样表明，*LFFR*、*LNDF* 和 *LIVA* 三个变量数据的一阶差分在 1% 的显著性水平下是平稳变量，因此认为在我国进行汇改之后，三个变量同样都是一阶单整变量。

表 5.2　变量 *LFFR*、*LNDF* 和 *LIVA* 单位根的 ADF 检验(2005 年 8 月至 2015 年 12 月)

变量	检验形式(c,t,q)	*ADF* - *t* 值	Prob.	结论
LFFR	(c,0,1)	-1.053 523	0.730 8	非平稳
LNDF	(c,0,0)	-1.614 469	0.471 0	非平稳
LIVA	(c,0,0)	-0.972 566	0.760 0	非平稳
DLFFR	(c,0,0)	-5.674 777 * *	0.000 0	平稳
DLNDF	(c,0,0)	-8.735 643 * *	0.000 0	平稳
DLIVA	(c,0,0)	-18.011 52 * *	0.000 1	平稳

注：检验形式中的 c、t、q 分别表示常数项、趋势项和滞后阶数，检验形式根据检验方程回归系数的 t 检验来决定。ADF 检验的滞后阶数根据施瓦茨信息准则(SIC)选取，滞后 0 阶即为 DF 检验。表中 * * 表示在 1% 的显著性水平下拒绝原假设，即在 1% 的显著性水平下认为变量是平稳的。

3)变量的协整关系检验

根据表 5.1 和表 5.2 的检验结果，在我国进行汇改前后的两个阶段、三个变量序列均是一阶单整的，它们之间可能存在协整关系，接下来对 *LFFR*、*LNDF* 和 *LIVA* 进行协整检验，检验结果如表 5.3 和表 5.4 所示。

表5.3 变量 *LFFR*、*LNDF* 和 *LIVA* 协整关系的检验结果(1998年12月至2005年7月)

原假设	特征值	迹统计量	临界值	Prob.
没有协整关系＊＊	0.418 954	46.574 82	24.275 96	0.000 0
最多有一个协整关系	0.059 711	4.769 580	12.320 90	0.600 0
最多有两个协整关系	0.000 374	0.002 883 2	4.129 906	0.889 6

注:＊＊表示在1%的显著性水平下拒绝原假设,即在1%的显著性水平下认为变量是存在协整关系。

由表5.3的检验结果可知,在我国进行汇改之前,*LFFR*、*LNDF* 和 *LIVA* 在1%的显著性水平下最多存在一个协整关系,这意味着汇改前我国经济增长同美国联邦基金利率和美元兑人民币1年期远期汇率之间存在长期的均衡关系。并且根据检验结果可以得到协整方程为

$$\begin{aligned} LIVA = -0.518\,1LFFR &+ 3.625\,4LNDF \\ (-8.210\,8)\quad &\quad (104.960\,0) \end{aligned} \tag{5.30}$$

从式(5.30)可以看出,1998年12月至2005年7月期间,*LFRR* 每增长1个百分点,会使实际工业增加值下降约0.518 1个百分点,即经济增长对美国联邦基金利率的弹性为0.518 1;而美元兑人民币1年期远期汇率每增加1个百分点,会使实际工业增加值上升3.625 4个百分点,即经济增长的预期汇率弹性为3.6254。

表5.4 变量 *LFFR*、*LNDF* 和 *LIVA* 协整关系的检验结果(2005年8月至2015年12月)

原假设	特征值	迹统计量	临界值	Prob.
没有协整关系＊＊	0.242 421	29.687 25	24.275 96	0.009 4
最多有一个协整关系	0.058 413	5.533 642	12.320 90	0.495 1
最多有两个协整关系	0.003 411	0.297 285	4.129 906	0.647 0

注:＊＊表示在1%的显著性水平下拒绝原假设,即在1%的显著性水平下认为变量是存在协整关系。

由表5.4的检验结果可知,在我国进行汇改之后,*LFFR*、*LNDF* 和 *LIVA* 同样在1%的显著性水平下最多只存在一个协整关系,这意味着汇改后我国经济增长同外部冲击之间存在长期的均衡关系。并且通过检验结果能够得到协整方程为

$$\begin{aligned} LIVA = -0.153\,2LFFR &+ 4.680\,8LNDF \\ (-1.784\,2)\quad &\quad (56.273\,1) \end{aligned} \tag{5.31}$$

从式(5.31)可以看出,2005年8月至2015年12月,*LFRR* 每增长1个百分点,会使实际工业增加值下降约0.153 2个百分点,即经济增长对美国联邦基金利率的弹性为0.153 2;而美元兑人民币1年期远期汇率每增加1个百分点,会使得实际工业增加值上升4.680 8个百分点,即经济增长的汇率弹性为4.680 8。

综合和比较式(5.30)与式(5.31)可以得出如下结论:①无论是我国汇改之前还是汇改之后,外部变量——美国联邦基金利率与涉外变量——美元兑人民币1年期远期汇率均与我国实际工业增加值存在长期的均衡关系;②无论是汇改前还是汇改后,涉外变量——美元兑人民币1年期远期汇率对我国经济的冲击都要强于外部变

量——美国联邦基金利率对我国经济的冲击;③汇改后美国联邦基金利率对我国经济的影响效果较汇改之前有所减弱,经济增长的外部利率弹性由汇改之前的 0.518 1 下降至汇改之后的 0.153 2;相反,汇改后美元兑人民币 1 年期远期汇率对我国经济的影响效果较汇改前则有所增强,汇率弹性由汇改之前的 3.625 4 上升至汇改之后的 4.680 8。

5.3.3 SVAR 模型的估计和脉冲响应函数分析

根据 AIC 准则和 SC 准则,首先确定汇改之前 VAR 模型的最优滞后阶数为 3 阶,并建立了汇改之前 *LFFR*、*LNDF* 和 *LIVA* 三个变量的 VAR(3)模型;确定汇改之后 VAR 模型的最优滞后阶数为 2 阶,并构建了汇改之后三个变量 *LFFR*、*LNDF* 和 *LIVA* 的 VAR(4)模型。随后对这两个模型的平稳性进行检验,由于这两个模型所有的根模均在单位圆内,所以认为我国进行汇改之前的 VAR(3)模型和汇改之后的 VAR(4)模型都是平稳的。

1)模型及识别方法

首先建立汇改之前 *LFFR*、*LNDF* 和 *LIVA* 三个变量的三元结构 VAR(3)模型,即 SVAR(3)模型:

$$\boldsymbol{C}_0\boldsymbol{y}_t=\boldsymbol{\Gamma}_0+\boldsymbol{\Gamma}_1\boldsymbol{y}_{t-1}+\boldsymbol{\Gamma}_2\boldsymbol{y}_{t-2}+\boldsymbol{\Gamma}_3\boldsymbol{y}_{t-3}+\boldsymbol{\varepsilon}_t \tag{5.32}$$

式中:

$$\boldsymbol{y}_t-\begin{pmatrix}LIVA_t\\LFFR_t\\LNDF_t\end{pmatrix},\boldsymbol{C}_0=\begin{pmatrix}1&-c_{12}&-c_{13}\\-c_{21}&1&-c_{23}\\-c_{31}&-c_{32}&1\end{pmatrix},\boldsymbol{\Gamma}_0=\begin{pmatrix}c_{10}\\c_{20}\\c_{30}\end{pmatrix},$$

$$\boldsymbol{\Gamma}_i=\begin{pmatrix}\gamma_{11}^{(i)}&\gamma_{12}^{(i)}&\gamma_{13}^{(i)}\\\gamma_{21}^{(i)}&\gamma_{22}^{(i)}&\gamma_{23}^{(i)}\\\gamma_{31}^{(i)}&\gamma_{32}^{(i)}&\gamma_{33}^{(i)}\end{pmatrix}(i=1,2,3),\boldsymbol{\varepsilon}_t=\begin{pmatrix}\varepsilon_{1t}\\\varepsilon_{2t}\\\varepsilon_{3t}\end{pmatrix}$$

LFFR、*LNDF* 和 *LIVA* 分别为美国联邦基金利率、美元兑人民币 1 年期远期汇率和我国实际工业增加值序列,ε_{1t}、ε_{2t}和 ε_{3t}分别是作用在实际工业增加值、美国联邦基金利率和美元兑人民币 1 年期远期汇率上的结构式冲击,即结构式残差。

对于 *AB* 元 p 阶的 SVAR 模型,需要对结构式施加 $k(k-1)/2$ 个限制条件才能识别出结构冲击,而对于本项研究的模型来说,由于模型中包含了 3 个内生变量,则 $k(k-1)/2=3$,即需要对模型施加 3 个约束条件才能识别结构冲击。本项研究根据我国经济运行特点作出如下 2 个假设:①由于货币政策的执行具有一定的滞后性,因此假定外部利率不会影响当期实际工业增加值和美元兑人民币 1 年期远期汇率,即 $\boldsymbol{C}_0$ 矩阵中 $c_{12}=0,c_{32}=0$;②我国实际工业增加值不会影响当期的美国联邦基金利率,即 $\boldsymbol{C}_0$ 矩阵中 $c_{21}=0$。

同样的方法可以建立汇改之后 *LFFR*、*LNDF* 和 *LIVA* 三个变量的二元结构

VAR(2)模型,即SVAR(2)模型。

2)脉冲响应函数分析

首先,计算VAR模型中的*LFFR*和*LNDF*对*LIVA*的脉冲响应函数,在VAR模型中一次冲击对第i个变量的冲击不仅仅直接影响到第i个变量本身,而且还会通过VAR模型的动态结构传递给其他所有的内生变量。而在SVAR模型中,脉冲响应函数刻画的是在一个扰动项上外加一次性的冲击,对于内生变量的当前值和未来值所带来的影响。

本项研究利用Eviews 6.0软件对我国汇改前后的两个SVAR模型进行了脉冲响应函数分析。表5.5和图5.3、图5.4分别列示了我国进行汇改前后实际经济增加值对美国联邦基金利率的脉冲响应函数值和脉冲响应函数图示;表5.6和图5.5、图5.6分别列示了我国进行汇改前后实际经济增加值对美元兑人民币1年期远期汇率的脉冲响应函数值和脉冲响应函数图示。

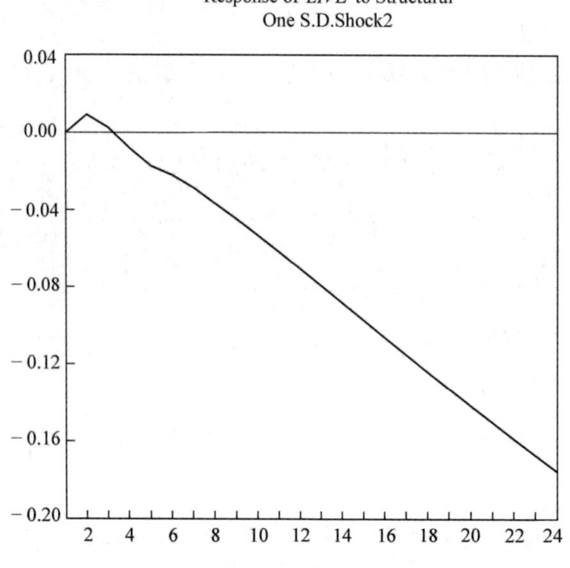

图5.3 汇改前*LFFR*对*LIVA*的脉冲响应函数

对比我国汇改前后,美国联邦基金利率对我国实际经济增加值的脉冲响应函数图示(如图5.3和图5.4所示)可以发现以下问题。第一,无论是在我国汇改之前还是汇改之后,美国联邦基金利率一个标准差的冲击对我国实际经济增加值的影响在第一期均为零,但是所不同的是,在我国汇改之前,脉冲值在第2个月迅速上升为正值,但是该正向冲击仅仅维持了1个月便于随后的第4个月下滑并降为负值,并在此后保持在负向冲击水平上,另外随着预测期的延续,该负向冲击值逐渐增加,且增加趋势明显;然而相比较之下,在我国汇改之后,该冲击值于第2个月便迅速下降为负值,并于此后维持在负向冲击水平上,此外随着预测期的延续,该脉冲值呈现缓慢的

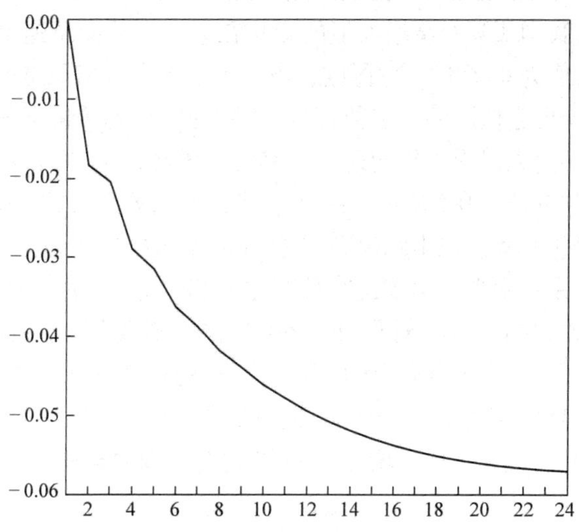

图 5.4 汇改后 *LFFR* 对 *LIVA* 的脉冲响应函数

增加趋势。第二,在我国汇改之前,美国联邦基金利率一个标准差的冲击(*LFFR* 增加代表了紧缩性的货币冲击)在近期内对我国实际工业增加值产生正向冲击,但是在短期和中长期该脉冲值转化为负;然而在我国汇改之后,预测期内美国联邦基金利率一个标准差的冲击对我国实际工业增加值始终产生负向的冲击影响。这说明,在我国汇改之前美国扩张性的货币政策在近期会抑制我国经济发展,但是在短期和中长期则会促进我国经济的发展,并且这种促进作用随着预测期的延续不断增强;而在我国汇改之后,美国扩张性的货币政策对我国经济的冲击始终都是扩张性的,并且这种冲击效果在短期表现得更为明显。第三,通过对表 5.5 中我国汇改前后美国联邦基金利率对我国经济脉冲值的对比可知,在我国汇改之后 *LFFR* 对 *LIVA* 的脉冲值较汇改之前有所减弱,这与之前协整检验所得到的结论是一致的。

表 5.5 *LFFR* 对 *LIVA* 的脉冲值

时期	汇改之前	汇改之后
3 个月	0.002 542	-0.020 473
6 个月	-0.022 079	-0.036 270
1 年	-0.070 523	-0.049 435
1 年半	-0.124 102	-0.055 130
2 年	-0.175 568	-0.057 054

对比分析我国汇改前后,美元兑人民币 1 年期远期汇率对我国实际经济增加值的脉冲响应函数图示(如图 5.5 和图 5.6 所示)可以发现以下问题。第一,无论汇改前

后，美元兑人民币 1 年期远期汇率对我国实际经济增加值的冲击始终保持为正向水平，人民币汇率贬值将对中国经济起到积极的推动作用。第二，在我国汇改之前，*LNDF* 一个标准差的冲击对我国实际经济增加值的影响在第 1 个月便迅速下降，并在第 3 个月达到最小正向冲击值为 0. 038 1 个百分点，随后于第 4 个月出现迅速回升，并于第 5 个月至第 10 个月呈现出起伏波动的趋势，此后该脉冲值呈现缓慢下滑的趋势。第三，在我国汇改之后，美元兑人民币 1 年期远期汇率对我国经济的冲击效果在第 1 个月迅速下降，并达到最小脉冲值为 0. 296 7 个百分点，此后经过 8 个月的起伏调整，于第 9 个月起呈现出稳定的增长趋势。以上结果表明，无论是汇改之前还是汇改之后，预期汇率对我国经济的冲击效果在短期均呈现出交替变化的趋势，但在中长期两者的冲击形态恰恰相反，在我国汇改之前，*LNDF* 对我国经济的冲击逐渐减弱，而在我国汇改之后，该冲击影响效应则随着预测期的延续逐渐增强。第三，通过对表 5. 6 中我国汇改前后美元兑人民币 1 年期远期汇率对我国经济脉冲值的对比可以发现，在我国汇改之后 *LNDF* 对 *LIVA* 的脉冲值较汇改之前有所增强，这一结论与之前协整检验的结果是一致的。

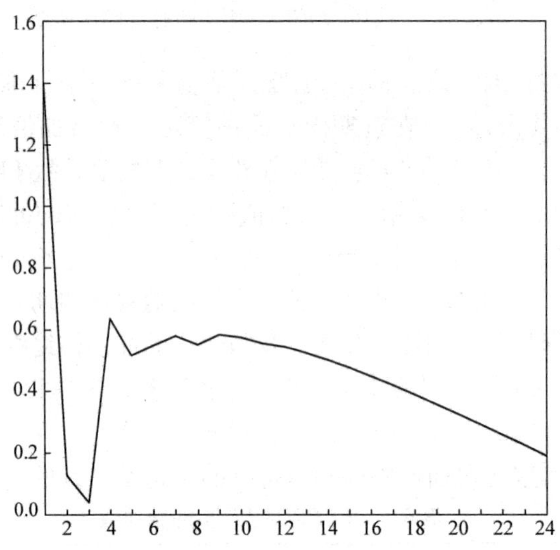

图 5. 5　汇改之前 *LNDF* 对 *LIVA* 的脉冲响应函数

3）方差贡献率

脉冲响应函数描述的是 VAR 模型中的一个内生变量的冲击给其他内生变量所带来的影响，用来说明随着时间的推移，模型中的各个变量对于冲击是如何反应的；而方差分解（Variance Decomposition）则是通过分析每一个结构冲击对内生变量的贡献度，进一步评价不同结构冲击的重要性。方差分解是 Sims 于 1980 年提出的，该方法能够给出对 VAR 模型中的变量产生影响的每个随机扰动的相对重要性的信息。

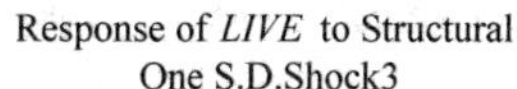

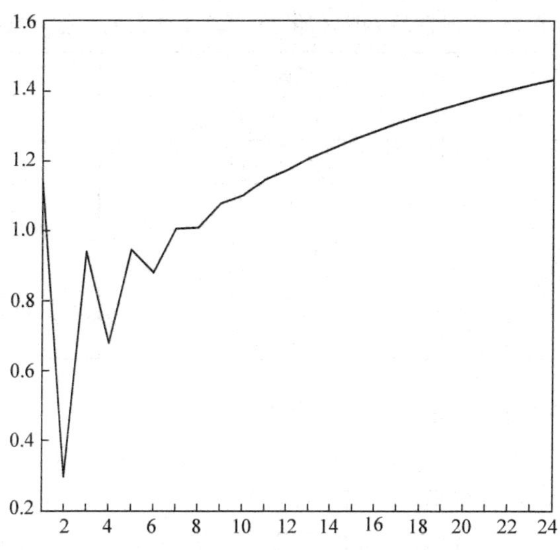

图 5.6　汇改之后 *LNDF* 对 *LIVA* 的脉冲响应函数

表 5.6　*LNDF* 对 *LIVA* 的脉冲值

时期	汇改之前	汇改之后
3 个月	0.038 069	0.890 234
6 个月	0.549 205	0.769 351
1 年	0.544 967	1.296 710
1 年半	0.388 555	1.318 990
2 年	0.190 594	1.456 123

表 5.7 列出了我国汇改前后美国联邦基金利率对我国实际工业增加值的方差贡献率，从表中数据可以看出，在我国汇改之前，美国联邦基金利率冲击的贡献率在 1 年内不足 1%，1 年后逐渐增加，2 年后贡献率达到 2.02%，4 年后上升至 17.96%；而在汇改之后，美国联邦基金利率对我国实际工业增加值的方差贡献率大大减弱，在 24 期预测期内，该贡献值虽然呈现出逐渐递增的趋势，但是增加幅度非常有限，4 年后的贡献值仅为 0.25 个百分点。这说明，在我国汇改之前，美国联邦基金利率对我国实际工业增加值波动的解释作用在短期较小，但是在中长期逐渐增加，4 年后的解释程度已经达到大约 18%；但是在汇改之后，无论在短期还是中长期，美国联邦基金利率对我国实际工业增加值的解释程度都非常有限。以上分析结果表明，在我国汇改前后两个阶段，美国联邦基金利率对我国经济的冲击作用在短期均表现得十分微弱，随着预测期的延续，该冲击效果在中长期逐渐增强，但通过比较发现，汇改之前该

冲击值的增加幅度要明显大于汇改之后,这与之前协整检验和脉冲响应函数分析的结果是一致的。

表 5.7　汇改前后 *LFFR* 冲击对 *LIVA* 变动的方差贡献率

时期	汇改之前	汇改之后
3 个月	0. 155 193	0. 080 802
6 个月	0. 181 454	0. 094 996
1 年	0. 140 395	0. 110 646
1 年半	0. 548 792	0. 199 011
2 年	2. 019 571	0. 237 707
4 年	17. 964 52	0. 250 514

表 5. 8 列出了我国汇改前后美元兑人民币 1 年期远期汇率对我国实际工业增加值的方差贡献率。首先,从表 5. 8 中的数据可以看出,在我国汇改之前,美元兑人民币 1 年期远期汇率对我国实际工业增加值的贡献率在短期内呈现缓慢的递增趋势,但是在中长期逐渐下降,4 年后的贡献值已经下降至 43. 50%;相比之下,在我国汇改之后,美元兑人民币 1 年期远期汇率对我国经济的贡献值无论是在短期还是在中长期均呈现出递增趋势,但是增加幅度十分有限。第二,无论是在短期还是中长期,汇改后阶段美元兑人民币 1 年期远期汇率对我国经济的贡献率均要大于汇改前阶段,这主要是由于我国实施汇率改革,使人民币汇率更加富有弹性所致。第三,通过对比表 5. 7 和表 5. 8 中的数据可以发现,无论是汇改之前还是汇改之后,美元兑人民币 1 年期远期汇率对我国实际工业增加值的方差贡献率均大于美国联邦基金利率的贡献率,这表明,在我国实际工业增加值的波动中有绝大部分可以由预期汇率的波动解释,其解释程度超过了 50%,即美元兑人民币 1 年期远期汇率对我国经济的冲击作用要大于美国联邦基金利率的冲击,这与之前协整方程的检验结论是一致的。

表 5.8　汇改前后 *LNDF* 冲击对 *LIVAB* 变动的方差贡献率

时期	汇改之前	汇改之后
3 个月	59. 455 65	68. 994 88
6 个月	59. 626 35	69. 611 54
1 年	59. 788 56	70. 989 64
1 年半	58. 819 78	71. 366 84
2 年	55. 371 60	71. 757 94
4 年	43. 499 89	72. 163 30

5. 3. 4　实证结论

综合和比较我国进行汇改前后的协整方程与 SVAR 模型的脉冲响应函数和方差

贡献率的分析，我们可以得到以下结论。

在我国进行汇改前后两个阶段，无论在短期还是中长期，美国联邦基金利率对我国经济均产生正向冲击，这表明美国联邦基金利率的降低——美国采取扩张性的货币政策——对我国经济的影响同样是扩张性的。但是相比而言，汇改之前美国联邦基金利率对我国经济的冲击效果要大于汇改之后，这主要是由于在汇改前阶段，人民币汇率紧盯美元导致美国货币政策的扩张（例如美国联邦基金利率的下调）对我国货币政策能够通过政策渠道、贸易渠道和资产价格渠道进行传导，进而使得两国经济政策存在较高相关性；而在汇改后阶段，我国开始实行以市场供求为基础、参考一篮子货币进行调节、有管理的浮动汇率制度，很多理论和研究证明，在浮动汇率制度下，汇率可以成为外部冲击的隔绝器，外部冲击（美国联邦基金利率）的影响将被汇率的浮动所吸收，于是在我国汇改之后，人民币汇率机制的形成使汇率成为抵御美国货币冲击强有力的武器。

无论在我国汇改之前还是汇改之后，美元兑人民币 1 年期远期汇率对我国经济产生正向冲击，即预期汇率增加（预期本币贬值）对我国经济起到了积极的促进作用。造成预期本币贬值促进经济增长的原因可能有以下几个方面：第一，中国拥有巨大规模的外商直接投资，而预期汇率贬值能够使外商直接投资规模进一步增加，从而极大地促进我国经济增长；第二，中国具有特殊的对外贸易结构，中国出口产品主要有两大类，其一是初级产品，预期本币贬值能够促进这种产品的出口，其二是加工类产品，加工类产品需要进口大量的中间产品，但是加工完成后绝大多数又出口到国外市场，并非在国内市场销售，由于两头都在外，故预期汇率贬值对这类产品的生产影响不大；第三，我国是高储蓄国家，预期汇率贬值能够刺激需求，从而使储蓄转化为投资，扩大生产，进而促进经济增长。

与汇改前阶段相比，在我国汇改结束之后，美元兑人民币 1 年期远期汇率对我国经济的冲击作用明显增强，究其原因是由于我国在 2005 年 7 月 21 日进行了汇率形成机制的改革，经过这次改革我国开始实行以市场供求为基础、参考一篮子货币进行调节、有管理的浮动汇率制度，即人民币汇率不再盯住单一美元，形成更富弹性的人民币汇率形成机制。随着人民币汇率弹性的增加，由于人民币预期汇率更能反映出市场需求和供给的变化，因此预期汇率对货币政策调控的反应会更加灵敏，在宏观经济政策的传导中也会发挥出越来越重要的作用，所以预期汇率对经济的影响作用较汇改之前会有所增加。

5.4 本章结论

本章利用第 3 章构建的开放条件下宏观经济扩展模型，结合美元无限供给弹性的假定，从理论与实证分析两个方面探讨了美元无限供给弹性下外部冲击对不同类型国家经济运行的影响。理论分析结果表明：①在美元无限供给弹性下的开放经济体中,无论是外部利率冲击还是预期汇率冲击,都会因为外部冲击传导渠道的多样性而造成对大国经济冲击效应的不确定;②外部利率冲击和预期汇率是否会对大国经济产生影响效应,不仅取决于各个宏观经济参数的取值,而且还与相应的结构性参数有关;③相比外部利率冲击,预期汇率冲击对大国经济造成的影响结果会更加复杂,其不确定性更大。

实证分析结果显示:在我国加入 WTO 之后,尤其是在 2005 年 7 月 21 日我国进行了汇率形成机制的改革,经过这次改革我国开始实行以市场供求为基础、参考一篮子货币进行调节、有管理的浮动汇率制度,人民币汇率制度的改革对我国经济运行开始发挥着内生的影响作用,汇率冲击成为经济运行最不稳定的外部因素,这种冲击无论在短期还是中长期的表现都是较为明显的,并且随着时间的不断延续,其对经济的冲击作用会逐渐增强,这一点必须引起高度的重视。另一方面,美国联邦基金利率对我国经济的冲击作用逐渐减弱,这主要是由于两方面的原因:第一,在我国加入 WTO 之前,人民币汇率紧盯美元导致美国的货币政策的扩张(美国联邦基金利率的下调)对我国货币政策能够通过政策渠道、贸易渠道和资产价格渠道进行传导,进而使得两国经济政策有较高的相关性,然而在我国汇率制度改革后,在浮动汇率制度下,汇率成为了外部冲击的隔绝器,外部冲击(美国联邦基金利率)的影响将被汇率的浮动所吸收,即在我国加入 WTO 之后的这一阶段,人民币汇率机制的形成使得汇率成为抵御美国货币冲击的强有力武器;第二,加入 WTO 之后阶段的外部利率影响的持续减弱,也与我国非市场化利率的现实相一致,或者说,我国非市场化利率阻塞了利率传导渠道,从而在另一方面也弱化了利率对汇率的调节功能。

第6章　美元无限供给弹性下的宏观经济政策选择

随着经济全球化进程的不断深化,世界各国的经济正在以惊人的速度紧密联系到一起,同时各国宏观经济政策之间的相互影响与协调也日益重要。但是,当前的国际货币制度安排却使这种国际协调表现出更为严重的非对称性,经济大国,尤其是美国的货币政策及其经济震荡随时都以更为强烈的冲击波在影响着其他国家,极大地增加了其他国家经济政策选择的风险。自布雷顿森林体系崩溃之后,美元彻底摆脱了黄金的约束成为世界上最主要的储备货币,一个以美元为核心的信用货币体系形成。当美元发行数量摆脱黄金的约束后,美国便可以以更为灵活的方式主宰世界经济,不同的是,当今美国对世界经济的主宰不需要依靠实际经济实力,而是靠美元的特殊地位及其运作技巧。美元这种无约束供给不仅会使国际贸易与国际金融出现严重的非对称性,引起全球经济结构的失衡,而且它会给其他国家经济发展造成明显的冲击,甚至在相当程度上造成其他国家经济政策的失灵。因此,其他国家在制定与实施自己的经济政策时,已不能仅局限于国内经济联系的考量,而必须以一个更为宽广的范围来看待经济关系,尤其是不得不考虑美国的经济背景以及美元可能的冲击。

本章在放弃国际收支平衡的目标下,直接引用第3章中构建的开放经济条件下的宏观经济扩展模型,在对开放宏观经济政策作用效果和实施风险分析的基础上,重点探讨了美元无限供给弹性下财政政策与货币政策效应的复杂性及其政策选择风险,为进一步研究我国宏观经济政策选择的问题奠定了理论基础。全章由四个部分组成,第一部分为开放条件下的宏观经济政策效应,第二部分是美元无限供给弹性下的宏观经济政策选择,第三部分为我国宏观经济政策效应的经验证据,第四部分为本章结论。

6.1　开放条件下的宏观经济政策效应

在第3章中,笔者依据国际货币制度安排中货币地位的非对称性以及现有统计制度的非一致性,在对M-F模型进行深度评价的基础上,认为开放经济本身并不要求内外都均衡,开放的目的在于利用外部资源与条件,克服或缓解经济运行中的“短边”约束,从而提升均衡水平,开放的宏观经济一般均衡只存在外部条件给定下的均衡,内外部同时均衡仅是一种特例,在国际货币制度安排非对称的现实下,这种均衡几乎是不存在的,且缺乏对现实经济的指导价值,它只能成为国际主要货币国维护其不公平经济利益的工具,对此,笔者直接对IS-LM模型所涉及的产品市场和货币市场进行开放化,提出了开放经济条件下的宏观经济模型,将政府的经济行为纳入该扩

展模型之后可得

$$\begin{cases} S(Y,r_n)-I_n(r_n,r_f)+NFI(e,r_n,r_f)+T-G=NX(Y,e) \\ M_S=M_{Sn}+eM_{Sf}(e,r_n,r_f)=L_T(Y,e)+L_s(e,r_n,r_f) \end{cases} \tag{6.1}$$

其中,T 为政府税收,G 为政府支出。根据式(6.1)可以讨论开放经济条件下宏观经济政策的选择。

为了分析的方便,这里同第4章我们忽略以税收形式表现的财政政策,即供给管理,只将政府支出视为财政政策,即假定政府基于需求管理,于是模型(6.1)变形为

$$\begin{cases} G=S(Y,r_n)-I_n(r_n,r_f)+NFI(e,r_n,r_f)-NX(Y,e) \\ M_S=M_{Sn}+eM_{Sf}(e,r_n,r_f)=L_T(Y,e)+L_s(e,r_n,r_f) \end{cases} \tag{6.2}$$

6.1.1 财政政策对经济的影响效应

分析财政政策对经济的影响效应就是对模型(6.2)中的各式分别求关于 G 的导数,于是可以得到

$$\begin{cases} 1=\dfrac{\partial S}{\partial Y}\dfrac{dY}{dG}+\dfrac{\partial S}{\partial r_n}\dfrac{dr_n}{dG}-\dfrac{\partial I_n}{\partial r_n}\dfrac{dr_n}{dG}-\dfrac{\partial I_n}{\partial r_f}\dfrac{dr_f}{dG}+\dfrac{\partial NFI}{\partial e}\dfrac{de}{dG}+\dfrac{\partial NFI}{\partial r_n}\dfrac{dr_n}{dG}+\dfrac{\partial NFI}{\partial r_f}\dfrac{dr_f}{dG}-\dfrac{\partial NX}{\partial Y}\dfrac{dY}{dG}-\dfrac{\partial NX}{\partial e}\dfrac{de}{dG} \\ 0=\dfrac{de}{dG}M_{Sf}+e\dfrac{\partial M_{Sf}}{\partial e}\dfrac{de}{dG}+e\dfrac{\partial M_{Sf}}{\partial r_n}\dfrac{dr_n}{dG}+e\dfrac{\partial M_{Sf}}{\partial r_f}\dfrac{dr_f}{dG} \\ 0=\dfrac{\partial L_T}{\partial Y}\dfrac{dY}{dG}+\dfrac{\partial L_T}{\partial e}\dfrac{de}{dG}+\dfrac{\partial L_s}{\partial e}\dfrac{de}{dG}+\dfrac{\partial L_s}{\partial r_n}\dfrac{dr_n}{dG}+\dfrac{\partial L_s}{\partial r_f}\dfrac{dr_f}{dG} \end{cases} \tag{6.3}$$

由于外部利率 r_f 不会因政府支出 G 的变动而变化,故有 $\dfrac{dr_f}{dG}=0$,将其代入式(6.3)得

$$\begin{cases} 1=\dfrac{\partial S}{\partial Y}\dfrac{dY}{dG}+\dfrac{\partial S}{\partial r_n}\dfrac{dr_n}{dG}-\dfrac{\partial I_n}{\partial r_n}\dfrac{dr_n}{dG}+\dfrac{\partial NFI}{\partial e}\dfrac{de}{dG}+\dfrac{\partial NFI}{\partial r_n}\dfrac{dr_n}{dG}-\dfrac{\partial NX}{\partial Y}\dfrac{dY}{dG}-\dfrac{\partial NX}{\partial e}\dfrac{de}{dG} \\ 0=\dfrac{de}{dG}M_{Sf}+e\dfrac{\partial M_{Sf}}{\partial e}\dfrac{de}{dG}+e\dfrac{\partial M_{Sf}}{\partial r_n}\dfrac{dr_n}{dG} \\ 0=\dfrac{\partial L_T}{\partial Y}\dfrac{dY}{dG}+\dfrac{\partial L_T}{\partial e}\dfrac{de}{dG}+\dfrac{\partial L_s}{\partial e}\dfrac{de}{dG}+\dfrac{\partial L_s}{\partial r_n}\dfrac{dr_n}{dG} \end{cases} \tag{6.4}$$

分别解式(6.4)中的第一式、第二式和第三式可得

$$\frac{de}{dG}=\left[-1+\left(\frac{\partial S}{\partial Y}-\frac{\partial NX}{\partial Y}\right)\frac{dY}{dG}+\left(\frac{\partial S}{\partial r_n}-\frac{\partial I_n}{\partial r_n}+\frac{\partial NFI}{\partial r_n}\right)\frac{dr_n}{dG}\right]\Big/\left(\frac{\partial NX}{\partial e}-\frac{\partial NFI}{\partial e}\right) \tag{6.5}$$

$$\frac{de}{dG}=-e\frac{\partial M_{Sf}}{\partial r_n}\frac{dr_n}{dG}\Big/\left(M_{Sf}+e\frac{\partial M_{Sf}}{\partial e}\right)=-\frac{E_{r_n}}{(1-E_e)}\frac{e}{r_n}\frac{dr_n}{dG} \tag{6.6}$$

其中,$E_{r_n}=\dfrac{\partial M_{Sf}}{\partial r_n}\dfrac{r_n}{M_{Sf}}$ 为外币净流入的国内利率弹性,$E_e=-\dfrac{\partial M_{Sf}}{\partial e}\dfrac{e}{M_{Sf}}$ 为外币净流入的汇率弹性。

$$\frac{\mathrm{d}e}{\mathrm{d}G}=-\left(\frac{\partial L_{\mathrm{T}}}{\partial Y}\frac{\mathrm{d}Y}{\mathrm{d}G}+\frac{\partial L_{\mathrm{s}}}{\partial r_{\mathrm{n}}}\frac{\mathrm{d}r_{\mathrm{n}}}{\mathrm{d}G}\right)\Big/\left(\frac{\partial L_{\mathrm{T}}}{\partial e}+\frac{\partial L_{\mathrm{s}}}{\partial e}\right) \tag{6.7}$$

将式(6.6)代入式(6.5)后有

$$r_{\mathrm{n}}(1-E_e)\left[-1+\left(\frac{\partial S}{\partial Y}-\frac{\partial NX}{\partial Y}\right)\frac{\mathrm{d}Y}{\mathrm{d}G}+\left(\frac{\partial S}{\partial r_{\mathrm{n}}}-\frac{\partial I_{\mathrm{n}}}{\partial r_{\mathrm{n}}}+\frac{\partial NFI}{\partial r_{\mathrm{n}}}\right)\frac{\mathrm{d}r_{\mathrm{n}}}{\mathrm{d}G}\right]=-\left(\frac{\partial NX}{\partial e}-\frac{\partial NFI}{\partial e}\right)eE_{r_{\mathrm{n}}}\frac{\mathrm{d}r_{\mathrm{n}}}{\mathrm{d}G}$$

令 $A=\frac{\partial NX}{\partial e}-\frac{\partial NFI}{\partial e}$，$\theta=\frac{\partial S}{\partial r_{\mathrm{n}}}-\frac{\partial I_{\mathrm{n}}}{\partial r_{\mathrm{n}}}+\frac{\partial NFI}{\partial r_{\mathrm{n}}}$，经整理后可以解得

$$\frac{\mathrm{d}r_{\mathrm{n}}}{\mathrm{d}G}=r_{\mathrm{n}}(1-E_e)\left[1-(s-n)\frac{\mathrm{d}Y}{\mathrm{d}G}\right]\Big/\left[\theta r_{\mathrm{n}}(1-E_e)+AeE_{r_{\mathrm{n}}}\right] \tag{6.8}$$

其中，s 为边际储蓄倾向，n 为边际净出口倾向。再将式(6.6)代入式(6.7)可以得到

$$\frac{\mathrm{d}r_{\mathrm{n}}}{\mathrm{d}G}=\frac{\partial L_{\mathrm{T}}}{\partial Y}\frac{\mathrm{d}Y}{\mathrm{d}G}\Big/\left[\frac{E_{r_{\mathrm{n}}}}{(1-E_e)}\frac{e}{r_{\mathrm{n}}}\left(\frac{\partial L_{\mathrm{T}}}{\partial e}+\frac{\partial L_{\mathrm{s}}}{\partial e}\right)-\frac{\partial L_{\mathrm{s}}}{\partial r_{\mathrm{n}}}\right] \tag{6.9}$$

比较式(6.8)和式(6.9)，并令 $\gamma=\frac{\partial L_{\mathrm{T}}}{\partial e}+\frac{\partial L_{\mathrm{s}}}{\partial e}$ 可得

$$\frac{\mathrm{d}Y}{\mathrm{d}G}=\left[e\gamma E_{r_{\mathrm{n}}}-\frac{\partial L_{\mathrm{s}}}{\partial r_{\mathrm{n}}}r_{\mathrm{n}}(1-E_e)\right]\Big/\left\{\begin{array}{l}\left[\theta r_{\mathrm{n}}(1-E_e)+AeE_{r_{\mathrm{n}}}\right]\frac{\partial L_{\mathrm{T}}}{\partial Y}-\\ \left[\frac{\partial L_{\mathrm{s}}}{\partial r_{\mathrm{n}}}r_{\mathrm{n}}(1-E_e)-e\gamma E_{r_{\mathrm{n}}}\right](s-n)\end{array}\right\} \tag{6.10}$$

式(6.10)即为开放经济条件下财政政策对实际总产出的影响，它与几乎所有的宏观经济变量及其相应的弹性有关，$\frac{\mathrm{d}Y}{\mathrm{d}G}$数量上的决定极其复杂。但如果像 M－F 模型一样，将国际收支平衡作为政府的宏观经济目标，且将国际收支平衡作为外部均衡的判定依据时，由外部均衡的含义可知，产品市场有$\frac{\partial NX}{\partial e}=\frac{\partial NFI}{\partial e}$，即 $A=0$，货币市场有$\frac{\partial L_{\mathrm{T}}}{\partial e}=-\frac{\partial L_{\mathrm{s}}}{\partial e}$，即 $\gamma=0$；产品市场内外均衡意味着有$\frac{\partial S}{\partial r_{\mathrm{n}}}=\frac{\partial I_{\mathrm{n}}}{\partial r_{\mathrm{n}}}-\frac{\partial NFI}{\partial r_{\mathrm{n}}}$，即 $\theta=0$。也就是说，在内外同时均衡的条件下，有 $A-\gamma=\theta=0$，代入式(6.10)后可得财政政策效应为

$$\frac{\mathrm{d}Y}{\mathrm{d}G}=\frac{1}{s-n} \tag{6.11}$$

式(6.11)表明：在开放经济条件下，如果以国际收支平衡作为衡量判定外部均衡的标准，财政政策不仅是有效的，而且用于需求管理的财政政策具有乘数效应，它由边际消费倾向 c(因为 $s=1-c$)和边际净出口倾向 n 决定。实际上式(6.11)是封闭经济条件下政府支出乘数$\frac{\mathrm{d}Y}{\mathrm{d}G}=\frac{1}{1-c}$向开放经济的自然扩展。

然而，在现实的世界经济中，由于货币制度缺乏一个客观的物质标准，且各国货币的地位极端不对称，这就使得国际收支平衡本身缺乏相应的内在经济基础，它仅仅沦为强势货币国为了维护自身利益而进行经济调节的工具。也就是说，现行非对称

性的货币制度安排，客观上不可能使得国际收支保持平衡，只要我们不要求国际收支平衡，财政政策的效果就由式(6.10)决定，此时财政政策的实施效应便会呈现多样性，即：(1)当$\frac{\partial L_s}{\partial r_n}r_n(1-E_e)=e\gamma E_{r_n}$，即$\frac{1}{E_e}-\frac{\partial L_T}{\partial L_s}=2$时，$\frac{dY}{dG}=0$，这表示当外币净流入汇率弹性的倒数与投机性货币需求的变动引起交易性货币需求的变化率相差2个单位时，财政政策是无效的；(2)当$\frac{\partial L_s}{\partial r_n}r_n(1-E_e)>e\gamma E_{r_n}$或者$\frac{\partial L_s}{\partial r_n}r_n(1-E_e)<e\gamma E_{r_n}$，即$\frac{1}{E_e}-\frac{\partial L_T}{\partial L_s}>2$或者$\frac{1}{E_e}-\frac{\partial L_T}{\partial L_s}<2$时，财政政策均有效，但政策效果是正向还是负向则取决于A、α的符号以及E_e和E_{r_n}等的取值。因为A、α的不同符号以及E_e和E_{r_n}等的不同取值决定了式(6.10)分母的方向，由此对应的就决定了$\frac{dY}{dG}$是大于0还是小于0，即财政政策对经济的影响效果是正向还是负向。

6.1.2 货币政策对经济的影响效应

接下来我们再考虑货币政策对经济的影响效应，为了考察货币政策的影响，可以考虑对模型(6.2)中的各式分别求有关M_S的导数，于是可以得到

$$\begin{cases}0=\frac{\partial S}{\partial Y}\frac{dY}{dM_S}+\frac{\partial S}{\partial r_n}\frac{dr_n}{dM_S}-\frac{\partial I_n}{\partial r_n}\frac{dr_n}{dM_S}-\frac{\partial I_n}{\partial r_f}\frac{dr_f}{dM_S}+\frac{\partial NFI}{\partial e}\frac{de}{dM_S}+\frac{\partial NFI}{\partial r_n}\frac{dr_n}{dM_S}+\frac{\partial NFI}{\partial r_f}\frac{dr_f}{dM_S}-\frac{\partial NX}{\partial Y}\frac{dY}{dM_S}-\frac{\partial NX}{\partial e}\frac{de}{dM_S}\\ 1=\frac{de}{dM_S}M_{Sf}+e\frac{\partial M_{Sf}}{\partial e}\frac{de}{dM_S}+e\frac{\partial M_{Sf}}{\partial r_n}\frac{dr_n}{dM_S}+e\frac{\partial M_{Sf}}{\partial r_f}\frac{dr_f}{dM_S}\\ 1=\frac{\partial L_T}{\partial Y}\frac{dY}{dM_S}+\frac{\partial L_T}{\partial e}\frac{de}{dM_S}+\frac{\partial L_s}{\partial e}\frac{de}{dM_S}+\frac{\partial L_s}{\partial r_n}\frac{dr_n}{dM_S}+\frac{\partial L_s}{\partial r_f}\frac{dr_f}{dM_S}\end{cases} \tag{6.12}$$

由式(6.12)中的第一式、第二式和第三式可以得到

$$\begin{aligned}\frac{de}{dM_S}&=\left[\left(\frac{\partial S}{\partial Y}-\frac{\partial NX}{\partial Y}\right)\frac{dY}{dM_S}+\left(\frac{\partial S}{\partial r_n}-\frac{\partial I_n}{\partial r_n}+\frac{\partial NFI}{\partial r_n}\right)\frac{dr_n}{dM_S}-\left(\frac{\partial I_n}{\partial r_f}-\frac{\partial NFI}{\partial r_f}\right)\frac{dr_f}{dM_S}\right]\Big/\left(\frac{\partial NX}{\partial e}-\frac{\partial NFI}{\partial e}\right)\\ &=\left[(s-n)\frac{dY}{dM_S}+\theta\frac{dr_n}{dM_S}-a\frac{dr_f}{dM_S}\right]\Big/A\end{aligned} \tag{6.13}$$

$$\begin{aligned}\frac{de}{dM_S}&=\left(1-e\frac{\partial M_{Sf}}{\partial r_n}\frac{dr_n}{dM_S}-e\frac{\partial M_{Sf}}{\partial r_f}\frac{dr_f}{dM_S}\right)\Big/\left(M_{Sf}+e\frac{\partial M_{Sf}}{\partial e}\right)\\ &=\left(1-e\frac{\partial M_{Sf}}{\partial r_n}\frac{dr_n}{dM_S}-e\frac{\partial M_{Sf}}{\partial r_f}\frac{dr_f}{dM_S}\right)\Big/[M_{Sf}(1-E_e)]\end{aligned} \tag{6.14}$$

$$\begin{aligned}\frac{de}{dM_S}&=\left(1-\frac{\partial L_T}{\partial Y}\frac{dY}{dM_S}-\frac{\partial L_s}{\partial r_n}\frac{dr_n}{dM_S}-\frac{\partial L_s}{\partial r_f}\frac{dr_f}{dM_S}\right)\Big/\left(\frac{\partial L_T}{\partial e}+\frac{\partial L_s}{\partial e}\right)\\ &=\left(1-\frac{\partial L_T}{\partial Y}\frac{dY}{dM_S}-\frac{\partial L_s}{\partial r_n}\frac{dr_n}{dM_S}-\frac{\partial L_s}{\partial r_f}\frac{dr_f}{dM_S}\right)\Big/\gamma\end{aligned} \tag{6.15}$$

将式(6.14)代入式(6.13)，经整理后得

$$M_{\mathrm{Sf}}(1-E_e)\left[(s-n)\frac{\mathrm{d}Y}{\mathrm{d}M_{\mathrm{S}}}+\theta\frac{\mathrm{d}r_{\mathrm{n}}}{\mathrm{d}M_{\mathrm{S}}}-a\frac{\mathrm{d}r_{\mathrm{f}}}{\mathrm{d}M_{\mathrm{S}}}\right]=A\left(1-e\frac{\partial M_{\mathrm{Sf}}}{\partial r_{\mathrm{n}}}\frac{\mathrm{d}r_{\mathrm{n}}}{\mathrm{d}M_{\mathrm{S}}}-e\frac{\partial M_{\mathrm{Sf}}}{\partial r_{\mathrm{f}}}\frac{\mathrm{d}r_{\mathrm{f}}}{\mathrm{d}M_{\mathrm{S}}}\right)$$

$$M_{\mathrm{Sf}}(1-E_e)\left[(s-n)\frac{\mathrm{d}Y}{\mathrm{d}M_{\mathrm{S}}}+\theta\frac{\mathrm{d}r_{\mathrm{n}}}{\mathrm{d}M_{\mathrm{S}}}-a\frac{\mathrm{d}r_{\mathrm{f}}}{\mathrm{d}M_{\mathrm{S}}}\right]=A\left(1-eE_{r_{\mathrm{n}}}\frac{M_{\mathrm{Sf}}}{r_{\mathrm{n}}}\frac{\mathrm{d}r_{\mathrm{n}}}{\mathrm{d}M_{\mathrm{S}}}-eE_{r_{\mathrm{f}}}\frac{M_{\mathrm{Sf}}}{r_{\mathrm{f}}}\frac{\mathrm{d}r_{\mathrm{f}}}{\mathrm{d}M_{\mathrm{S}}}\right)$$

其中，$a=\frac{\partial I_{\mathrm{n}}}{\partial r_{\mathrm{f}}}-\frac{\partial NFI}{\partial r_{\mathrm{f}}}$，$E_{r_{\mathrm{f}}}=\frac{r_{\mathrm{f}}}{M_{\mathrm{Sf}}}\frac{\partial M_{\mathrm{Sf}}}{\partial r_{\mathrm{f}}}$为外币流入的国外利率弹性。

$$\frac{\mathrm{d}r_{\mathrm{f}}}{\mathrm{d}M_{\mathrm{S}}}=\left\{\frac{A}{M_{\mathrm{Sf}}}-(s-n)(1-E_e)\frac{\mathrm{d}Y}{\mathrm{d}M_{\mathrm{S}}}-\left[E_{r_{\mathrm{n}}}A\frac{e}{r_{\mathrm{n}}}+\theta(1-E_e)\right]\frac{\mathrm{d}r_{\mathrm{n}}}{\mathrm{d}M_{\mathrm{S}}}\right\}\Big/\left[E_{r_{\mathrm{f}}}\frac{e}{r_{\mathrm{f}}}A-a(1-E_e)\right] \tag{6.16}$$

再将式(6.15)代入式(6.13)，经整理得到

$$\gamma\left[(s-n)\frac{\mathrm{d}Y}{\mathrm{d}M_{\mathrm{S}}}+\theta\frac{\mathrm{d}r_{\mathrm{n}}}{\mathrm{d}M_{\mathrm{S}}}-a\frac{\mathrm{d}r_{\mathrm{f}}}{\mathrm{d}M_{\mathrm{S}}}\right]=A\left(1-\frac{\partial L_{\mathrm{T}}}{\partial Y}\frac{\mathrm{d}Y}{\mathrm{d}M_{\mathrm{S}}}-\frac{\partial L_{\mathrm{s}}}{\partial r_{\mathrm{n}}}\frac{\mathrm{d}r_{\mathrm{n}}}{\mathrm{d}M_{\mathrm{S}}}-\frac{\partial L_{\mathrm{s}}}{\partial r_{\mathrm{f}}}\frac{\mathrm{d}r_{\mathrm{f}}}{\mathrm{d}M_{\mathrm{S}}}\right)$$

$$\Rightarrow\left(A\frac{\partial L_{\mathrm{s}}}{\partial r_{\mathrm{f}}}-a\gamma\right)\frac{\mathrm{d}r_{\mathrm{f}}}{\mathrm{d}M_{\mathrm{S}}}=A\left(1-\frac{\partial L_{\mathrm{T}}}{\partial Y}\frac{\mathrm{d}Y}{\mathrm{d}M_{\mathrm{S}}}-\frac{\partial L_{\mathrm{s}}}{\partial r_{\mathrm{n}}}\frac{\mathrm{d}r_{\mathrm{n}}}{\mathrm{d}M_{\mathrm{S}}}\right)-\gamma\left[(s-n)\frac{\mathrm{d}Y}{\mathrm{d}M_{\mathrm{S}}}+\theta\frac{\mathrm{d}r_{\mathrm{n}}}{\mathrm{d}M_{\mathrm{S}}}\right]$$

进一步解得

$$\frac{\mathrm{d}r_{\mathrm{f}}}{\mathrm{d}M_{\mathrm{S}}}=\left[A-\left(A\frac{\partial L_{\mathrm{T}}}{\partial Y}+s\gamma-n\gamma\right)\frac{\mathrm{d}Y}{\mathrm{d}M_{\mathrm{S}}}-\left(A\frac{\partial L_{\mathrm{s}}}{\partial r_{\mathrm{n}}}+\gamma\theta\right)\frac{\mathrm{d}r_{\mathrm{n}}}{\mathrm{d}M_{\mathrm{S}}}\right]\Big/\left(A\frac{\partial L_{\mathrm{s}}}{\partial r_{\mathrm{f}}}-a\gamma\right) \tag{6.17}$$

比较式(6.16)和式(6.17)则有

$$\left\{\frac{A}{M_{\mathrm{Sf}}}-(s-n)(1-E_e)\frac{\mathrm{d}Y}{\mathrm{d}M_{\mathrm{S}}}-\left[E_{r_{\mathrm{n}}}A\frac{e}{r_{\mathrm{n}}}+\theta(1-E_e)\right]\frac{\mathrm{d}r_{\mathrm{n}}}{\mathrm{d}M_{\mathrm{S}}}\right\}\left(A\frac{\partial L_{\mathrm{s}}}{\partial r_{\mathrm{f}}}-a\gamma\right)=$$

$$\left[E_{r_{\mathrm{f}}}\frac{e}{r_{\mathrm{f}}}A-a(1-E_e)\right]\left[A-\left(A\frac{\partial L_{\mathrm{T}}}{\partial Y}+s\gamma-n\gamma\right)\frac{\mathrm{d}Y}{\mathrm{d}M_{\mathrm{S}}}-\left(A\frac{\partial L_{\mathrm{s}}}{\partial r_{\mathrm{n}}}+\gamma\theta\right)\frac{\mathrm{d}r_{\mathrm{n}}}{\mathrm{d}M_{\mathrm{S}}}\right]$$

整理后解得

$$\frac{\mathrm{d}Y}{\mathrm{d}M_{\mathrm{S}}}=\left\{\begin{matrix}E_{r_{\mathrm{f}}}\frac{Ae}{r_{\mathrm{f}}}-a(1-E_e)-\frac{1}{M_{\mathrm{Sf}}}\left(A\frac{\partial L_{\mathrm{s}}}{\partial r_{\mathrm{f}}}-a\gamma\right)+\\ \left[\begin{matrix}eA\left(\frac{E_{r_{\mathrm{n}}}}{r_{\mathrm{n}}}\frac{\partial L_{\mathrm{s}}}{\partial r_{\mathrm{f}}}-\frac{E_{r_{\mathrm{f}}}}{r_{\mathrm{f}}}\frac{\partial L_{\mathrm{s}}}{\partial r_{\mathrm{n}}}\right)+(1-E_e)\left(\theta\frac{\partial L_{\mathrm{s}}}{\partial r_{\mathrm{f}}}+a\frac{\partial L_{\mathrm{s}}}{\partial r_{\mathrm{n}}}\right)\\ -e\gamma\left(a\frac{E_{r_{\mathrm{n}}}}{r_{\mathrm{n}}}+\theta\frac{E_{r_{\mathrm{f}}}}{r_{\mathrm{f}}}\right)\end{matrix}\right]\frac{\mathrm{d}r_{\mathrm{n}}}{\mathrm{d}M_{\mathrm{S}}}\end{matrix}\right\}\Big/\left[\begin{matrix}E_{r_{\mathrm{f}}}\frac{e}{r_{\mathrm{f}}}\left(A\frac{\partial L_{\mathrm{T}}}{\partial Y}+s\gamma-n\gamma\right)\\ -(1-E_e)\left[a\frac{\partial L_{\mathrm{T}}}{\partial Y}+(s-n)\frac{\partial L_{\mathrm{s}}}{\partial r_{\mathrm{f}}}\right]\end{matrix}\right] \tag{6.18}$$

式(6.18)即为货币政策对总产出的影响，即货币政策效应，它由两部分构成，一部分是直接效应，为$[E_{r_{\mathrm{f}}}\frac{Ae}{r_{\mathrm{f}}}-a(1-E_e)-\frac{1}{M_{\mathrm{Sf}}}(A\frac{\partial L_{\mathrm{s}}}{\partial r_{\mathrm{f}}}-a\gamma)]/[E_{r_{\mathrm{f}}}\frac{e}{r_{\mathrm{f}}}(A\frac{\partial L_{\mathrm{T}}}{\partial Y}+s\gamma-n\gamma)-(1-E_e)(a\frac{\partial L_{\mathrm{T}}}{\partial Y}+(s-n)\frac{\partial L_{\mathrm{s}}}{\partial r_{\mathrm{f}}})]$，它是产品市场与货币市场对货币供给变动的综合反应，是货币渠道直接传导的结果；另一部分为间接效应，表现为

$[eA(\frac{E_{r_n}}{r_n}\frac{\partial L_s}{\partial r_f}-\frac{E_{r_f}}{r_f}\frac{\partial L_s}{\partial r_n})+(1-E_e)(\theta\frac{\partial L_s}{\partial r_f}+a\frac{\partial L_s}{\partial r_n})-e\gamma(a\frac{E_{r_n}}{r_n}+\theta\frac{E_{r_f}}{r_f})]\frac{dr_n}{dM_S}/$

$[E_{r_f}\frac{e}{r_f}(A\frac{\partial L_T}{\partial Y}+s\gamma-n\gamma)-(1-E_e)(a\frac{\partial L_T}{\partial Y}+(s-n)\frac{\partial L_s}{\partial r_f})]$，它是货币政策通过利率渠道的传导途径，由货币供给量变化所引起的利率变动，再由利率渠道去影响产品市场与货币市场，最终由两个市场的相互关系去影响总产出。

从式(6.18)可以看出，货币政策对宏观经济运行的影响同样是非常复杂的，这种复杂性主要体现在货币供给量的变动不仅会引起国内利率等相关宏观经济变量的变化，而且它还会影响汇率，甚至导致国外利率的变动，从而引起国内外相关变量相互关系的调整，至于其主要通过哪条途径发挥作用，则取决于国内外经济主体行为的选择。

如果仍像前面一样，将国际收支平衡作为政府的宏观经济目标，且将国际收支平衡作为外部均衡的判定依据，那么 $A=\gamma=\theta=0$，将其代入式(6.18)可得

$$\frac{dY}{dM_S}=a\left(1-\frac{\partial L_s}{\partial r_n}\frac{dr_n}{dM_S}\right)\Big/\left[a\frac{\partial L_T}{\partial Y}+(s-n)\frac{\partial L_s}{\partial r_f}\right] \tag{6.19}$$

式(6.19)表明：在开放经济条件下，如果以国际收支平衡作为衡量判定外部均衡的标准，货币政策的效果完全取决于货币的投机性需求对货币的内部吸收率 $\frac{\partial L_s}{\partial r_n}\frac{dr_n}{dM_S}$，当货币的投机性需求具有完全的吸收效应，即 $\frac{\partial L_s}{\partial r_n}\frac{dr_n}{dM_S}=1$ 时，$\frac{dY}{dM_S}=0$，货币政策无效。反过来说就是，要使货币政策有效，就必须要保证货币的投机性需求不具备完全的吸收率。因此我们认为，在开放经济环境下，适当抑制虚拟经济的发展对于增强货币政策的实施效应是有积极意义的，20 世纪 90 年代后，发达经济体不断量化宽松的货币政策但均不见成效的重要原因就是在于虚拟经济的过度发展。

6.2 美元无限供给弹性下的经济政策选择

实际上，将国际收支平衡纳入开放经济条件下的一般均衡分析只是式(6.2)的特例，显然这种特例仅适宜于国际货币制度安排中各国货币具有对称性地位的情形。然而，现行的货币制度安排是严格不对称的，美元的特殊地位及其国际铸币税决定了美国不可能保持国际收支平衡。当主要储备货币国不能保持国际收支平衡时，其他国家的所谓国际收支平衡目标自然就失去了意义。在这种背景下，一国的宏观经济政策效应就不是较为简单的式(6.11)和式(6.19)，而应是极为复杂的式(6.10)和式(6.18)。从式(6.10)和式(6.18)可以看出，无论是财政政策还是货币政策，其政策效果都与储备货币的净流入状况有关，而储备货币的净流入除了取决于产品市场的国际贸易状况以外，还明显受货币市场相关变量预期的影响，无论如何，其最终的决

定因素均可归结为储备货币的供给状况及其特点。

6.2.1　美元无限供给弹性下财政政策的选择

如前所述,美元无限供给弹性,即对非储备货币经济体,内外利差和汇率预期的变动,均有可能招致美元无限的净流入,若假设美元利率不变,用公式表示就是

$$E_{r_n} = \infty \quad 或 \quad E_e = \infty$$

美元无限供给弹性对国内经济结构的影响可依不同渠道的反应程度分为三种情形进行讨论。

(1)美元供给利率弹性有界而汇率弹性趋于无穷大时,即 E_{r_n} 有界但 $E_e = \infty$。在这种情况下,由式(6.10)式可得财政政策效应为

$$\frac{\mathrm{d}Y}{\mathrm{d}G} = \frac{\partial L_s}{\partial r_n} \Big/ \left[\frac{\partial L_s}{\partial r_n}(s-n) - \theta \frac{\partial L_T}{\partial Y} \right]$$

由产品市场内外均衡条件可知,$\theta = 0$,代入上式得

$$\frac{\mathrm{d}Y}{\mathrm{d}G} = \frac{1}{s-n} \tag{6.20}$$

式(6.20)表明,在开放经济条件下,如果美元的流动主要通过汇率渠道影响国内经济,则在美元无限供给弹性下,财政政策是完全有效的,且提高边际储蓄倾向或降低边际净出口倾向均会削弱财政政策的效应。

(2)美元供给利率弹性趋于无穷大而汇率弹性有界时,即 $E_{r_n} = \infty$ 但 E_e 有界。在这种情况下,由式(6.10)可得财政政策效应为

$$\frac{\mathrm{d}Y}{\mathrm{d}G} = \gamma \Big/ \left[A \frac{\partial L_T}{\partial Y} + \gamma(s-n) \right]$$

在货币供给保持不变的情况下,财政政策所引起的相关变量变动引致的货币需求的变动在均衡条件下只会导致货币需求的结构性调整,货币需求的两分法决定了 $\frac{\partial L_T}{\partial e} = -\frac{\partial L_s}{\partial e}$,即 $\gamma = 0$,这就决定了

$$\frac{\mathrm{d}Y}{\mathrm{d}G} = 0 \tag{6.21}$$

式(6.21)表明,在开放经济条件下,如果美元的流动主要通过利率渠道影响国内经济,则在美元无限供给弹性下,财政政策是无效的。

(3)美元供给利率弹性和汇率弹性同时趋于无穷大时,即 $E_{r_n} = \infty$ 且 $E_e = \infty$。在这种情况下,由式(6.10)可知财政政策的效应取决于 E_{r_n} 和 E_e 的阶数,当 E_{r_n} 是 E_e 的高阶无穷大时,财政政策的效应为式(6.21),当 E_e 是 E_{r_n} 的高阶无穷大时,财政政策的效应为式(6.20),而当 E_{r_n} 与 E_e 为同阶无穷大时,由式(6.10)可得财政政策的效应为

$$\frac{\mathrm{d}Y}{\mathrm{d}G}=\left(\frac{\partial L_{\mathrm{s}}}{\partial r_{\mathrm{n}}}r_{\mathrm{n}}+e\gamma\right)\Big/\left[(Ae-\theta r_{\mathrm{n}})\frac{\partial L_{\mathrm{T}}}{\partial Y}+\left(\frac{\partial L_{\mathrm{s}}}{\partial r_{\mathrm{n}}}r_{\mathrm{n}}+e\gamma\right)(s-n)\right]$$

并且由产品市场内外均衡条件和货币需求的二分法，$\gamma=0,\theta=0$，可以得到

$$\frac{\mathrm{d}Y}{\mathrm{d}G}=\frac{\partial L_{\mathrm{s}}}{\partial r_{\mathrm{n}}}r_{\mathrm{n}}\Big/\left[Ae\frac{\partial L_{\mathrm{T}}}{\partial Y}+\frac{\partial L_{\mathrm{s}}}{\partial r_{\mathrm{n}}}r_{\mathrm{n}}(s-n)\right] \tag{6.22}$$

式(6.22)表明，如果美元的流动通过汇率与利率双渠道按相同的等级影响国内经济，在美元无限供给弹性下，财政政策一般情况下是有效的。财政政策的效果与 A 的取值密切相关，当 $A=0$ 时，财政政策完全有效，它相当于式(6.20)的情形；当 $A<0$ 时，由式(6.22)可知，$\frac{\mathrm{d}Y}{\mathrm{d}G}=\frac{\partial L_{\mathrm{s}}}{\partial r_{\mathrm{n}}}r_{\mathrm{n}}\Big/\left[Ae\frac{\partial L_{\mathrm{T}}}{\partial Y}+\frac{\partial L_{\mathrm{s}}}{\partial r_{\mathrm{n}}}r_{\mathrm{n}}(s-n)\right]<\frac{1}{s-n}$，即虽然财政政策的效应被弱化，但始终有 $\frac{\mathrm{d}Y}{\mathrm{d}G}>0$；当 $A>0$ 时，情况则较为复杂，它取决于 $Ae\frac{\partial L_{\mathrm{T}}}{\partial Y}$ 与 $\left|\frac{\partial L_{\mathrm{s}}}{\partial r_{\mathrm{n}}}r_{\mathrm{n}}(s-n)\right|$ 的大小，如果 $Ae\frac{\partial L_{\mathrm{T}}}{\partial Y}>\left|\frac{\partial L_{\mathrm{s}}}{\partial r_{\mathrm{n}}}r_{\mathrm{n}}(s-n)\right|$，由 $\frac{\partial L_{\mathrm{s}}}{\partial r_{\mathrm{n}}}r_{\mathrm{n}}<0$ 可得，$\frac{\mathrm{d}Y}{\mathrm{d}G}<0$，财政政策虽有效，但其将导致经济运行的进一步背离，如果 $Ae\frac{\partial L_{\mathrm{T}}}{\partial Y}<\left|\frac{\partial L_{\mathrm{s}}}{\partial r_{\mathrm{n}}}r_{\mathrm{n}}(s-n)\right|$，有 $Ae\frac{\partial L_{\mathrm{T}}}{\partial Y}\Big/\frac{\partial L_{\mathrm{s}}}{\partial r_{\mathrm{n}}}r_{\mathrm{n}}<(s-n)$，则 $\frac{\mathrm{d}Y}{\mathrm{d}G}=\frac{\partial L_{\mathrm{s}}}{\partial r_{\mathrm{n}}}r_{\mathrm{n}}\Big/\left[Ae\frac{\partial L_{\mathrm{T}}}{\partial Y}+\frac{\partial L_{\mathrm{s}}}{\partial r_{\mathrm{n}}}r_{\mathrm{n}}(s-n)\right]>\frac{1}{s-n}$，财政政策不仅有效，而且政策效果大于完全有效的情形，此时的财政政策具有增强型的特征。

6.2.2 美元无限供给弹性下货币政策的选择

货币政策对经济的影响效应如式(6.18)所示，在美元无限供给弹性下，存在 $E_{r_{\mathrm{n}}}=\infty$ 或 $E_e=\infty$。接下来，仍然按照不同渠道的反应程度分三种情况分别讨论美元无限供给弹性对国内经济结构的影响。

(1)美元供给利率弹性有界而汇率弹性趋于无穷大时，即 $E_{r_{\mathrm{n}}}$ 有界但 $E_e=\infty$。在这种情况下，由式(6.18)可得货币政策效应为

$$\frac{\mathrm{d}Y}{\mathrm{d}M_{\mathrm{S}}}=\left[a-\left(\theta\frac{\partial L_{\mathrm{s}}}{\partial r_{\mathrm{f}}}+a\frac{\partial L_{\mathrm{s}}}{\partial r_{\mathrm{n}}}\right)\frac{\mathrm{d}r_{\mathrm{n}}}{\mathrm{d}M_{\mathrm{S}}}\right]\Big/\left[a\frac{\partial L_{\mathrm{T}}}{\partial Y}+(s-n)\frac{\partial L_{\mathrm{s}}}{\partial r_{\mathrm{f}}}\right]$$

由产品市场均衡条件可知，$\theta=0$，代入上式得

$$\frac{\mathrm{d}Y}{\mathrm{d}M_{\mathrm{S}}}=a\left(1-\frac{\partial L_{\mathrm{s}}}{\partial r_{\mathrm{n}}}\frac{\mathrm{d}r_{\mathrm{n}}}{\mathrm{d}M_{\mathrm{S}}}\right)\Big/\left[a\frac{\partial L_{\mathrm{T}}}{\partial Y}+(s-n)\frac{\partial L_{\mathrm{s}}}{\partial r_{\mathrm{f}}}\right] \tag{6.23}$$

式(6.23)表明，在开放经济条件下，如果美元的流动主要通过汇率渠道影响国内经济，则在美元无限供给弹性下，货币政策的效果完全取决于 a 的取值和货币的投机性需求对货币的内部吸收率 $\frac{\partial L_{\mathrm{s}}}{\partial r_{\mathrm{n}}}\frac{\mathrm{d}r_{\mathrm{n}}}{\mathrm{d}M_{\mathrm{S}}}$。当货币的投机性需求具有完全的吸收效应，

即$\frac{\partial L_s}{\partial r_n}\frac{\mathrm{d}r_n}{\mathrm{d}M_S}=1$时，$\frac{\mathrm{d}Y}{\mathrm{d}M_S}=0$，货币政策无效；当货币的投机性需求不具有完全的吸收效应，即$0<\frac{\partial L_s}{\partial r_n}\frac{\mathrm{d}r_n}{\mathrm{d}M_S}<1$时，因为$\frac{\partial L_T}{\partial Y}>0$，$a>0$，$\frac{\partial L_s}{\partial r_f}$是国内货币投机性需求的交叉效应，这就决定了$\frac{\partial L_s}{\partial r_f}>0$，从而说明式(6.23)的分母大于0，由此可得$\frac{\mathrm{d}Y}{\mathrm{d}M_S}>0$，表明货币政策不仅有效，而且其政策效应将与调控目标保持方向上的一致性。

(2)美元供给利率弹性趋于无穷大而汇率弹性有界时，即$E_{r_n}=\infty$但E_e有界。在这种情况下，由式(6.18)可得货币政策效应为

$$\frac{\mathrm{d}Y}{\mathrm{d}M_S}=\infty \tag{6.24}$$

式(6.24)表明，在开放经济条件下，如果美元的流动主要通过利率渠道影响国内经济，则在美元无限供给弹性下，货币政策是有效的。但值得注意的是，货币政策的效应将极大地破坏经济运行的稳定性。因此，从宏观经济稳定的目标上看，如果国际资本的流动主要以利率为指向，且在美元对国内利率具有无限弹性，宏观经济政策要么失效，要么更不可取。在这种情形下，政府应完全摒弃政策干预的思想。

(3)美元供给利率弹性和汇率弹性同时趋于无穷大时，即$E_{r_n}=\infty$且$E_e=\infty$。在这种情况下，由式(6.18)可得货币政策的效应取决于E_{r_n}和E_e的阶数，当E_{r_n}是E_e的高阶无穷大时，货币政策的效应为式(6.24)，当E_e是E_{r_n}的高阶无穷大时，货币政策的效应则为式(6.23)，而当E_{r_n}与E_e为同阶无穷大时，由式(6.18)货币政策效应为

$$\frac{\mathrm{d}Y}{\mathrm{d}M_S}=\left[a+\left(\frac{eA}{r_n}\frac{\partial L_s}{\partial r_f}-\theta\frac{\partial L_s}{\partial r_f}-a\frac{\partial L_s}{\partial r_n}-\frac{ea\gamma}{r_n}\right)\frac{\mathrm{d}r_n}{\mathrm{d}M_S}\right]\Big/\left[a\frac{\partial L_T}{\partial Y}+(s-n)\frac{\partial L_s}{\partial r_f}\right]$$

由产品市场内外均衡条件和货币需求的二分法有$\theta=0$，$\gamma=0$，所以

$$\frac{\mathrm{d}Y}{\mathrm{d}M_S}=\left[a\left(1-\frac{\partial L_s}{\partial r_n}\frac{\mathrm{d}r_n}{\mathrm{d}M_S}\right)+\frac{eA}{r_n}\frac{\partial L_s}{\partial r_f}\frac{\mathrm{d}r_n}{\mathrm{d}M_S}\right]\Big/\left[a\frac{\partial L_T}{\partial Y}+(s-n)\frac{\partial L_s}{\partial r_f}\right] \tag{6.25}$$

由式(6.25)可知，货币政策的效果同样与A的取值有密切的关系，当$A=0$时，它相当于式(6.23)的情形；当$A<0$时，始终有$\frac{\mathrm{d}Y}{\mathrm{d}M_S}>0$。当$A>0$时情况则较为复杂，它取决于$a\left(1-\frac{\partial L_s}{\partial r_n}\frac{\mathrm{d}r_n}{\mathrm{d}M_S}\right)$和$\left|\frac{eA}{r_n}\frac{\partial L_s}{\partial r_f}\frac{\mathrm{d}r_n}{\mathrm{d}M_S}\right|$的大小。①当$a\left(1-\frac{\partial L_s}{\partial r_n}\frac{\mathrm{d}r_n}{\mathrm{d}M_S}\right)>\left|\frac{eA}{r_n}\frac{\partial L_s}{\partial r_f}\frac{\mathrm{d}r_n}{\mathrm{d}M_S}\right|$时，货币政策有效，且$\frac{\mathrm{d}Y}{\mathrm{d}M_S}>0$，即货币政策的效应与调控目标一致；②当$a\left(1-\frac{\partial L_s}{\partial r_n}\frac{\mathrm{d}r_n}{\mathrm{d}M_S}\right)<\left|\frac{eA}{r_n}\frac{\partial L_s}{\partial r_f}\frac{\mathrm{d}r_n}{\mathrm{d}M_S}\right|$时，$\frac{\mathrm{d}Y}{\mathrm{d}M_S}<0$，即此时货币政策虽然有效，但是货币政策的实施效果与调控目标相悖；③而只有在$a\left(1-\frac{\partial L_s}{\partial r_n}\frac{\mathrm{d}r_n}{\mathrm{d}M_S}\right)=\left|\frac{eA}{r_n}\frac{\partial L_s}{\partial r_f}\frac{\mathrm{d}r_n}{\mathrm{d}M_S}\right|$时，货币

政策失效。

通过比较可以发现,在美元无限供给弹性下,无论外资净流入是单渠道还是双渠道,货币政策是否有效以及效果如何,均与相关宏观经济参数的关系有关,不同的参数关系不仅决定了政策效果程度上的不同,甚至还决定了政策效应的方向,当政策效应的方向与宏观调控目标相悖时,货币政策不仅不能起到稳定经济的作用,而且还会加剧经济波动。相比而言,财政政策的效应则简单很多,它除了美元无限供给弹性双渠道传导,且利率与汇率渠道具有同级效应,对外净出口对汇率变动的反应小于对外净投资对汇率变动的反应,即 $A>0$ 并且 $Ae\dfrac{\partial L_{\mathrm{T}}}{\partial Y}>\left|\dfrac{\partial L_{\mathrm{s}}}{\partial r_{\mathrm{n}}}r_{\mathrm{n}}(s-n)\right|$ 的情况之外,其他情形,财政政策至少能保证不会使经济状况变得更糟。因此,我们认为,在政府对美元无限供给弹性的影响渠道未知,政府对相关宏观经济参数的关系未知的情况下,选择财政政策作为宏观调控的最主要手段要优于选择货币政策,至少财政政策的政策风险远小于货币政策。

6.3 我国宏观经济政策效应的经验证据

毋庸置疑,美国是当今世界上经济实力最强的国家,美联储的动向对世界经济有着举足轻重的影响。我国加入 WTO 之后,我国经济与世界经济建立起更为广泛和直接的联系,这就使得我国宏观经济政策的选择越来越多地受到经济大国,尤其是美国宏观经济政策的影响。通过上一部分的理论分析可知,在美元无限供给弹性下,财政政策无论是从实施效果还是政策风险都要优于货币政策,接下来本项研究将结合美元无限供给弹性的假定,对我国宏观经济政策的实施效应和实施风险进行实证检验。

6.3.1 我国宏观经济政策效应的实证研究

1. 变量及样本数据的选择

1)变量的选择

第一,经济增长。根据众多学者的研究经验,本部分以国内生产总值(GDP)作为衡量经济发展水平的总量指标,GDP 增长率作为度量经济增长的变量。

第二,财政政策。财政政策的调控手段包括财政收入和财政支出两个方面。其中,财政收入主要是指政府的税收收入,税收政策也是调控宏观经济的重要杠杆,但是由于税率的调整并不常用,税收总额本身又不能完全反映财政政策的松紧程度,相比而言,财政支出却具有更大的政策灵活性及政府宏观政策的倾向性。因此本部分选择政府的财政支出(FE)作为财政政策的代表变量。

第三,货币政策。基础货币(Monetary Base,MB)作为高能货币,它最能反映中央银行的政策意图,在货币乘数不变的前提下,其作为货币政策的评价变量是最恰当的。然而,在开放经济体系下,基础货币的变动因受到外部冲击,可能产生被动性的松紧。因此，将货币政策划分为主动性与被动性调节就有其必要性，对此，我们选择外汇占款(Position for Forex Purchase，PFP)作为被动性货币政策的测度变量，使用基础货币减去外汇占款的部分作为主动性货币政策的测度变量，记为 M_n，则 $M_n = MB - PFP$。

2)样本数据的选择和预处理

由于中国在 2001 年 12 月 11 日成为世界贸易组织(WTO)成员国，从此中国经济和世界经济开始建立了更加直接和广泛的联系，因此本部分在分析开放环境下宏观经济政策对我国经济影响效应的实证中，将样本数据按照我国加入 WTO 的时间划分为前后两个阶段，即加入 WTO 之前和加入 WTO 之后两个时间区间。但是考虑到《中国金融年鉴》中基础货币和外汇占款这两个变量的数据在 2000 年之前均以季度数据的形式出现，这就导致如果使用月度数据进行实证分析会造成对于加入 WTO 之前(2000 年 1 月至 2001 年 12 月)的数据样本时间跨度很短，导致实证结果缺乏说服力，因此本部分的实证数据选择使用季度数据。需要说明的是，在第 5 章的实证分析中，选择我国实际工业增加值作为经济水平的代表变量，这是因为 GDP 数据缺乏月度数据所致，但由于本部分选择的数据为季度数据，所以在该部分的实证分析中，取消这一替代，仍然使用 GDP 作为我国经济水平的代表变量。此外，考虑到样本数据的可获得性，时间跨度选择 1995 年第一季度至 2015 年第四季度，并且按照我国加入 WTO 的时间将样本数据划分为两个阶段，即加入 WTO 之前(1995 年第一季度至 2001 年第四季度)和加入 WTO 之后(2002 年第一季度至 2015 年第四季度)。

基础货币 MB 和外汇占款 PFP 2000 年至 2015 年的季度数据来自于中国人民银行网站(http://www.pbc.gov.cn/)，1995 年至 1999 年的季度数据由《中国金融年鉴》整理得到；由于我国公布的是各指标月度数据，本项研究以各指标 3、6、9 和 12 月份的月末数据作为其季度数据。政府财政支出的季度数据通过相应月份的数据求和得到，财政支出的月度数据来自于中经网《中国经济统计数据库》，由于财政支出的月度数据一般不统计 12 月份，本项研究通过财政支出的年度数据，减去前十一个月的月度数据总和求得。国内生产总值 GDP 的季度数据来自于国家统计局网站(http://www.stats.gov.cn/)，并且对 GDP 数据利用相应季度的 CPI 数据剔除物价因素影响。基期 CPI(1990Q1 = 100)是先通过统计局公布的 2001 年的 CPI 月度环比数据推算出 2001 年 1 月份为 100 的 2001 年基期数据，然后利用各年的 CPI(上年同月 = 100)的增长率向前和向后推算出 2001 年 1 月份为 100 的月度 CPI 基期数据，再转化为 1990 年 1 月份为 100 的 CPI 基期月度数据，最后计算每个季度平均值，再转化为 1990 年 1 季度为 100(1990Q1 = 100)的 CPI 基期季度数据。

2. 变量的季节调整和数据的平稳性检验

本部分的实证分析首先对样本数据进行季节调整，然后对经过季节调整之后的统计数据进行平稳性检验。

1)变量的季节调整

首先需要说明的是，统计数据显示，1994 年我国外汇占款为 4 503.9 亿元，基础货币为 17 217 亿元，外汇占款占基础货币的比重仅为 26.16%；到 2002 年，我国加入

WTO之时，外汇占款增加至23 223.3亿元，基础货币增加至45 138.2亿元，外汇占款占基础货币的比重也随之提高到51.45%；而发展至2011年年底，我国的外汇占款已经达到了253 587亿元，基础货币增加到224 641.8亿元，外汇占款占基础货币的比重进而达到了112.89%。这说明在我国加入WTO前后的两个阶段，货币政策的主导环境发生了重大变化，第二阶段的货币政策可能几乎完全由外部冲击因素决定，如果是这样，那么它就是一种纯被动式的调节，因此，这里我们暂时先将第二阶段的货币政策仅用外汇占款来代表。

利用Eviews 6.0软件对加入WTO之前的原始数据GDP、FE、M_n和PFP以及加入WTO之后的原始数据GDP、FE和PFP进行季节调整。加入WTO之前的统计数据增长率与经季节调整后的数据变化状况如图6.1和图6.2所示，加入WTO之后的统计数据增长率与经季节调整后的数据变化状况图6.3和图6.4。通过对比可以发现，在季节调整之前各个变量统计数据的波动性是非常剧烈的，这说明各个统计变量存在明显的季节变动，而经过季节调整之后的各个数据的波动性大幅度减弱，这表明季节变动已经从各个变量中剔除。

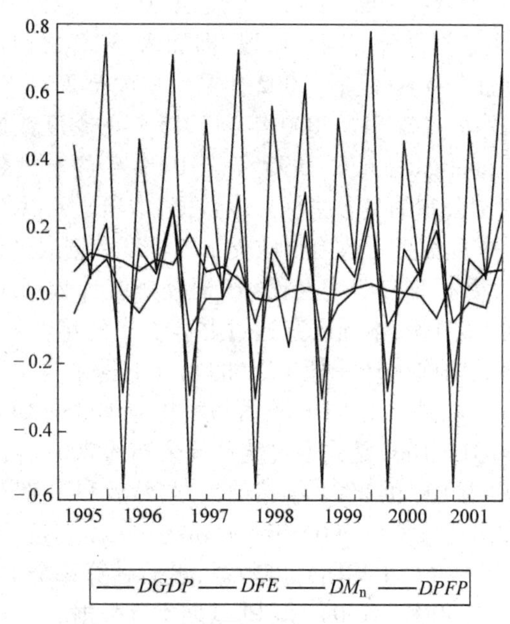

图6.1 GDP、FE、M_n和PFP增长率原始序列(加入WTO之前)

此外，为了克服样本序列的异方差性，我们对经过季节调整后的实际国内生产总值GDP、财政支出FE、外汇占款PFP和M_n的统计数据均进行了取对数处理，并将其分别记为*LGDP*、*LFE*、*LPFP*和LM_n。

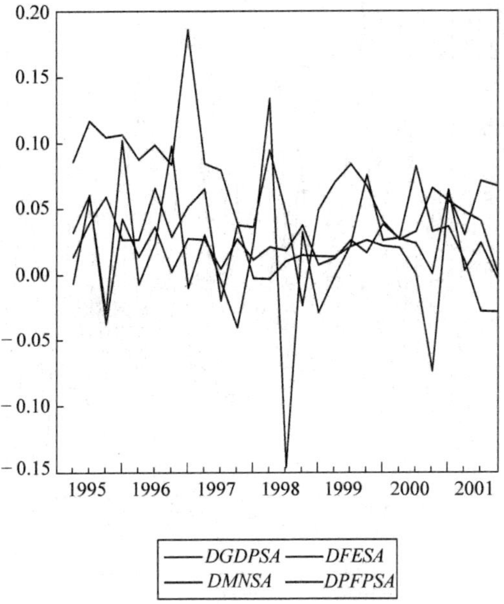

图 6.2　GDP、FE、M_n 和 PFP 经过季节调整之后增长率序列(加入 WTO 之前)

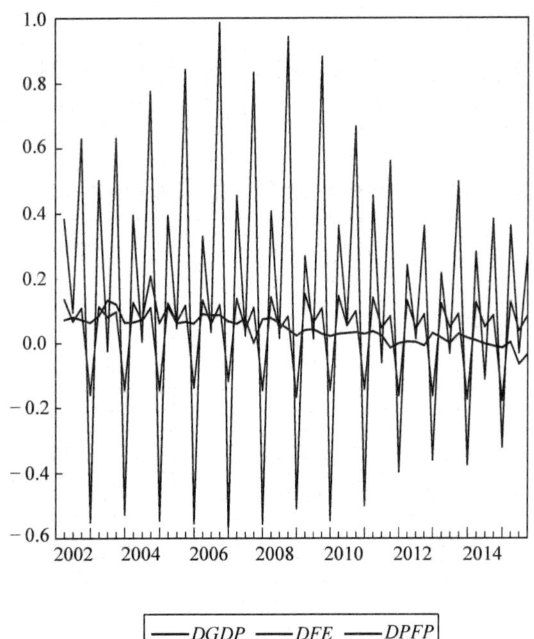

图 6.3　*GDP*、*FE* 和 *PFP* 增长率原始序列(加入 WTO 之后)

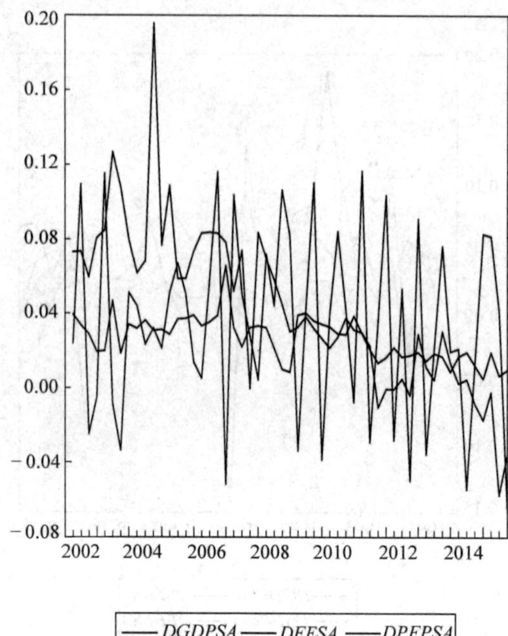

图 6.4 GDP、FE 和 PFP 经过季节调整之后增长率序列(加入 WTO 之后)

2)数据的平稳性检验

利用 Eviews 6.0 软件对我国加入 WTO 之前经过季节调整后的实际国内生产总值 *LGDP*、财政支出 *LFE*、外汇占款 *LPFP* 和 LM_n 的统计数据进行单位根检验,结果如表 6.1 所示。

表 6.1 变量 *LGDP*、*LFE*、LM_n 和 *LPFP* 单位根的 ADF 检验(1995 年第一季度至 2001 年第四季)

变量	检验形式(*c*,*t*,*q*)	*ADF* − *t* 值	Prob.	结论
LM_n	(c,0,0)	−1.263 635	0.631 2	非平稳
LGDP	(c,0,1)	−0.121 495	0.936 9	非平稳
LFE	(c,0,0)	0.170 798	0.965 3	非平稳
LPFP	(c,t,0)	−2.206 754	0.467 2	非平稳
DLM_n	(c,0,0)	−6.859 128 * *	0.000 0	平稳
DLGDP	(c,0,0)	−9.260 135 * *	0.000 0	平稳
DLFE	(c,0,0)	−4.744 746 * *	0.000 8	平稳
DLPFP	(c,t,0)	−7.964 789 * *	0.000 0	平稳

注:检验形式中的 *c*、*t*、*q* 分别表示常数项、趋势项和滞后阶段,检验形式根据检验方程回归系数的 *t* 检验来决定;ADF 检验的滞后阶数根据施瓦茨信息准则(SIC)选取,滞后 0 阶即为 DF 检验。表中 * * 表示在 1% 的显著性水平下拒绝原假设,即在 1% 的显著性水平下认为变量是平稳的。

由表 6.1 可知，在我国加入 WTO 之前，变量 $LGDP$、LFE、$LPFP$ 和 LM_n 在 1% 的显著性水平下均不能拒绝存在单位根的原假设，即四个变量都是非平稳的；然而 $LGDP$、LFE、$LPFP$ 和 LM_n 数据的一阶差分在 1% 的显著性水平下均是平稳的，因此，可以判断这四个变量都是一阶单整变量，这就意味着模型中各变量的增长过程是平稳的。

随后对我国加入 WTO 之后经过季节调整后的实际国内生产总值 $LGDP$、财政支出 LFE 和外汇占款 $LPFP$ 的统计数据进行单位根检验，检验结果如表 6.2 所示。

表 6.2　变量 *LGDP*、*LFE* 和 *LPFP* 单位根的 ADF 检验（2002 年第一季度—2015 年第四季度）

变量	检验形式 (c,t,q)	$ADF-t$ 值	Prob.	结论
$LPFP$	$(c,t,0)$	1.105 146	0.999 8	非平稳
$LGDP$	$(c,0,1)$	1.107 868	0.999 9	非平稳
LFE	$(c,0,2)$	−0.764 519	0.962 3	非平稳
$DLPFP$	$(c,t,0)$	−6.694 289 * *	0	平稳
$DLGDP$	$(c,0,1)$	−4.967 889 * *	0.000 9	平稳
$DLFE$	$(c,0,1)$	−8.239 692 * *	0	平稳

注：检验形式中的 c、t、q 分别表示常数项、趋势项和滞后阶数，检验形式根据检验方程回归系数的 t 检验来决定。ADF 检验的滞后阶数根据施瓦茨信息准则（SIC）选取，滞后 0 阶即为 DF 检验。表中 * * 表示在 1% 的显著性水平下拒绝原假设，即在 1% 的显著性水平下认为变量是平稳的。

由表 6.2 可知，在我国加入 WTO 之后，变量 $LGDP$、$LPFP$ 和 LFE 在 1% 的显著性水平下均不能拒绝存在单位根的原假设，即三个变量都是非平稳的；而 $LGDP$、$LPFP$ 和 LFE 的一阶差分在 1% 的显著性水平下均拒绝存在单位根的原假设，这说明三个变量都具有平稳性，同样为一阶单整变量。

3. 变量的协整关系检验

协整检验可以分为两种：一种是基于回归系数的协整检验，其中比较典型的是 Johansen 协整检验；另一种是基于回归残差的协整检验，包括 CRDW（Cointegration Regression Durbin – Watson）检验、DF 检验和 ADF 检验。本部分采用的是基于回归残差的 AEG 协整检验。假设有 N 个时间序列 $x_{1t}, x_{2t}, \cdots, x_{Nt}, N>1, t=1,2,\cdots,T$。由于协整向量 $(1,-\beta_2,-\beta_3,\cdots,-\beta_N)'$ 未知，首先进行协整回归。

$$x_{1t}=\hat{\beta}_2x_{2t}+\hat{\beta}_3x_{3t}+\cdots+\hat{\beta}_Nx_{Nt}+\hat{\mu}_t \tag{6.26}$$

由式（6.26）求出残差 $\hat{\mu}_t$，

$$\hat{\mu}_t=x_{1t}-\hat{\beta}_2x_{2t}-\hat{\beta}_3x_{3t}-\cdots-\hat{\beta}_Nx_{Nt} \tag{6.27}$$

然后通过检验 $\hat{\mu}_t$ 的非平稳性，检验变量 $x_{1t}, x_{2t}, \cdots, x_{Nt}$ 不存在协整关系。AEG 回归方程式为

$$\Delta\hat{\mu}_t=\alpha_0+\alpha_1t+\rho\hat{\mu}_{t-1}+\sum_{i=1}^{k}\gamma_i\Delta\mu_{t-i}+\varepsilon_t \tag{6.28}$$

其中，α_0 为常数项，$\alpha_1 t$ 为趋势项，k 的选择（$\Delta\mu_t$ 的滞后项个数）是以消除残差项 $\hat{\varepsilon}_t$ 中的自相关为依据。

在我国加入 WTO 之前，因为 $LPFP$、LM_n、LFE 和 $LGDP$ 都是一阶单整变量，所以可以按照 EG 两步法做如下协整回归并检验四个变量是否存在协整关系。

$$LGDP = 0.3086LFE + 0.4875LPFP + 0.2178LM_n \qquad (6.29)$$
$$(2.4917) \qquad (4.7100) \qquad (2.8348)$$

$R^2 = 0.98$　$s.e. = 0.0242$　$DW = 2.0774$　$LM_2 = 1.1438$

$ARCH = 2.6082$　$AIC = -4.4299$　$SC = -4.1880$

式(6.29)的相关统计量显示，方程中的各估计参数在 5% 的显著性水平下通过检验，因为 $DW = 2.0774$，说明方程(6.29)的残差序列不存在一阶自相关，又因为 $LM_2 = 1.1438$ 小于 $\chi^2_{0.05(2)} = 5.991$，所以模型也不存在二阶自相关；$ARCH = 2.6082$，小于 $\chi^2_{0.05(1)} = 3.841$，表明模型不存在异方差；$R^2 = 0.98$，说明模型的拟合程度很高。

为了确认式(6.29)的关系就是协整关系，这里我们再对式(6.29)的估计误差 $\hat{\mu}_t$ 进行平稳性分析，并做相应的 AEG 检验。对 $\hat{\mu}_t$ 回归可得

$$\Delta\hat{\mu}_t = 0.0063 - 0.0004t - 0.9418\hat{\mu}_{t-1} + 0.0985\Delta\hat{\mu}_{t-1} \qquad (6.30)$$
$$(0.61)\,(-0.61)\,(-21.16)\quad(2.13)$$

$R^2 = 0.958$　$s.e. = 0.0206$　$DW = 1.9622$

由于式(6.29)中未含有位移项和趋势项，所以在式(6.30)中加入了这两项。在式(6.30)中，$DW = 1.96$，说明在 5% 的显著性水平下估计残差序列不含有自相关。又因为 $N = 3$，$\alpha = 0.05$，$T = 50$ 的临界值为 -3.75，而式(6.30)中的 $AEG = -21.16 < -3.75$，所以可以判断 $LGDP$、LFE、LM_n 和 $LPFP$ 四个变量存在协整关系，式(6.29)即为协整方程。

从式(6.29)可以看出，1995 年第一季度至 2001 年第四季度，LM_n 每增长一个百分点，会使国内生产总值增长约 0.2178 个百分点，即经济增长对 LM_n 的弹性为 0.2178，并且二者呈现正相关关系；外汇占款每增加一个百分点，会使国内生产总值上升 0.4875 个百分点，即经济增长的外汇占款弹性为 0.4875，二者同样呈现正相关关系；这种状况说明，货币政策不仅有效，而且货币政策充分利用了对外开放的契机，适时顺势地利用了来自外部的冲击。同时，式(6.29)显示，财政支出每增加一个百分点，会导致国内生产总值增长 0.3086 个百分点，即经济增长对财政支出的弹性为 0.3086，并且二者同样呈现正相关关系，即财政政策也有效。但相比货币政策而言，财政政策促进经济增长的程度要弱得多，这一阶段以货币政策作为主导的宏观调控政策效果会更好。

然而，当我们用上述同样的方法来分析我国加入 WTO 之后的情况时发现，第二阶段类似于式(6.29)的方程无论如何都无法同时通过检验，这充分说明 $LGDP$、LFE、

LM_n 和 $LPFP$ 四个变量在第二阶段并不存在协整关系。对此经反复测试，并利用 EG 两步协整检验法，来分析 $LGDP$、LFE、LM_n 和 $LPFP$ 四个变量之间可能存在的协整关系。结果表明，在四个变量中，$LGDP$、LFE 和 $LPFP$ 三个变量在第二阶段存在协整关系，且协整方程为

$$LGDP = 1.300\,5LFE + 0.132\,3LPFP \qquad (6.31)$$
$$(14.845\,9) \qquad (3.271\,8)$$

$R^2 = 0.996\,8$ $\quad s.e. = 0.025\,8$ $\quad DW = 1.814\,3$ $\quad LM_2 = 1.764\,5$

$ARCH = 0.184\,8$ $\quad AIC = -4.426\,0$ $\quad SC = -4.316\,5$

式(6.31)显示，在开放经济体环境下，虽然总体上财政政策与货币政策均有效，政府的财政支出每增加一个百分点，会导致国内生产总值增加 1.300 5 个百分点，即经济增长对财政支出的弹性为 1.300 5，二者呈现出正相关关系；外汇占款每增长一个百分点，会使国内经济增长约 0.132 3 个百分点，即经济增长对外汇占款的弹性为 0.132 3，并且二者同样呈现出正相关的关系。但货币政策效应的实质却发生了本质性的变化，它完全被外部冲击所“绑架”，变为一种纯粹性的被动调节工具。

4. SVAR 模型的估计和脉冲响应函数分析

1）加入 WTO 之前 SVAR 模型的构建

根据 AIC 准则和 SC 准则，首先确定加入 WTO 之前 VAR 模型的最优滞后阶数为 3 阶，并建立了加入 WTO 之前 $LGDP$、LFE、$LPFP$ 和 LM_n 四个变量的 VAR(3)模型。随后对该模型的平稳性进行检验，如图 6.5 所示，由于模型所有的根模均在单位圆内，所以认为我国加入 WTO 之前的 VAR(3)模型是平稳的。

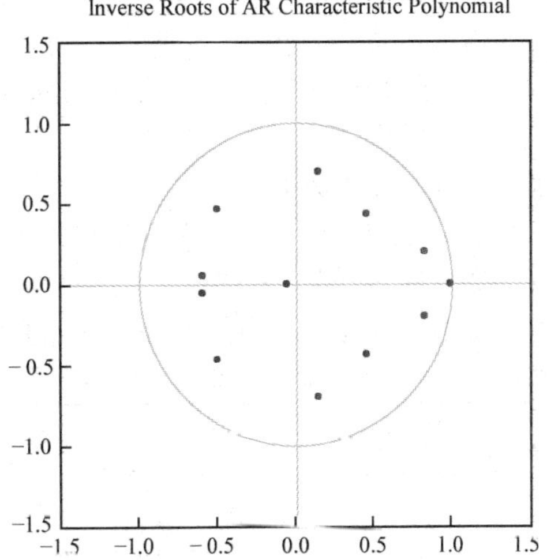

图 6.5 加入 WTO 之前 VAR(3)模型的平稳性检验

接下来在平稳 VAR(3)模型的基础上构建加入 WTO 之前 $LGDP$、LFE、$LPFP$ 和 LM_n 这四个变量的四元结构 VAR(3)模型，即 SVAR(3)模型：

$$C_0 y_t = \Gamma_0 + \Gamma_1 y_{t-1} + \Gamma_2 y_{t-2} + \Gamma_3 y_{t-3} + \varepsilon_t \qquad (6.32)$$

式中：

$$y_t=\begin{pmatrix}LGDP_t\\LFE_t\\LPFP_t\\LM_{nt}\end{pmatrix},C_0=\begin{pmatrix}1&-c_{12}&-c_{13}&-c_{14}\\-c_{21}&1&-c_{23}&-c_{24}\\-c_{31}&-c_{32}&1&-c_{34}\\-c_{41}&-c_{42}&-c_{43}&1\end{pmatrix},\Gamma_0=\begin{pmatrix}c_{10}\\c_{20}\\c_{30}\\c_{40}\end{pmatrix},\varepsilon_t=\begin{pmatrix}\varepsilon_{1t}\\\varepsilon_{2t}\\\varepsilon_{3t}\\\varepsilon_{4t}\end{pmatrix},$$

$$\Gamma_i=\begin{pmatrix}\gamma_{11}^{(i)}&\gamma_{12}^{(i)}&\gamma_{13}^{(i)}&\gamma_{14}^{(i)}\\\gamma_{21}^{(i)}&\gamma_{22}^{(i)}&\gamma_{23}^{(i)}&\gamma_{24}^{(i)}\\\gamma_{31}^{(i)}&\gamma_{32}^{(i)}&\gamma_{33}^{(i)}&\gamma_{34}^{(i)}\\\gamma_{41}^{(i)}&\gamma_{42}^{(i)}&\gamma_{43}^{(i)}&\gamma_{44}^{(i)}\end{pmatrix},i=(1,2,3)$$

$LGDP$、LFE、$LPFP$ 和 LM_n 分别为实际国内生产总值、财政支出、外汇占款和主动性货币供给量序列，ε_{1t}、ε_{2t}、ε_{3t} 和 ε_{4t} 分别是作用在实际国内生产总值、财政支出、外汇占款和主动性货币供给量上的结构式冲击，即结构式残差。

对于 AB 元 p 阶的 SVAR 模型，需要对结构式施加 $k(k-1)/2$ 个限制条件才能识别出结构冲击，而对于本项研究的模型来说，由于模型中包含了 4 个内生变量，则 $k(k-1)/2=6$，即需要对模型施加 6 个约束条件才能识别结构冲击。根据我国经济运行特点作出如下 6 个假设：第一，由于货币政策的执行具有一定的滞后性，因此，假定外汇占款和 M_n 不会影响当期实际国内生产总值，即 C_0 矩阵中 $c_{13}=0,c_{14}=0$；第二，我国实际国内生产总值不会影响当期的财政支出、外汇占款和主动性货币供给量，即 C_0 矩阵中 $c_{21}=0,c_{31}=0,c_{41}=0$；第三，我国财政政策的实施不会影响当期的外汇占款，即 C_0 矩阵中 $c_{32}=0$。

然后，利用 Eviews 6.0 软件对我国加入 WTO 之前的 SVAR(3) 模型进行了脉冲响应函数分析。表 6.3 和图 6.6 分别显示了我国加入 WTO 之前实际国内生产总值对财政支出、外汇占款和主动性货币供给量的响应函数值和脉冲响应函数图示。

表 6.3 变量 LFE、LM_n 和 $LPFP$ 对 $LGDP$ 的脉冲值

时期	LFE	$LPFP$	LM_n
半年	0.237 488	0.805 982	0.192 169
1 年	0.226 641	0.873 614	0.207 221
1 年半	0.082 623	0.343 081	0.076 115
2 年	0.079 517	0.351 151	0.079 340
4 年	0.082 294	0.414 342	0.095 251
6 年	0.084 285	0.403 501	0.093 616

如表 6.3 和图 6.4 所示，通过比较可以看出，在我国加入 WTO 之前，财政支出、外汇占款和主动性货币供给量对实际国内生产总值的冲击形态非常相似，在 24 期预测期内，LFE、$LPFP$ 和 LM_n 对实际国内生产总值的冲击影响始终维持在正向水平上，脉冲值在第 1 期迅速上升，经过 3 期的缓慢调整之后于之后的第 5 期迅速下降，此后

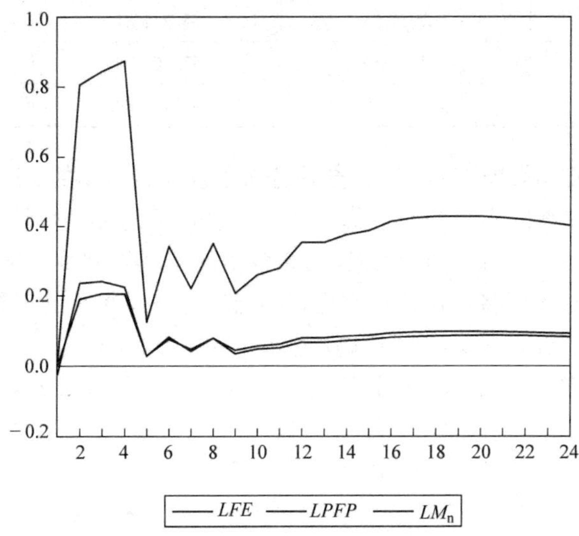

图 6.6　加入 WTO 前 LFE、LM_n 和 LPFP 对 LGDP 的脉冲函数

的 7 期内该正向冲击值呈现出起伏波动的趋势，并于第 12 期后趋于稳定的非零值。这说明，LFE、LPFP 和 LM_n 不仅在短期甚至在中长期都能对我国经济产生积极的促进作用，并且货币政策对 LGDP 的冲击效应无论是短期还是中长期都要明显高于财政政策对 LGDP 的冲击。

表 6.4 列出了我国加入 WTO 之前 LFE、LPFP 和 LM_n 对我国实际国内生产总值的方差贡献率，从表中的数据可以看出，在 24 期预测期内，货币政策（LPFP 和 LM_n）冲击的贡献率呈现出短期内增加中期小幅度下降，长期再增加的趋势，其中我国实际国内生产总值的波动中有超过 55% 的因素可以由外汇占款的波动所解释，而主动性货币供给量冲击对我国实际国内生产总值波动的解释能力非常有限仅为 3%，但是二者相加之后可得，货币政策冲击对我国经济增长波动的解释作用占到大约 60%；相比较之下，财政政策对我国经济增长的解释作用表现为先增加后减少的趋势，但是其解释能力相当有限，在预测期内财政政策冲击对我国经济增长波动的解释作用不足 5%。这与之前协整检验和脉冲响应函数分析的结果是一致的。

表 6.4　加入 WTO 之前 LFE、LM_n 和 LPFP 冲击对 LGDP 变动的方差贡献率

时期	LFE	LPFP	LM_n
半年	3.030 123	34.53 178	1.963 066
1 年	4.474 328	56.84 781	3.292 921
1 年半	4.319 045	55.79 364	3.204 770

续表

时期	*LFE*	*LPFP*	LM_n
2 年	4. 191 553	55. 716 81	3. 170 118
4 年	3. 719 239	57. 50 494	3. 179 494
6 年	3. 580 000	61. 71 984	3. 382 778

综合协整检验、脉冲响应函数和方差分析的实证结果，在我国加入 WTO 之前，货币政策和财政政策的实施均会对我国经济产生积极的推动作用，并且政策的实施效果均具有持久性，但是这一阶段我国货币政策的实施效果要明显大于财政政策，即在加入 WTO 之前，我国将货币政策作为调控宏观经济最主要的工具。

2）加入 WTO 之后 SVAR 模型的构建

根据 AIC 准则和 SC 准则，首先确定加入 WTO 之后 VAR 模型的最优滞后阶数同样为 3 阶，并建立了加入 WTO 之后 *LGDP*、*LFE* 和 *LPFP* 三个变量的 VAR(3) 模型。随后对该模型的平稳性进行检验，如图 6. 7 所示，由于模型所有的根模均在单位圆内，所以认为我国加入 WTO 之后的 VAR(3) 模型是平稳的。

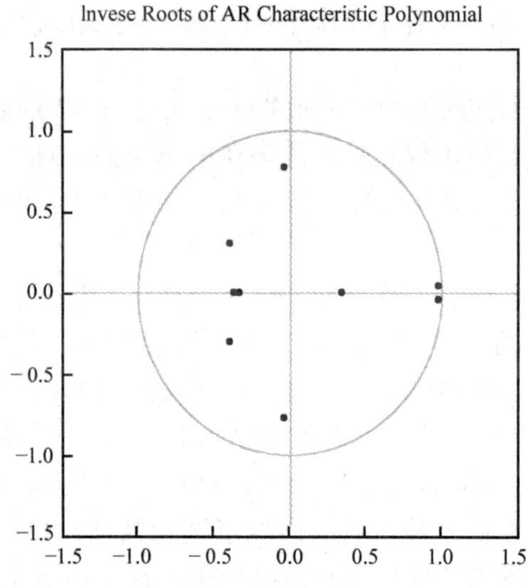

图 6. 7　加入 WTO 之后 VAR(3) 模型的平稳性检验

接下来在平稳 VAR(3) 模型的基础上构建加入 WTO 之后 *LGDP*、*LFE* 和 *LPFP* 三个变量的三元结构 VAR(3) 模型，即 SVAR(3) 模型：

$$C_0 y_t = \Gamma_0 + \Gamma_1 y_{t-1} + \Gamma_2 y_{t-2} + \Gamma_3 y_{t-3} + \varepsilon_t \tag{6.33}$$

式中：

$$y_t = \begin{pmatrix} LGDP_t \\ LFE_t \\ LPFP_t \end{pmatrix}, C_0 = \begin{pmatrix} 1 & -c_{12} & -c_{13} \\ -c_{21} & 1 & -c_{23} \\ -c_{31} & -c_{32} & 1 \end{pmatrix}, \Gamma_0 = \begin{pmatrix} c_{10} \\ c_{20} \\ c_{30} \end{pmatrix},$$

$$\Gamma_i = \begin{pmatrix} \gamma_{11}^{(i)} & \gamma_{12}^{(i)} & \gamma_{13}^{(i)} \\ \gamma_{21}^{(i)} & \gamma_{22}^{(i)} & \gamma_{23}^{(i)} \\ \gamma_{31}^{(i)} & \gamma_{32}^{(i)} & \gamma_{33}^{(i)} \end{pmatrix}, i = (1,2,3), \varepsilon_t = \begin{pmatrix} \varepsilon_{1t} \\ \varepsilon_{2t} \\ \varepsilon_{3t} \end{pmatrix}$$

LGDP、*LFE* 和 *LPFP* 分别为实际国内生产总值、财政支出和外汇占款序列，ε_{1t}、ε_{2t}和 ε_{3t}分别是作用在实际国内生产总值、财政支出和外汇占款上的结构式冲击，即结构式残差。

由于模型中包含了 3 个内生变量，则 $k(k-1)/2=3$，即需要对模型施加 3 个约束条件，才能识别结构冲击。根据我国经济运行特点作出如下 3 个假设：第一，由于货币政策的执行具有一定的滞后性，因此假定外汇占款不会影响当期实际国内生产总值，即 C_0 矩阵中 $c_{13}=0$；第二，我国实际国内生产总值不会影响当期的财政支出和外汇占款，即 C_0 矩阵中 $c_{21}=0, c_{31}=0$。

然后，利用 Eviews 6.0 软件对我国加入 WTO 之后的 SVAR(3)模型进行了脉冲响应函数分析。表 6.5 和图 6.8 分别表示了我国加入 WTO 之后实际国内生产总值对财政支出和外汇占款的响应函数值和脉冲函数图示。

表 6.5　*LFE* 和 *LPFP* 对 *LGDP* 的脉冲值

时期	*LFE*	*LPFP*
半年	0.183 871	0.154 031
1 年	0.258 656	0.212 671
1 年半	0.299 853	0.244 091
2 年	0.312 806	0.252 911
4 年	0.329 618	0.257 312
6 年	0.331 458	0.259 081

如表 6.5 和图 6.8 所示，在我国加入 WTO 之后，财政支出和外汇占款对我国实际国内生产总值的冲击形态同样非常相似，在 24 期预测期内，*LFE* 和 *LPFP* 对实际国内生产总值的冲击影响始终维持在正向水平上，脉冲值在第 1 期迅速上升，并在第 14 期后趋于稳定的非零值。这说明，在我国加入 WTO 之后，无论是短期还是中长期 *LFE* 和 *LPFP* 都能够促进我国经济的发展，但是与加入 WTO 之前所不同的是，在这一阶段财政支出对 *LGDP* 的冲击效应要高于货币政策对 *LGDP* 的冲击。

表 6.6 列出了我国加入 WTO 之后 *LFE* 和 *LPFP* 对我国实际国内生产总值的方差贡献率，从表中的数据可以看出，*LFE* 和 *LPFP* 冲击的贡献率均呈现出逐渐递增的趋势，在 24 期预测期内，我国实际国内生产总值的波动中有大约 40% 的因素可以由

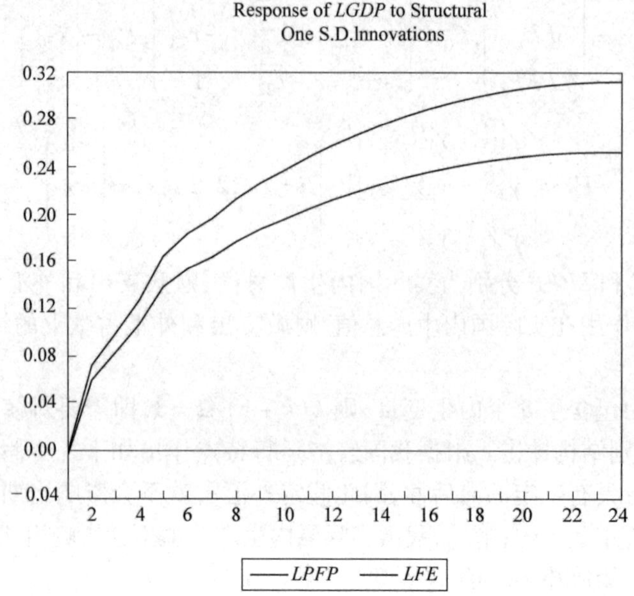

图 6.8　加入 WTO 后 *LFE* 和 *LPFP* 对 *LGDP* 的脉冲函数

财政支出的波动所解释；而外汇占款冲击对我国实际国内生产总值波动的解释能力只占到 20% 左右，即财政政策对我国经济波动的解释能力要强于货币政策。这同样与之前协整检验和脉冲响应函数分析的结果是一致的。

表 6.6　加入 WTO 之后 *LFE* 和 *LPFP* 冲击对 *LGDP* 变动的方差贡献率

时期	*LFE*	*LPFP*
半年	16.300 38	6.074 358
1 年	19.390 03	6.575 639
1 年半	22.502 92	7.749 520
2 年	25.583 36	13.239 23
4 年	40.610 78	18.130 39
6 年	43.921 19	23.647 55

5. 实证结论

综合和比较协整检验（式（6.29）与（6.31））、脉冲响应函数分析和方差分析的结果，可以得出如下结论：①总体上，无论是财政政策还是货币政策，在现阶段的我国经济中均是有效的，并且对我国经济的作用效果均具有持久性，但加入 WTO 前后两阶段的效果却明显不同，第一阶段货币政策效果更明显，第二阶段财政政策效果更明显，而货币政策干预几乎只是濒于应对外部冲击，是一种被动性政策选择；②第二阶段的政策效应与前面开放经济宏观政策效应的理论结果基本一致；③财政政策效应显著增强，财政支出的产出弹性由第一阶段的 0.308 6 上升到第二阶段的 1.300 5，而货币政策效应明显减弱，大有货币政策失效的趋势；④财政政策与货币政策效应的优势地位发生逆转，财政政策效应不仅从第一阶段的劣势地位反转至第二阶段的优势地位，且优势十分明显，第二阶段的政策选择存在货币政策使用过度，财政政策利用不足的问题。

6.3.2　宏观政策选择风险的经验证据

前面的理论分析表明，宏观经济体系的复杂性决定了经济政策的选择与实施未必就依政府的预期演进，当经济政策选择错误或政策的传导路径脱离政府的预期时，其最终的政策效应通常会偏离政府的政策目标，即政策风险。政策风险可分为政策选择风险与政策实施风险，政策选择风险是因政策选择不当带来的风险，政策实施风险是由传导路径的不确定性所带来的风险，由于传导路径不确定性的客观性，政策实施风险总是存在的，相比而言，政策选择风险却是可以避免的。因此，我们以下的分析仅针对政策选择风险。

风险的度量方式有很多，其中包括平均绝对偏差、标准差、半方差、VAR 等。从样本数据的可得性、技术处理的简洁性和相关分析模型的一致性，以及宏观经济运行的稳定性目标的角度来看，我们认为选择平均绝对偏差来作为政策选择风险的度量是恰当的。对此，利用上一部分的协整方程，通过建立相应的误差修正（ECM）模型就可以达到考察政策选择风险的目的。

1）加入 WTO 之前阶段的 ECM 模型

由式（6.29）可以得到非均衡误差方程为

$$e_t = LGDP - 0.308\,6LFE - 0.487\,5LPFP - 0.217\,8LM_n \quad (6.34)$$

依据式（6.34）所得的样本值，加上模型中各变量的平稳性性质，就可以利用 OLS 方法进行估计。通过反复筛选变量和检验模型，最终我们得到加入 WTO 之前的误差修正模型为

$$\underset{(-2.094\,7)}{\Delta LGDP_t = -0.300\,7\Delta LGDP_{t-1}} + \underset{(2.399\,0)}{0.284\,6\Delta LFE_t} + \underset{(3.685\,1)}{0.234\,5\Delta LPFP_t} - \underset{(-1.979\,4)}{0.094\,6\Delta LM_{n(t-1)}} - \underset{(-1.989\,6)}{0.037\,9e_{t-2}} \quad (6.35)$$

$$R^2 = 0.526\,6 \quad s.e. = 0.015\,26 \quad LM_1 = 1.108\,6 \quad LM_2 = 1.334\,1$$
$$ARCH = 0.197\,1 \quad AIC = -5.314\,5 \quad SC = -5.020\,0$$

式（6.35）的回归系数均通过了显著性检验，误差修正项系数为负，符合反向修正机制，即前两个季度（半年前）的非均衡误差以 0.037 9 的比率对本季度的实际国内生产总值增长率 $\Delta LGDP_t$ 作出反向修正。$R^2 = 0.526\,6$，说明模型的拟合程度一般；$LM_1 = 1.108\,6$ 小于 $\chi^2_{0.05(1)} = 3.841$，$LM_2 = 1.334\,1$ 小于 $\chi^2_{0.05(2)} = 5.991$，所以模型既不存在一阶自相关也不存在二阶自相关；$ARCH = 0.197\,1$ 小于 $\chi^2_{0.05(1)} = 3.841$，表明模型同样不存在异方差。

式(6.35)中的差分项反映了宏观经济变量短期波动的影响,而误差修正项则反映宏观经济变量的长期影响,由模型各参数的估计值可以得到以下结论。①本季度的实际国内生产总值增长率(经济波动)取决于上一季度的经济增长率和本季度的财政支出增长率、本季度的外汇占款增长率和上一季度的 LM_n。在其他变量保持不变的情况下,上一季度国民生产总值增长率每提高 1 个百分点,会引起本季度 GDP 增长率下降 0.300 7 个百分点;本季度的财政支出增长率每提高 1 个百分点,会引起 GDP 增长率上升 0.284 6 个百分点;本季度的外汇占款 PFP 增长率每提高 1 个百分点,会导致 GDP 增长率上升 0.234 5 个百分点;同样,上一季度 LM_n 提高 1 个百分点,会使得 GDP 增长率下降 0.094 6 个百分点。②在我国加入 WTO 之前,在经济波动的短期影响中,财政政策变量——财政支出增长率和货币政策变量——货币供给增长率对经济波动均有显著性的影响作用,并且财政政策对经济波动的影响作用要略大于货币政策波动。③在宏观经济变量对经济波动产生影响作用的同时,误差修正项以 0.037 9 的比率反作用于经济增长率,使得经济波动与宏观经济变量之间形成从非均衡向均衡态势的不断运动格局。

2)加入 WTO 之后的 ECM 模型

依同样的方法可以得到加入 WTO 之后阶段的非均衡误差方程

$$e_t = LGDP - 1.3005LFE - 0.1323LPFP \tag{6.36}$$

通过反复筛选变量和检验模型,最终可确定加入 WTO 之后的差修正模型为

$$\Delta LGDP_t = -0.4349\Delta LGDP_{t-1} + 0.1373\Delta LFE_t + 0.2816\Delta LPFP_t - 0.0041e_{t-2} \tag{6.37}$$

$$(-3.4336) \qquad (1.7847) \qquad (3.4885) \qquad (-3.7820)$$

$$R^2 = 0.5413 \quad s.e. = 0.009 \quad LM_1 = 0.4305 \quad LM_2 = 1.4523$$

$$ARCH = 0.2646 \quad AIC = -6.5220 \quad SC = -6.3746$$

式(6.37)的回归系数均通过了显著性检验,误差修正项系数为负,符合反向修正机制,即前两个季度(半年前)的非均衡误差以 0.004 1 的比率对本季度的实际国内生产总值增长率 $\Delta LGDP_t$ 作出反向修正。拟合优度 $R^2 = 0.5413$,说明模型的拟合程度一般;$LM_1 = 0.4305 < \chi^2_{0.05(1)} = 3.841$,$LM_2 = 1.4523 < \chi^2_{0.05(2)} = 5.991$,表明模型既不存在一阶自相关也不存在二阶自相关;$ARCH = 0.2646 < \chi^2_{0.05(1)} = 3.841$,说明模型同样也不存在异方差。

由式(6.37)中各参数的估计值可得到以下结论。①本季度的实际国内生产总值增长率(经济波动)取决于上一季度的经济增长率、本季度的财政支出增长率和本季度的外汇占款增长率;在其他变量保持不变的情况下,上一季度的 GDP 增长率每提高 1 个百分点,会引起本季度 GDP 增长率下降 0.434 9 个百分点;本季度的财政支出 FE 增长率每提高 1%,会引起本季度 GDP 增长率提高 0.137 3 个百分点;本季度外汇占款增长率每提高 1 个百分点,会导致经济增长率上升 0.281 6 个百分点。②在我国加入 WTO 之后,财政政策变量——财政支出增长率和货币政策变量——外

汇占款增长率仍然能够对经济波动产生显著性的影响效应，但与加入 WTO 之前的阶段相比，财政政策波动对经济波动的影响效应由之前的 0.284 6 降低至之后的 0.137 3，而货币政策中外汇占款的变动对经济波动的影响效果略有上升，由之前的 0.234 5 上升为 0.2816，说明在我国加入 WTO 之后，财政政策的选择风险下降，而货币政策的选择风险上升，且选择货币政策的风险要高于财政政策。③在宏观经济变量对经济波动产生影响作用的同时，误差修正项以 0.004 1 的比率反作用与经济增长率，使得经济波动与宏观经济变量之间形成从非均衡向均衡态势不断运动的格局。

6.4　本章结论

本章利用开放经济的宏观经济模型，结合美元无限供给弹性的假定，从理论与实证分析两个方面探讨了美元无限供给弹性下我国宏观经济政策效应以及政策选择风险，理论分析结果表明：①在美元无限供给弹性下的开放经济体中，无论是财政政策还是货币政策，都会因政策传导路径的多样性导致宏观经济政策效应的非确定性；②财政政策与货币政策是否有效，不仅取决于各宏观经济参数的取值，而且还与相应的结构性参数有关；③相比财政政策，货币政策可能的结果更为复杂，其不确定性程度更大，由此决定了选择货币政策调控宏观经济运行会有更大的政策风险。实证分析得出以下结果。①改革开放以来，我国的宏观调控政策总体上是有效的，但其政策效应在加入 WTO 前的第一后两个阶段却表现出明显的差异，加入 WTO 前阶段，货币政策效果更加明显。这个状况一方面说明，货币政策的选择与我国市场化改革的推进保持了良好的耦合关系，另一方面说明央行对货币政策的使用与实施技巧保持了一个较高的水平。然而，在加入 WTO 后的第二阶段，财政政策效应显著增强，且财政政策与货币政策效应的优势地位发生逆转，货币政策存在使用过度的倾向。②第二阶段的政策效应与开放经济宏观政策效应的理论结果基本一致，说明我国经济已经基本具备开放经济体的特征。③第二阶段的货币政策效应仅对外汇占款显著，而外汇占款的非可控性及不确定性表明，该阶段货币政策干预几乎只是濒于应对外部冲击，是一种典型的被动性政策选择，这在相当程度上背离了宏观调控政策的目的，其原因在于，要么是政策选择不当，要么是货币政策实施存在问题。④加入 WTO 前，我国财政政策的政策风险虽大于货币政策，但两者的差距很小，加入 WTO 后，财政政策风险明显降低，货币政策风险却有所增强，结果使第二阶段的货币政策风险大大超过财政政策风险，如果再结合财政政策的经济增长效应大于货币政策的现实来看，则可以得到如下判断，即当前经济环境下，选择财政政策要优于选择货币政策。

第 7 章　美元无限供给弹性与我国财政政策的有效性分析

通过第 6 章的分析可知，在我国加入 WTO 之后，财政政策无论是实施效果还是选择风险都要优于货币政策，即这一阶段我国应以财政政策作为宏观经济调控的最主要工具，这一点能够从金融危机爆发后我国选择实施的宏观经济政策中得到验证。我国政府为了应对金融危机给国民经济带来的负面影响，选择实施了积极的财政政策和适度宽松的货币政策相配合的宏观经济政策，这一政策组合的实施对抑制我国经济衰退，调整经济结构优化起到了重要的作用。此次推出的财政政策不仅包括扩大国债发行和政府支出，而且还包括以增值税转型为重点的一系列结构性减税政策，税收收入和政府支出作为财政政策的重要工具，其实施对经济的影响效应是否相同，目前哪种政策工具能够更有效地促进我国经济发展，以及两种政策工具是否会刺激投资和拉动消费需求是值得深入研究的问题。全章由五个部分组成，第一部分介绍财政政策体系的一般框架，第二部分分析我国财政政策工具的有效性，第三部分为美元无限供给弹性下财政政策工具选择，第四部分为我国财政政策有效性的实证分析，第五部分为本章结论。

7.1　财政政策体系的一般框架

7.1.1　财政政策的实施工具

财政政策工具，就是财政政策主体所选择的用以实现政策目标的手段和方法。财政政策工具主要包括税收、政府支出和国债等。

1）税收

税收收入是国家财政收入最重要的来源之一，是国家凭借政治权力向纳税人强制征收的收入，具有无偿性、强制性、固定性、权威性四大特征。另外税收对经济社会运行和资源配置都具有重要的调节作用。

我国的税收收入按照征税对象分类，一般分为流转税、所得税、财产税、资源税和行为税五大类。流转税是对销售商品或提供劳务的流转额征收的一类税收，包括增值税、消费税、营业税和关税。由于流转税收入在全部税收收入中占有较大比重，而且税收调节范围比较广泛，因此流转税一直是我国的主体税种。所得税是对纳税人的所得额进行征税，我国当前开征的所得税包括企业所得税、外商投资企业和外国企业所得税、个人所得税。财产税是以财产作为征税对象，包括房产税、契税、车辆购置税、车船使用税。资源税是对开发、利用和占有国有自然资源的单位和个人征收的一类税收,包括城镇土地使用税、耕地占用税、土地增值税。行为税是以某些特定行为作为征税对象,包括印花税、城市维护建设税。

2)政府支出

政府支出是政府为了满足社会公共需要,提供公共产品和公共服务的一般性支出(或称经常项目支出)。按照政府职能划分,政府财政支出可以分为经济建设支出、社会文教支出、国防支出、行政管理支出、社会保障支出和其他支出等几类。财政支出是非常重要的财政政策工具,同时也是维持国家政权运转的资金保障。

从支出方式上看,政府支出包括购买性支出和转移性支出。购买性支出是政府用于市场上购买公共产品和公共服务的支出,它既包括购买日常政务活动所需商品与劳务的支出,如行政管理费、国防费、社会文教费、各项事业费等,也包括购买兴办投资事业所需商品与劳务的支出如基本建设拨款等。购买性支出能够直接形成社会资源和要素的配置,因而其规模和结构大致体现了政府直接介入资源配置的范围和力度,是公共财政对于效率职能的直接履行。转移性支出是指政府按照一定方式将财政资金在国民经济中的二次分配,将社会财富从高收入人群向低收入人群转移,或者将资金从高收入地区向低收入地区转移,主要包括补助支出、捐赠支出和债务利息支出。转移性支出能够增加低收入人群的可支配收入,有助于增加社会的有效需求。

3)国债

国债是国家以信用为基础,按照债的一般原则,通过向社会筹集财政资金的一种形式,由于国债本身流通性较强、买卖方便,且具有稳定高收益等优点,故国债同时也是实现宏观调控和财政政策的一个重要手段。国债包括凭证式国债、记账式国债和电子式国债三种类型。发行国债能够弥补国民经济运行中投资小于储蓄的缺口,从而起到调节投资和储蓄的作用;而且发行国债是国家行使经济管理职能的表现,国家通过国债投资,可以达到有效调节国民经济运行的目的。由于国债作为一种信用工具,是以国家信誉作为担保的,因此国债具有安全性高、融资规模巨大且变现灵便等特点,购买国债对于普通市民来说是一种相对保险的投资方式。

7.1.2　财政政策的目标和种类

1)财政政策的目标

财政政策目标是国家运用财政政策工具所要实现的目的。我国现阶段实施财政政策的目标主要包括实现充分就业、稳定相对物价、维持经济的可持续均衡增长和合理分配收入等。而在上述众多的目标之中,并不是所有的目标都能同时实现,也就是说某些目标的实现可能必须以牺牲其他目标的实现为代价。例如在控制通货膨胀的情况下,就可能以就业率的下降为代价,同时保持物价稳定这个目标在实际操作中也很难实现。从经济运行周期的角度看,在经济繁荣时期,财政政策的调控重点是控制通货膨胀和缩小贫富差距;而在经济衰退时期,财政政策的调控重点则侧重于促进经济增长和提高就业率①。因此,随着社会经济的发展和社会主要矛盾的变化,各国实施财政政策的调控目标也会随之不断地发生变化,不同目标之间的权衡是财政政策当局面临的关键问题。

2)财政政策的种类

根据财政政策对国民经济总量和结构的不同功能划分,可以将财政政策分为扩张性财政政策、紧缩性财政政策和中性财政政策。扩张性财政政策(又称积极财政政策)是指在经济呈现衰退迹象时通过减税、增加政府支出和扩大国债发行量等手段刺激投资和消费,进而拉动社会总需求,缩小社会总需求和总供给之间的差距,最终实现经济增长目标。与之相反的紧缩性财政政策(又称稳健财政政策)是指当经济过热时通过提高税率、减少国债发行量和政府支出等方式,抑制社会总需求,以防止出现通货膨胀和经济过度发展。中性财政政策是指国家财政分配活动对社会总需求的影响保持中性,既不产生扩张影响,也不产生紧缩影响,以保证经济的持续稳定发展。

按照财政政策的调整方式,可以将财政政策区分为自动稳定的财政政策和相机抉择的财政政策。自动稳定的财政政策是指某些能够根据经济波动情况自动发生稳定作用的政策,它无须借助外力就直接产生调控效果。税收和社会保障等是比较典型的、具有自动稳定功能的财政政策工具。以税收为例,当居民收入增加时,在税率不变的情况下,由于收入的增加其所需纳税金额也会增加,于是居民的可支配收入随之减少,从而降低了社会总需求。与之相反的相机抉择财政政策意味着那些财政政策本身没有自动稳定的作用,需要借助外力才能对经济经产生调节作用的政策,一般来说,相机抉择财政政策都是反经济周期操作的。例如,在经济萧条时期,为了缓解通货紧缩压力,政府通过增加财政支出和减税来促进投资和消费需求,从而带动社会有效需求的增加,刺激经济增长;反之,在经济繁荣时期,为了抑制通货膨胀,政府通过增税和减少政府支出等手段来降低社会总需求,进而稳定经济波动。

7.1.3 财政政策的传导途径

政府支出和税收收入作为财政政策最为重要的两个政策工具,其实施势必会影响经济发展,而这两种政策工具对经济影响的传导途径主要是通过投资和消费两个渠道来实现的。

1. 对投资的影响

1)政府支出对投资的影响

如前所述,政府支出按经济性质划分为购买性支出和转移性支出,这两类政府支出对投资的影响存在着较大的差异。因为政府购买性支出包括用于兴办投资事业的

① 蔡志远:《财政政策的周期性及有效性研究》,19页,吉林,吉林大学,2012。

投资性支出,因此在政府税收不变的情况下,政府购买性支出增加,则会引起政府投资比重增加,而私人部门投资比重下降,从而使社会投资结构发生改变;若政府转移性支出增加,则政府支出的增加对投资的影响不大(王春雷,2000)。

购买性支出的增加会导致私人部门投资比重下降的原因在于购买性支出的增加造成了私人投资的"挤出"。在经济处于未充分就业状态均衡,国民产出未达到潜在产出水平时,增加政府的购买性支出能够刺激投资,但是同时会使总需求曲线向右上方移动,即社会总需求上升,供不应求使得物价水平升高,于是人们手中持有的实际货币余额减少,导致利率提高,而利率的升高将导致私人投资的减少以致足以抵消政府支出增加的程度,此时增加的政府支出对私人投资具有完全的挤出效应。

2)税收对投资的影响

私人部门的投资行为主要由投资收益和投资成本两个因素决定,其中投资成本取决于资本品价格和资本品折旧,与政府的税收政策无关;因此税收政策仅仅是通过对私人部门征收所得税来影响投资收益进而对投资产生影响。

税收对私人部门投资行为的影响存在两种效应:收入效应和替代效应。税收对私人部门投资产生的收入效应是指在政府征收公司所得税后,使私人部门投资收益减少,直接导致私人投资部门的税后利润下降,这将促使私人部门压低当前消费,扩大投资规模。另一方面,对公司征收所得税降低投资收益,使投资对消费的相对价格发生改变,导致私人部门增加当前消费以替代投资,从而缩小投资规模,这是税收对私人部门投资产生的替代效应。

在供给方面,减税将刺激私人部门投资,从而增加社会总供给,但减税也会减少政府财政收入,使得政府的公共投资减少,这就意味着在一定程度上私人投资的增加会被政府公共投资的减少所抵消,因此,从供给角度分析减税对投资的刺激作用也许不会很大。但是在需求方面,短期内减税将刺激投资需求从而使总需求增加,由于其对总供给的作用较小,因此总需求的增加幅度会大于总供给的增加幅度,此时减税会增加投资使国民产出增加,即减税能够促进经济发展。

2. 对消费的影响

1)政府支出对消费的影响

与政府支出对投资的影响情况相同,其对消费的影响同样取决于政府支出结构。政府购买性支出对消费不存在直接影响,但是却存在间接影响,这是因为政府购买性支出主要投资于基础设施建设、风险投资和农业等领域,这部分支出的增加一方面能够改善与居民消费呈互补关系的公共品供给,降低居民消费的外在成本,另一方面也能够降低民间的投资成本和投资风险,提高民间投资的资本边际报酬,有助于国民经济的发展和人民收入与生活水平的提高,进而对居民消费起到了间接的刺激作用。尤其是社会救济和补助支出对消费的影响作用最大,当经济萧条时,失业率增加,政府会相应地提供更多的社会救济和补助支出,这部分转移性支出的增加不仅间接地提高了居民收入,而且还会减少居民对未来不确定性的担心,进而促进其他方面的消费;与之相反,当经济繁荣时,失业率降低,政府则会削减救济补助支出,这样相当于减少了居民的可支配收入,而且面对未来的不确定性居民还会将一部分收入用于储蓄,于是居民消费减少。

2)税收对消费的影响

税收收入通过影响居民的可支配收入进而影响居民当期的消费水平。对消费产生影响的主要税种是个人所得税和社会保险税,它们直接导致个人可支配收入减少,致使纳税人的消费能力和消费规模降低,从而降低了消费者的消费水平。另外,对利息所得征税,将影响纳税人在当期消费和未来消费之间的选择;同时,对商品征收消费税使商品价格上涨,会对当期消费产生重大影响。

需要强调指出的是,由于高收入阶层与低收入阶层的边际消费倾向是不同的,因此征税对这两个阶层消费的影响程度是不同的。低收入阶层的边际消费倾向较大,而高收入阶层的边际消费倾向较小,在减税时,主要减少的是高收入阶层的个人所得税,增加高收入阶层的税后可支配收入,由于高收入阶层的边际消费倾向较小因此征税对当期消费的影响有限。

由此可见,政府支出和税收收入作为我国财政政策最为重要的两个政策工具,在宏观调控和稳定经济增长方面起到了至关重要的作用。而目前,究竟哪一种政策工具更为有效,对我国经济的影响更为显著,这是一个值得深入研究的问题,通过对政府支出和税收收入政策有效性的分析,将对解决我国目前经济萧条、内需不足等问题提供参考。

7.2 美元无限供给弹性下我国财政政策工具有效性分析

本章的理论分析仍然借助第 3 章所构建的开放条件宏观经济模型,该模型直接对 IS – LM 模型所涉及的产品市场和货币市场进行开放化,模型形式如式(3.46)所示。

$$\begin{cases} S(Y,r_{\mathrm{n}}) - I_{\mathrm{n}}(r_{\mathrm{n}},r_f) + NFI(e,r_{\mathrm{n}},r_f) = NX(Y,e) \\ M_{\mathrm{S}} = M_{\mathrm{Sn}} + eM_{\mathrm{Sf}}(e,r_{\mathrm{n}},r_{\mathrm{f}}) = L_{\mathrm{T}}(Y,e) + L_{\mathrm{s}}(e,r_{\mathrm{n}},r_{\mathrm{f}}) \end{cases}$$

将政府的经济行为纳入式(3.46),在此为了简化分析,假定财政政策工具只包括税收收入和政府支出,而忽略包括转移支付、国债、政府预算、财政信用等其他政策手段。于是可得

$$\begin{cases} S(Y,r_{\mathrm{n}}) - I_n(r_{\mathrm{n}},r_f) + NFI(e,r_{\mathrm{n}},r_{\mathrm{f}}) + T(t,Y) - G = NX(Y,e) \\ M_{\mathrm{S}} = M_{\mathrm{Sn}} + eM_{\mathrm{Sf}}(e,r_{\mathrm{n}},r_{\mathrm{f}}) = L_{\mathrm{T}}(Y,e) + L_{\mathrm{s}}(e,r_{\mathrm{n}},r_{\mathrm{f}}) \\ T(t,Y) = tY \end{cases} \tag{7.1}$$

其中,$T(t,Y)$ 为政府税收,它是国民收入 Y 与税率 t 的函数,并且具体可以表示为 tY 的函数形式,G 为政府支出。为了考察两种财政政策工具的有效性,可以考虑分别对式(7.1)中的两个式子分别求有关 T 和 G 的导数。

7.2.1 政府支出对经济的影响效应

分析政府支出对经济的影响效应即对式(7.1)中的各式求有关 G 的导数,于是可以得到

$$\begin{cases}1=\frac{\partial S}{\partial Y}\frac{\mathrm{d}Y}{\mathrm{d}G}+\frac{\partial S}{\partial r_{\mathrm{n}}}\frac{\mathrm{d}r_{\mathrm{n}}}{\mathrm{d}G}-\frac{\partial I_{n}}{\partial r_{\mathrm{n}}}\frac{\mathrm{d}r_{\mathrm{n}}}{\mathrm{d}G}-\frac{\partial I_{n}}{\partial r_{\mathrm{f}}}\frac{\mathrm{d}r_{\mathrm{f}}}{\mathrm{d}G}+\frac{\partial NFI}{\partial e}\frac{\mathrm{d}e}{\mathrm{d}G}+\frac{\partial NFI}{\partial r_{\mathrm{n}}}\frac{\mathrm{d}r_{\mathrm{n}}}{\mathrm{d}G}+\frac{\partial NFI}{\partial r_{\mathrm{f}}}\frac{\mathrm{d}r_{\mathrm{f}}}{\mathrm{d}G}+t\frac{\mathrm{d}Y}{\mathrm{d}G}-\frac{\partial NX}{\partial Y}\frac{\mathrm{d}Y}{\mathrm{d}G}-\frac{\partial NX}{\partial e}\frac{\mathrm{d}e}{\mathrm{d}G}\\0=\frac{\mathrm{d}e}{\mathrm{d}G}M_{\mathrm{Sf}}+e\frac{\partial M_{\mathrm{Sf}}}{\partial e}\frac{\mathrm{d}e}{\mathrm{d}G}+e\frac{\partial M_{\mathrm{Sf}}}{\partial r_{\mathrm{n}}}\frac{\mathrm{d}r_{n}}{\mathrm{d}G}+e\frac{\partial M_{\mathrm{Sf}}}{\partial r_{\mathrm{f}}}\frac{\mathrm{d}r_{\mathrm{f}}}{\mathrm{d}G}\\0=\frac{\partial L_{\mathrm{T}}}{\partial Y}\frac{\mathrm{d}Y}{\mathrm{d}G}+\frac{\partial L_{\mathrm{T}}}{\partial e}\frac{\mathrm{d}e}{\mathrm{d}G}+\frac{\partial L_{\mathrm{S}}}{\partial e}\frac{\mathrm{d}e}{\mathrm{d}G}+\frac{\partial L_{\mathrm{S}}}{\partial r_{\mathrm{n}}}\frac{\mathrm{d}r_{n}}{\mathrm{d}G}+\frac{\partial L_{\mathrm{s}}}{\partial r_{\mathrm{f}}}\frac{\mathrm{d}r_{f}}{\mathrm{d}G}\end{cases}\tag{7.2}$$

由于外部利率 r_{f} 不会因 G 的变动而变化,故有 $\frac{\mathrm{d}r_{\mathrm{f}}}{\mathrm{d}G}=0$,将其代入式(7.2)中的各式可以得到

$$\begin{cases}1=\frac{\partial S}{\partial Y}\frac{\mathrm{d}Y}{\mathrm{d}G}+\frac{\partial S}{\partial r_{\mathrm{n}}}\frac{\mathrm{d}r_{n}}{\mathrm{d}G}-\frac{\partial I_{\mathrm{n}}}{\partial r_{\mathrm{n}}}\frac{\mathrm{d}r_{n}}{\mathrm{d}G}+\frac{\partial NFI}{\partial e}\frac{\mathrm{d}e}{\mathrm{d}G}+\frac{\partial NFI}{\partial r_{\mathrm{n}}}\frac{\mathrm{d}r_{\mathrm{n}}}{\mathrm{d}G}+t\frac{\mathrm{d}Y}{\mathrm{d}G}-\frac{\partial NX}{\partial Y}\frac{\mathrm{d}Y}{\mathrm{d}G}-\frac{\partial NX}{\partial e}\frac{\mathrm{d}e}{\mathrm{d}G}\\0=\frac{\mathrm{d}e}{\mathrm{d}G}M_{\mathrm{Sf}}+e\frac{\partial M_{\mathrm{Sf}}}{\partial e}\frac{\mathrm{d}e}{\mathrm{d}G}+e\frac{\partial M_{\mathrm{Sf}}}{\partial r_{\mathrm{n}}}\frac{\mathrm{d}r_{n}}{\mathrm{d}G}\\0=\frac{\partial L_{\mathrm{T}}}{\partial Y}\frac{\mathrm{d}Y}{\mathrm{d}G}+\frac{\partial L_{\mathrm{T}}}{\partial e}\frac{\mathrm{d}e}{\mathrm{d}G}+\frac{\partial L_{\mathrm{s}}}{\partial e}\frac{\mathrm{d}e}{\mathrm{d}G}+\frac{\partial L_{\mathrm{s}}}{\partial r_{\mathrm{n}}}\frac{\mathrm{d}r_{\mathrm{n}}}{\mathrm{d}G}\end{cases}\tag{7.3}$$

分别解式(7.3)中的第一式、第二式和第三式,并令 $A=\frac{\partial NX}{\partial e}-\frac{\partial NFI}{\partial e}$,$\theta=\frac{\partial S}{\partial r_{\mathrm{n}}}-\frac{\partial I_{\mathrm{n}}}{\partial r_{\mathrm{n}}}+\frac{\partial NFI}{\partial r_{\mathrm{n}}}$,$a=\frac{\partial I_{\mathrm{n}}}{\partial r_{\mathrm{f}}}-\frac{\partial NFI}{\partial r_{\mathrm{f}}}$,$\gamma=\frac{\partial L_{\mathrm{T}}}{\partial e}+\frac{\partial L_{S}}{\partial e}$,可得

$$\begin{aligned}\frac{de}{dG}&=\left[-1+\left(\frac{\partial S}{\partial Y}+t-\frac{\partial NX}{\partial Y}\right)\frac{dY}{dG}+\left(\frac{\partial S}{\partial r_{\mathrm{n}}}-\frac{\partial I_{\mathrm{n}}}{\partial r_{\mathrm{n}}}+\frac{\partial NFI}{\partial r_{\mathrm{n}}}\right)\frac{dr_{\mathrm{n}}}{dG}\right]\Big/\left(\frac{\partial NX}{\partial e}-\frac{\partial NFI}{\partial e}\right)\\&=\left[-1+\left(\frac{\partial S}{\partial Y}+t-\frac{\partial NX}{\partial Y}\right)\frac{dY}{dG}+\theta\frac{dr_{\mathrm{n}}}{dG}\right]\Big/A\end{aligned}\tag{7.4}$$

$$\frac{\mathrm{d}e}{\mathrm{d}G}=-e\frac{\partial M_{\mathrm{Sf}}}{\partial r_{\mathrm{n}}}\frac{\mathrm{d}r_{\mathrm{n}}}{\mathrm{d}G}\Big/\left(M_{\mathrm{Sf}}+e\frac{\partial M_{\mathrm{Sf}}}{\partial e}\right)=-\frac{E_{r_{\mathrm{n}}}}{(1-E_{e})}\frac{e}{r_{\mathrm{n}}}\frac{dr_{\mathrm{n}}}{dG}\tag{7.5}$$

$$\frac{\mathrm{d}e}{\mathrm{d}G}=-\left(\frac{\partial L_{\mathrm{T}}}{\partial Y}\frac{\mathrm{d}Y}{\mathrm{d}G}+\frac{\partial L_{\mathrm{s}}}{\partial r_{\mathrm{n}}}\frac{\mathrm{d}r_{\mathrm{n}}}{\mathrm{d}G}\right)\Big/\left(\frac{\partial L_{\mathrm{T}}}{\partial e}+\frac{\partial L_{\mathrm{s}}}{\partial e}\right)=-\left(\frac{\partial L_{\mathrm{T}}}{\partial Y}\frac{\mathrm{d}Y}{\mathrm{d}G}+\frac{\partial L_{\mathrm{s}}}{\partial r_{\mathrm{n}}}\frac{\mathrm{d}r_{\mathrm{n}}}{\mathrm{d}G}\right)\Big/\gamma\tag{7.6}$$

将式(7.5)代入式(7.4)后有

$$eAE_{r_n}\frac{dr_n}{dG}=r_n(1-E_e)\left[1-\left(\frac{\partial S}{\partial Y}+t-\frac{\partial NX}{\partial Y}\right)\frac{dY}{dG}-\theta\frac{dr_n}{dG}\right]$$
$$\Rightarrow\frac{dr_n}{dG}=r_n(1-E_e)\left[1-\left(\frac{\partial S}{\partial Y}+t-\frac{\partial NX}{\partial Y}\right)\frac{dY}{dG}\right]\Big/\left[eAE_{r_n}+\theta r_n(1-E_e)\right] \tag{7.7}$$

再将式(7.5)代入式(7.6)可以得到

$$\frac{E_{r_n}}{(1-E_e)}\frac{e}{r_n}\frac{dr_n}{dG}=\left(\frac{\partial L_T}{\partial Y}\frac{dY}{dG}+\frac{\partial L_s}{\partial r_n}\frac{dr_n}{dG}\right)\Big/\gamma$$
$$\Rightarrow\frac{dr_n}{dG}=r_n(1-E_e)\frac{\partial L_T}{\partial Y}\frac{dY}{dG}\Bigg/\left[\gamma eE_{r_n}-r_n(1-E_e)\frac{\partial L_s}{\partial r_n}\right] \tag{7.8}$$

比较式(7.7)和式(7.8),可得

$$\left\{\left[eAE_{r_n}+\theta r_n(1-E_e)\right]\frac{\partial L_T}{\partial Y}+\left[\gamma eE_{r_n}-r_n(1-E_e)\frac{\partial L_s}{\partial r_n}\right]\left(\frac{\partial S}{\partial Y}+t-\frac{\partial NX}{\partial Y}\right)\right\}\frac{dY}{dG}$$
$$=\left[\gamma eE_{r_n}-r_n(1-E_e)\frac{\partial L_S}{\partial r_n}\right]$$

$$\Rightarrow\frac{dY}{dG}=\left[\gamma eE_{r_n}-r_n(1-E_e)\frac{\partial L_s}{\partial r_n}\right]\Bigg/\left\{\begin{array}{l}\left[eAE_{r_n}+\theta r_n(1-E_e)\right]\dfrac{\partial L_T}{\partial Y}\\+\left[\gamma eE_{r_n}-r_n(1-E_e)\dfrac{\partial L_S}{\partial r_n}\right]\left(\dfrac{\partial S}{\partial Y}+t-\dfrac{\partial NX}{\partial Y}\right)\end{array}\right\} \tag{7.9}$$

式(7.9)即为开放经济条件下政府支出对实际总产出的影响效应。从式(7.9)有关$\frac{dY}{dG}$的决定关系看,它是极其复杂的,几乎与所有的宏观经济变量及其相应的弹性有关。但如果将国际收支平衡作为政府的宏观经济目标,且将国际收支平衡作为外部均衡的判定依据时,那么在内外同时均衡的条件下,有 $A=\gamma=\theta=0$,代入式(7.9)后可得政府支出对经济的影响效应变为

$$\frac{dY}{dG}=\frac{1}{s-n+t} \tag{7.10}$$

其中,$s=\frac{\partial S}{\partial Y}$为边际储蓄倾向,$n=\frac{\partial NX}{\partial Y}$为边际净出口倾向,$t$ 为税率。式(7.10)表明:在开放经济条件下,如果以国际收支平衡作为衡量判定外部均衡的标准,政府支出是有效的,它由边际消费倾向 c(因为 $s=1-c$)、边际净出口倾向 n 和税率 t 共同决定。由于 $s>0,n<0,t>0$,因此$\frac{dY}{dG}=\frac{1}{s-n+t}>0$,即政府支出对经济的影响效应与宏观调控目标一致,政府支出的增加将促进国民经济的发展,这与凯恩斯主义和新古典主义的经济理论一致。

但是,现行非对称性的货币制度安排,客观上不可能使得国际收支保持平衡,此

时政府支出对国民经济的影响效应会呈现出多样性：①当$\frac{\partial L_s}{\partial r_n}r_n(1-E_e)=e\gamma E_{r_n}$，即$\frac{1}{E_e}-\frac{\partial L_T}{\partial L_s}=2$时，$\frac{dY}{dG}=0$，这表示当外币净流入汇率弹性的倒数与投机性货币需求的变动引起交易性货币需求的变化率相差两个单位时，政府支出对总产出不产生影响效应。(2)当$\frac{\partial L_s}{\partial r_n}r_n(1-E_e)>e\gamma E_{r_n}$或者$\frac{\partial L_s}{\partial r_n}r_n(1-E_e)<e\gamma E_{r_n}$，即$\frac{1}{E_e}-\frac{\partial L_T}{\partial L_s}>2$或者$\frac{1}{E_e}-\frac{\partial L_T}{\partial L_s}<2$时，政府支出均会影响总产出水平，其对总产出的作用效果是正向还是负向则取决于A、α的符号以及E_e和E_{r_n}等的取值。因为A、α的不同符号以及E_e和E_{r_n}等的不同取值决定了式(7.9)分母的正负，由此对应的就决定了$\frac{\mathrm{d}Y}{\mathrm{d}G}$是大于0还是小于0。

7.2.2　税收收入对经济的影响效应

分析税收收入对经济的影响效应即对式(7.1)中的各式求有关T的导数，于是可以得到

$$\begin{cases}1=-\frac{\partial S}{\partial Y}\frac{\mathrm{d}Y}{\mathrm{d}T}-\frac{\partial S}{\partial r_n}\frac{\mathrm{d}r_n}{\mathrm{d}T}+\frac{\partial I_n}{\partial r_n}\frac{\mathrm{d}r_n}{\mathrm{d}T}+\frac{\partial I_n}{\partial r_f}\frac{\mathrm{d}r_f}{\mathrm{d}T}-\frac{\partial NFI}{\partial e}\frac{\mathrm{d}e}{\mathrm{d}T}-\frac{\partial NFI}{\partial r_n}\frac{\mathrm{d}r_n}{\mathrm{d}T}-\frac{\partial NFI}{\partial r_f}\frac{\mathrm{d}r_f}{\mathrm{d}T}+\frac{\partial NX}{\partial Y}\frac{\mathrm{d}Y}{\mathrm{d}T}+\frac{\partial NX}{\partial e}\frac{\mathrm{d}e}{\mathrm{d}T}\\0=\frac{\mathrm{d}e}{\mathrm{d}T}M_{Sf}+e\frac{\partial M_{Sf}}{\partial e}\frac{\mathrm{d}e}{\mathrm{d}T}+e\frac{\partial M_{Sf}}{\partial r_n}\frac{\mathrm{d}r_n}{\mathrm{d}T}+e\frac{\partial M_{Sf}}{\partial r_f}\frac{\mathrm{d}r_f}{\mathrm{d}T}\\0=\frac{\partial L_T}{\partial Y}\frac{\mathrm{d}Y}{\mathrm{d}T}+\frac{\partial L_T}{\partial e}\frac{\mathrm{d}e}{\mathrm{d}T}+\frac{\partial L_s}{\partial e}\frac{\mathrm{d}e}{\mathrm{d}T}+\frac{\partial L_s}{\partial r_n}\frac{\mathrm{d}r_n}{\mathrm{d}T}+\frac{\partial L_s}{\partial r_f}\frac{\mathrm{d}r_f}{\mathrm{d}T}\end{cases} \tag{7.11}$$

税收收入的变化同样不会作用于外部利率r_f，故有$\frac{\mathrm{d}r_f}{\mathrm{d}T}=0$，将其代入式(7.11)得到

$$\begin{cases}1=-\frac{\partial S}{\partial Y}\frac{\mathrm{d}Y}{\mathrm{d}T}-\frac{\partial S}{\partial r_n}\frac{\mathrm{d}r_n}{\mathrm{d}T}+\frac{\partial I_n}{\partial r_n}\frac{\mathrm{d}r_n}{\mathrm{d}T}-\frac{\partial NFI}{\partial e}\frac{\mathrm{d}e}{\mathrm{d}T}-\frac{\partial NFI}{\partial r_n}\frac{\mathrm{d}r_n}{\mathrm{d}T}+\frac{\partial NX}{\partial Y}\frac{\mathrm{d}Y}{\mathrm{d}T}+\frac{\partial NX}{\partial e}\frac{\mathrm{d}e}{\mathrm{d}T}\\0=\frac{\mathrm{d}e}{\mathrm{d}T}M_{Sf}+e\frac{\partial M_{Sf}}{\partial e}\frac{\mathrm{d}e}{\mathrm{d}T}+e\frac{\partial M_{Sf}}{\partial r_n}\frac{\mathrm{d}r_n}{\mathrm{d}T}\\0=\frac{\partial L_T}{\partial Y}\frac{\mathrm{d}Y}{\mathrm{d}T}+\frac{\partial L_T}{\partial e}\frac{\mathrm{d}e}{\mathrm{d}T}+\frac{\partial L_s}{\partial e}\frac{\mathrm{d}e}{\mathrm{d}T}+\frac{\partial L_s}{\partial r_n}\frac{\mathrm{d}r_n}{\mathrm{d}T}\end{cases} \tag{7.12}$$

分别解式(7.12)中的第一式、第二式和第三式，分别得到

$$\begin{aligned}\frac{\mathrm{d}e}{\mathrm{d}T}&=\left[1+\left(\frac{\partial S}{\partial Y}-\frac{\partial NX}{\partial Y}\right)\frac{\mathrm{d}Y}{\mathrm{d}T}+\left(\frac{\partial S}{\partial r_{\mathrm{n}}}-\frac{\partial I_{\mathrm{n}}}{\partial r_{\mathrm{n}}}+\frac{\partial NFI}{\partial r_{\mathrm{n}}}\right)\frac{\mathrm{d}r_{\mathrm{n}}}{\mathrm{d}T}\right]\Big/\left(\frac{\partial NX}{\partial e}-\frac{\partial NFI}{\partial e}\right)\\&=\left[1+(s-n)\frac{\mathrm{d}Y}{\mathrm{d}T}+\theta\frac{\mathrm{d}r_{\mathrm{n}}}{\mathrm{d}T}\right]\Big/A\end{aligned}\tag{7.13}$$

$$\frac{\mathrm{d}e}{\mathrm{d}T}=-e\frac{\partial M_{\mathrm{Sf}}}{\partial r_{\mathrm{n}}}\frac{\mathrm{d}r_{\mathrm{n}}}{\mathrm{d}T}\Big/\left(M_{\mathrm{Sf}}+e\frac{\partial M_{\mathrm{Sf}}}{\partial e}\right)=-\frac{E_{r_{\mathrm{n}}}}{(1-E_e)}\frac{e}{r_{\mathrm{n}}}\frac{\mathrm{d}r_{\mathrm{n}}}{\mathrm{d}T}\tag{7.14}$$

$$\frac{\mathrm{d}e}{\mathrm{d}T}=-\left(\frac{\partial L_{\mathrm{T}}}{\partial Y}\frac{\mathrm{d}Y}{\mathrm{d}T}+\frac{\partial L_{\mathrm{s}}}{\partial r_{\mathrm{n}}}\frac{\mathrm{d}r_{\mathrm{n}}}{\mathrm{d}T}\right)\Big/\left(\frac{\partial L_{\mathrm{T}}}{\partial e}+\frac{\partial L_{\mathrm{s}}}{\partial e}\right)=-\left(\frac{\partial L_{\mathrm{T}}}{\partial Y}\frac{\mathrm{d}Y}{\mathrm{d}T}+\frac{\partial L_{\mathrm{s}}}{\partial r_{\mathrm{n}}}\frac{\mathrm{d}r_{\mathrm{n}}}{\mathrm{d}T}\right)\Big/\gamma\tag{7.15}$$

将式(7.14)代入式(7.13)后有

$$\begin{aligned}&-eAE_{r_{\mathrm{n}}}\frac{\mathrm{d}r_{\mathrm{n}}}{\mathrm{d}T}=r_{\mathrm{n}}(1-E_e)\left[1+(s-n)\frac{\mathrm{d}Y}{\mathrm{d}T}+\theta\frac{\mathrm{d}r_{\mathrm{n}}}{\mathrm{d}T}\right]\\&\Rightarrow\frac{\mathrm{d}r_{\mathrm{n}}}{\mathrm{d}T}=-r_{\mathrm{n}}(1-E_e)\left[1+(s-n)\frac{\mathrm{d}Y}{\mathrm{d}T}\right]\Big/\left[eAE_{r_{\mathrm{n}}}+\theta r_{\mathrm{n}}(1-E_e)\right]\end{aligned}\tag{7.16}$$

再将式(7.14)代入式(7.15)可以得到

$$\begin{aligned}&\frac{E_{r_{\mathrm{n}}}}{(1-E_e)}\frac{e}{r_{\mathrm{n}}}\frac{\mathrm{d}r_{\mathrm{n}}}{\mathrm{d}T}=\left(\frac{\partial L_{\mathrm{T}}}{\partial Y}\frac{\mathrm{d}Y}{\mathrm{d}T}+\frac{\partial L_{\mathrm{s}}}{\partial r_{\mathrm{n}}}\frac{\mathrm{d}r_{n}}{\mathrm{d}T}\right)\Big/\gamma\\&\Rightarrow\frac{\mathrm{d}r_{\mathrm{n}}}{\mathrm{d}T}=r_{\mathrm{n}}(1-E_e)\frac{\partial L_{\mathrm{T}}}{\partial Y}\frac{\mathrm{d}Y}{\mathrm{d}T}\Big/\left[\gamma eE_{r_{\mathrm{n}}}-r_{\mathrm{n}}(1-E_e)\frac{\partial L_{\mathrm{s}}}{\partial r_{\mathrm{n}}}\right]\end{aligned}\tag{7.17}$$

比较式(7.16)和式(7.17),可得

$$\begin{aligned}&-\left[1+(s-n)\frac{\mathrm{d}Y}{\mathrm{d}T}\right]\left[\gamma eE_{r_{\mathrm{n}}}-r_{\mathrm{n}}(1-E_e)\frac{\partial L_{\mathrm{s}}}{\partial r_{\mathrm{n}}}\right]=\frac{\partial L_T}{\partial Y}\frac{\mathrm{d}Y}{\mathrm{d}T}\left[eAE_{r_{\mathrm{n}}}+\theta r_{\mathrm{n}}(1-E_e)\right]\\&\Rightarrow\frac{\mathrm{d}Y}{\mathrm{d}T}=-\left[\gamma eE_{r_{\mathrm{n}}}-r_{\mathrm{n}}(1-E_e)\frac{\partial L_{\mathrm{s}}}{\partial r_{\mathrm{n}}}\right]\Big/\\&\left\{\frac{\partial L_{\mathrm{T}}}{\partial Y}\left[eAE_{r_{\mathrm{n}}}+\theta r_{\mathrm{n}}(1-E_e)\right]+(s-n)\left[\gamma eE_{r_{\mathrm{n}}}-r_{\mathrm{n}}(1-E_e)\frac{\partial L_{\mathrm{s}}}{\partial r_{\mathrm{n}}}\right]\right\}\end{aligned}\tag{7.18}$$

式(7.18)即为开放经济条件下税收收入对实际总产出的影响效应,$\frac{\mathrm{d}Y}{\mathrm{d}T}$数量上的决定同样极其复杂,它与几乎所有的宏观经济变量及其相应的弹性有关。但如果仍然将国际收支平衡作为外部均衡的判定依据时,在内外同时均衡的条件下,有 $A=\gamma=\theta=0$,代入式(7.18)后可得政府支出税收收入对经济的影响效应为

$$\frac{\mathrm{d}Y}{\mathrm{d}T}=-\frac{1}{s-n}\tag{7.19}$$

式(7.19)表明:在开放经济条件下,如果以国际收支平衡作为衡量判定外部均衡的标准,税收收入是有效的,并且它由边际消费倾向 c 和边际净出口倾向 n 决定。

由于 $s>0, n<0$，因此 $\frac{dY}{dT}=-\frac{1}{s-n}<0$，这说明税收收入对国民经济产生负向的影响效应，即税收的增加将抑制国民经济的发展，这同样与凯恩斯主义和新古典主义的理论一致。

但是，当国际收支不能保持平衡时，税收收入对国民经济的作用效果就如式(7.18)所示，也会呈现出多样性：①当 $\frac{\partial L_s}{\partial r_n}r_n(1-E_e)=e\gamma E_{r_n}$，即 $\frac{1}{E_e}-\frac{\partial L_T}{\partial L_s}=2$ 时，$\frac{dY}{dT}=0$，这表示当外币净流入汇率弹性的倒数与投机性货币需求的变动引起交易性货币需求的变化率相差两个单位时，税收收入对总产出没有影响效应。②当 $\frac{\partial L_s}{\partial r_n}r_n(1-E_e)>e\gamma E_{r_n}$ 或者 $\frac{\partial L_s}{\partial r_n}r_n(1-E_e)<e\gamma E_{r_n}$，即 $\frac{1}{E_e}-\frac{\partial L_T}{\partial L_s}>2$ 或者 $\frac{1}{E_e}-\frac{\partial L_T}{\partial L_s}<2$ 时，此时税收收入均会对总产出水平造成影响，但是其对总产出的作用效果仍然取决于 A、α 的符号以及 E_e 和 E_{r_n} 等的取值。

进一步地，通过比较政府支出对国民经济的影响效应和税收收入的影响效应，即通过将式(7.9)和式(7.18)相除可以得到

$$\left|\frac{\text{式}(7.9)}{\text{式}(7.18)}\right|=\frac{\frac{\partial L_T}{\partial Y}[eAE_{r_n}+\theta r_n(1-E_e)]+(s-n)\left[\gamma eE_{r_n}-r_n(1-E_e)\frac{\partial L_s}{\partial r_n}\right]}{[eAE_{r_n}+\theta r_n(1-E_e)\frac{\partial L_T}{\partial Y}+\left[\gamma eE_{r_n}-r_n(1-E_e)\frac{\partial L_s}{\partial r_n}\right]\left(\frac{\partial S}{\partial Y}+t-\frac{\partial NX}{\partial Y}\right)} \tag{7.20}$$

由于 $t'>0$，则式(7.20)分母中的 $s-n+t$ 大于分子中的 $s-n$，因此式(7.20)小于1，这说明政府支出对经济的影响效应要小于税收收入对经济的影响效应，即在开放经济中，税收收入对经济的影响效应要大于政府支出对经济的影响效应。很显然，这一结论与凯恩斯主义认为的政府支出乘数大于税收乘数相悖，但是国内外一些学者的实证研究却得出了与本项研究相同的结论。Kenneth N. Kuttner 和 Adam S. Posen(2002)通过建立日本1976—1999年的SVAR模型分析了在此期间财政政策的有效性，实证分析发现，无论是减税还是增加政府支出的扩张性财政政策对经济都存在明显的刺激效应，减税的政策乘数比政府支出乘数大25%；甘行琼(2008)主张财政支出具有挤出效应，应该取而代之实施“退税”的财政政策；张龙和贾明德(2009)认为在自动效果中，税收政策的实施效果要大于政府购买性支出的效果；张函和邓学龙(2012)通过构建向量误差修正模型，估计了政府支出和税收收入对GDP的动态效应，实证结果认为减税比扩大政府支出更加有利于经济增长。而造成税收收入比政府支出对经济产生更大冲击效果的原因在于，凯恩斯主义在分析税收政策对经济的影响效应时只考虑到了减税对可支配收入和消费的影响，却忽略了其对投资的影响，然而与增加政府支出相比，减税改变了相对价格，这将使得投资增加，即减

税对扩大投资起到了推动作用,例如减免工资税会降低劳动成本,如果劳动与资本互补,企业就会增加对资本品的需求。这样一来,当把投资因素考虑在内时,在开放经济条件下,税收乘数将大于政府支出乘数。

7.3 美元无限供给弹性下财政政策工具选择

事实上,现行的货币制度安排是不对称的,因此将国际收支平衡纳入开放经济条件下的一般均衡分析只是一种特例。在这种背景下,一国财政政策工具的有效性就不是较为简单的式(7.10)和式(7.19),而是极为复杂的式(7.9)和式(7.18)。从两式的结构可以看出,无论是政府支出还是税收收入,其对国民经济的作用效果都与储备货币的净流入状况有关。

7.3.1 美元无限供给弹性下政府支出的选择

本部分仍然沿用前文中将复杂的外部环境抽象为美元无限供给弹性的假定条件,即假设美国利率不变,对非储备货币经济体、内外利差和汇率预期的变动,均有可能招致美元无限的净流入,用公式表示为

$$E_{r_n}=\infty \text{ 或 } E_e=\infty$$

接下来以不同渠道的反应程度分三种情况进行讨论。

(1)美元供给利率弹性有界而汇率弹性趋于无穷大时,即 E_{r_n} 有界但 $E_e=\infty$。在这种情况下,由式(7.9)可得政府支出效应为

$$\frac{\mathrm{d}Y}{\mathrm{d}G}=\frac{\partial L_s}{\partial r_n}\Big/\left[\frac{\partial L_s}{\partial r_n}(s-n+t)-\theta\frac{\partial L_T}{\partial Y}\right]$$

由产品市场内外均衡条件可知,$\theta=0$,代入上式得

$$\frac{\mathrm{d}Y}{\mathrm{d}G}=\frac{1}{s-n+t} \tag{7.21}$$

式(7.21)表明,在开放经济条件下,如果美元的流动主要通过汇率渠道影响国内经济,则在美元无限供给弹性下,政府支出是完全有效的,且提高边际储蓄倾向和税率或降低边际净出口倾向均会削弱政府支出的效应。

(2)美元供给利率弹性趋于无穷大而汇率弹性有界时,即 $E_{r_n}=\infty$ 但 E_e 有界。在这种情况下,由式(7.9)可得政府支出效应为

$$\frac{\mathrm{d}Y}{\mathrm{d}G}=\gamma\Big/\left[A\frac{\partial L_T}{\partial Y}+\gamma(s-n+t)\right]$$

在货币供给保持不变的情况下,财政政策所引起的相关变量变动引致的货币需求的变动在均衡条件下只会导致货币需求的结构性调整,货币需求的两分法决定了 $\frac{\partial L_T}{\partial e}=\frac{\partial L_S}{\partial e}$,即 $\gamma=0$,这就决定了

$$\frac{\mathrm{d}Y}{\mathrm{d}G}=0 \tag{7.22}$$

式(7.22)表明,在开放经济条件下,如果美元的流动主要通过利率渠道影响国内经济,则在美元无限供给弹性下,依靠政府支出手段的财政政策是无效的。

(3)美元供给利率弹性和汇率弹性同时趋于无穷大时,即 $E_{r_n}=\infty$ 且 $E_e=\infty$。在这种情况下,由式(7.9)可知政府支出政策的效应取决于 E_{r_n} 和 E_e 的阶数,当 E_{r_n} 是 E_e 的高阶无穷大时,政府支出对经济的影响作用同式(7.21),而当 E_e 是 E_{r_n} 的高阶无穷大时,政府支出对经济的影响作用同式(7.21),而当 Er_n 与 E_e 为同阶无穷大时,由式(7.9)可得政府支出对经济的作用效应为

$$\frac{\mathrm{d}Y}{\mathrm{d}G}=\left(\gamma e+r_n\frac{\partial L_s}{\partial r_n}\right)\Big/\left[(eA-\theta r_n)\frac{\partial L_T}{\partial Y}+\left(\gamma e+r_n\frac{\partial L_s}{\partial r_n}\right)(s-n+t)\right]$$

并且由产品市场内外均衡条件和货币需求的二分法可得,$\gamma=0$ 且 θ_0,于是有

$$\frac{\mathrm{d}Y}{\mathrm{d}G}\frac{\partial L_s}{\partial r_n}r_n\Big/\left[Ae\frac{\partial L_T}{\partial Y}+\frac{\partial L_s}{\partial r_n}r_n(s-n+t)\right] \tag{7.23}$$

式(7.23)表明,如果美元的流动通过汇率与利率双渠道按相同的等级影响国内经济,在美元无限供给弹性下,由于 $\frac{\partial L_s}{\partial r_n}<0$,则一般情况下,政府支出政策是有效的,但此时该政策效果是正还是负则是不确定的,它取决于 A 的符号。当 $A=0$ 时,式(7.23)可以简化为式(7.21)的形式,即依靠政府支出手段的财政政策是完全有效的。当 $A<0$ 时,由式(7.23)可知,$\frac{\mathrm{d}Y}{\mathrm{d}G}=\frac{\partial L_s}{\partial r_n}r_n\Big/\left[Ae\frac{\partial L_T}{\partial Y}+\frac{\partial L_s}{\partial r_n}r_n(s-n+t)\right]<\frac{1}{s-n+t}$,但始终有 $\frac{\mathrm{d}Y}{\mathrm{d}G}>0$,这表明虽然财政政策的效应被弱化,但其始终对国内经济起到了积极的推动作用。当 $A>0$ 时,情况则较为复杂,它取决于 $Ae\frac{\partial L_T}{\partial Y}$ 与 $\left|\frac{\partial L_s}{\partial r_n}r_n(s-n+t)\right|$ 之间的大小。①如果 $Ae\frac{\partial L_T}{\partial Y}>\left|\frac{\partial L_s}{\partial r_n}r_n(s-n+t)\right|$,由 $\frac{\partial L_s}{\partial r_n}r_n<0$ 可知,$\frac{\mathrm{d}Y}{\mathrm{d}G}<0$,这说明政府支出政策虽然有效,但其实施效果与宏观经济调控目标相反,即此时通过政府支出政策调节国民经济将导致经济运行的进一步背离。②如果 $Ae\frac{\partial L_s}{\partial Y}<\left|\frac{\partial L_S}{\partial r_n}r_n(s-n+t)\right|$,则有 $\frac{\mathrm{d}Y}{\mathrm{d}G}=\frac{\partial L_s}{\partial r_n}r_n\Big/\left[Ae\frac{\partial L_T}{\partial Y}+\frac{\partial L_s}{\partial r_n}r_n(s-n+t)\right]>\frac{1}{s-n+t}$,政府支出政策不仅有效,而且政策效果大于完全有效的情形,此时的政府支出政策具有增强型的特征。

7.3.2　美元无限供给弹性下税收收入的选择

(1)美元供给利率弹性有界而汇率弹性趋于无穷大时,即 E_{r_n} 有界但 $E_e=\infty$。在

这种情况下，由式(7.18)可得税收收入对经济的影响效应为

$$\frac{\mathrm{d}Y}{\mathrm{d}T}=\frac{\partial L_{\mathrm{s}}}{\partial r_{\mathrm{n}}}\bigg/\left[\theta\frac{\partial L_{\mathrm{T}}}{\partial Y}+\frac{\partial L_{\mathrm{s}}}{\partial r_{\mathrm{n}}}(s-n)\right]$$

由产品市场内外均衡条件可知，$\theta=0$，代入上式可得

$$\frac{\mathrm{d}Y}{\mathrm{d}T}=-\frac{1}{s-n} \tag{7.24}$$

式(7.24)表明，在开放经济条件下，如果美元的流动主要通过汇率渠道影响国内经济，则在美元无限供给弹性下，税收收入政策是完全有效的，但是其与经济增长之间呈现出负相关关系，即减税能够促进经济增长，并且降低边际储蓄倾向或提高边际净出口倾向均会削弱税收收入政策对国民经济的影响作用。

美元供给利率弹性趋于无穷大而汇率弹性有界时，即 $E_{r_{\mathrm{n}}}=\infty$ 但 E_e 有界。在这种情况下，由式(7.18)可得税收收入的效应为

$$\frac{\mathrm{d}Y}{\mathrm{d}T}=-\gamma\bigg/\left[A\frac{\partial L_{\mathrm{T}}}{\partial Y}+\gamma(s-n)\right] \tag{7.25}$$

在货币供给保持不变的情况下，财政政策所引起的相关变量变动引致的货币需求的变动在均衡条件下只会导致货币需求的结构性调整，货币需求的两分法决定了 $\frac{\partial L_{\mathrm{T}}}{\partial e}=-\frac{\partial L_{\mathrm{s}}}{\partial e}$，即 $\gamma=0$，这就决定了

$$\frac{\mathrm{d}Y}{\mathrm{d}T}=0 \tag{7.26}$$

式(7.26)表明，在开放经济条件下，如果美元的流动主要通过利率渠道影响国内经济，则在美元无限供给弹性下，税收政策的实施不会对国民经济产生影响效应。

(3)美元供给利率弹性和汇率弹性同时趋于无穷大时，即 $E_{r_{\mathrm{n}}}=\infty$ 且 $E_e=\infty$。在这种情况下，由式(7.18)可知税收政策的实施效应取决于 $E_{r_{\mathrm{n}}}$ 和 E_e 的阶数，当 $E_{r_{\mathrm{n}}}$ 是 E_e 的高阶无穷大时，税收政策对国民经济的影响的效应同式(7.26)，当 E_e 是 $E_{r_{\mathrm{n}}}$ 的高阶无穷大时，税收政策对国民经济的影响效应同式(7.25)，而当 $E_{r_{\mathrm{n}}}$ 与 E_e 为同阶无穷大时，由式(7.18)可得税收政策对经济的影响效应为

$$\frac{\mathrm{d}Y}{\mathrm{d}T}=-\left(\gamma e+r_{\mathrm{n}}\frac{\partial L_{\mathrm{s}}}{\partial r_{\mathrm{n}}}\right)\bigg/\left[\frac{\partial L_{\mathrm{T}}}{\partial Y}(eA-\theta r_{\mathrm{n}})+(s-n)\left(\gamma e+r_{\mathrm{n}}\frac{\partial L_{\mathrm{s}}}{\partial r_{\mathrm{n}}}\right)\right]$$

并且由产品市场内外均衡条件和货币需求的二分法得到，$\gamma=0$ 且 $\theta=0$，进而可以将上式简化为

$$\frac{\mathrm{d}Y}{\mathrm{d}T}=-\frac{\partial L_{\mathrm{s}}}{\partial r_{\mathrm{n}}}r_{\mathrm{n}}\bigg/\left[Ae\frac{\partial L_{\mathrm{T}}}{\partial Y}+\frac{\partial L_{\mathrm{s}}}{\partial r_{\mathrm{n}}}r_{\mathrm{n}}(s-n)\right] \tag{7.27}$$

式(7.26)表明，如果美元的流动通过汇率与利率双渠道按相同的等级影响国内经济，在美元无限供给弹性下，税收政策一般情况下是有效的，但是其对国民经济的作用效果同样取决于 A 的符号。当 $A=0$ 时，税收政策完全有效，其对经济的

影响等同于式(7.24)的形式。当 $A<0$ 时,由式(7.27)可知,$\left|\frac{\mathrm{d}Y}{\mathrm{d}T}\right|=\left|-\frac{\partial L_{\mathrm{s}}}{\partial r_{\mathrm{n}}}r_{\mathrm{n}}\Big/\left[Ae\frac{\partial L_{\mathrm{T}}}{\partial Y}+\frac{\partial L_{\mathrm{s}}}{\partial r_{\mathrm{n}}}r_{\mathrm{n}}(s-n)\right]\right|<\left|-\frac{1}{s-n}\right|$,但始终有$\frac{\mathrm{d}Y}{\mathrm{d}T}<0$,这说明增税将抑制国民经济的发展,并且税收政策的实施效应被弱化。当 $A>0$ 时,情况则较为复杂,它取决于 $Ae\frac{\partial L_{\mathrm{T}}}{\partial Y}$与$\left|\frac{\partial L_{\mathrm{s}}}{\partial r_{\mathrm{n}}}r_{\mathrm{n}}(s-n)\right|$之间的大小。①如果 $Ae\frac{\partial L_{\mathrm{T}}}{\partial Y}>\left|\frac{\partial L_{\mathrm{s}}}{\partial r_{\mathrm{n}}}r_{\mathrm{n}}(s-n)\right|$,由$\frac{\partial L_{\mathrm{s}}}{\partial r_{\mathrm{n}}}r_{\mathrm{n}}<0$ 可得,$\frac{\mathrm{d}Y}{\mathrm{d}T}>0$,即税收政策有效,并且增税会促进经济发展。②如果 $Ae\frac{\partial L_{\mathrm{T}}}{\partial Y}<\left|\frac{\partial L_{\mathrm{s}}}{\partial r_{\mathrm{n}}}r_{\mathrm{n}}(s-n)\right|$,则有$\left|\frac{\mathrm{d}Y}{\mathrm{d}T}\right|=\left|-\frac{\partial L_{\mathrm{s}}}{\partial r_{\mathrm{n}}}r_{\mathrm{n}}\Big/\left[Ae\frac{\partial L_{\mathrm{T}}}{\partial Y}+\frac{\partial L_{\mathrm{s}}}{\partial r_{\mathrm{n}}}r_{\mathrm{n}}(s-n)\right]\right|>\left|-\frac{1}{s-n}\right|$,并且$\frac{\mathrm{d}Y}{\mathrm{d}T}<0$,此时税收政策有效而且增税将抑制国民经济发展,另外,税收政策效果大于完全有效的情形,即税收政策对国民经济的影响效果具有增强型的特征。

综上所述,当美元凭借利率单渠道无限流入非储备经济体时,政府支出政策和税收政策对国民经济均不会产生影响效应,即财政政策失效(与第5章结论相同);当美元凭借汇率单渠道或者利率与汇率双渠道进行传导时,政府支出政策和税收政策均是有效的,并且通过比较可以发现,在美元无限供给弹性下,无论美元依靠哪种渠道流入非储备经济体,税收政策对国民经济的影响效应始终大于政府支出效应,即税收政策的实施对经济的影响效果更为明显。

7.4　我国财政政策有效性的实证检验

上一部分的分析表明,政府支出和税收收入作为最重要的两个财政政策工具,其实施均会对我国经济产生影响,但是两种政策工具的实施效果存在差异,本部分通过建立财政支出、税收收入和产出之间的 SVAR 模型对我国财政工具的有效性进行实证检验,随后对我国财政政策工具对国民经济影响的传导途径进行实证分析。

7.4.1　我国财政政策有效性的经验研究

1. 变量和样本数据的选择

根据第6章的实证检验结果,财政政策的地位在我国加入 WTO 之后便发生逆转,由之前的劣势转变为之后的优势,因此本部分以我国加入 WTO 之后至今的时间区间,即从2002年年初至2015年年底作为实证数据的样本区间,本章的实证数据均为季度数据。与第6章相同,本部分选取我国实际国内生产总值(GDP)作为经济发展水平的代表变量,选择政府支出(FE)和税收收入(TAX)作为财政工具的代表变量,其中税收收入的月度数据来自于中经网统计数据库(http://db.cei.gov.cn/),其季度数据通过相应月份数据相加汇总得到。随后对 GDP、FE 和 TAX 的统计数据使用 CPI 的季度数据剔除物价因素的影响后得到实际值,并利用 X12 方法对各个变量的统计数据进行季节调整。最后,为了克服样本序列的异方差性,对经过季节调整后的实际国内生产总值(GDP)、实际政府支出(FE)和实际税收收入(TAX)的统计数据进行取对数处理,并分别记为 *LGDP*、*LFE* 和 *LTAX*。

2. 财政政策有效性实证模型的构建

1)数据的平稳性检验

利用 Eviews 6.0 软件对经过季节调整后的实际国内生产总值、政府支出和税收收入的统计数据进行单位根检验,检验结果如表 7.1 所示。

表 7.1 变量 *LGDP*、*LFE* 和 *LTAX* 单位根的 ADF 检验

变量	检验形式(c,t,q)	ADF - t 值	Prob.	结论
LGDP	(c,0,3)	1.743 783	1	非平稳
LFE	(c,0,2)	-0.787 801	0.814 3	非平稳
LTAX	(c,0,0)	-2.143 170	0.229 1	非平稳
DLGDP	(c,0,1)	-7.390 602 * *	0	平稳
DLFE	(c,0,1)	-9.804 530 * *	0	平稳
DLTAX	(c,0,0)	-8.044 825 * *	0	平稳

注:检验形式中的 c、t、q 分别表示常数项、趋势项和滞后阶数,检验形式根据检验方程回归系数的 t 检验来决定;ADF 检验的滞后阶数根据施瓦茨信息准则(SIC)选取,滞后 0 阶即为 DF 检验。表中 * * 表示在 1% 的显著性水平下拒绝原假设,即在 1% 的显著性水平下认为变量是平稳的。

由表 7.1 可知,变量 *LGDP*、*LFE* 和 *LTAX* 在 1% 的显著性水平下均不能拒绝存在单位根的原假设,即三个变量都是非平稳的;然而 *LGDP*、*LFE* 和 *LTAX* 数据的一阶差分在 1% 的显著性水平下均是平稳的,因此可以判断这三个变量是同阶的,都是一阶单整变量。

2)变量的协整关系检验

根据表 7.1 的检验结果可知,由于 *LGDP*、*LFE* 和 *LTAX* 统计数据的时间序列均是一阶单整的,因此它们之间可能存在协整关系,接下来对 *LGDP*、*LFE* 和 *LTAX* 进行协整检验,检验结果如表 7.2 所示。

由表 7.2 的检验结果可知,变量 *LGDP*、*LFE* 和 *LTAX* 在 1% 的显著性水平下均存在两个协整方程,这意味着模型中各内生变量存在协整关系。

表 7.2 *LGDP*、*LFE* 和 *LTAX* 三个变量的协整关系检验结果

原假设	特征值	迹统计量	临界值	Prob.
没有协整关系 * *	0.476 895	52.794 13	24.275 96	0
最多有一个协整关系 * *	0.280 848	17.803 61	12.320 90	0.005 5
最多有两个协整关系	0.000 015	0.000 781	4.129 906	0.983 9

注:* * 表示在 1% 的显著性水平下拒绝原假设,即在 1% 的显著性水平下认为变量是存在协整关系。

3）SVAR 模型的构建及脉冲响应函数分析

根据 AIC 准则和 SC 准则，确定 *LGDP*、*LFE* 和 *LTAX* 三个变量构建的 VAR 模型的最优滞后阶数为 2 阶，并对该模型进行平稳性检验，由于被估计的 VAR(2)模型的所有根模均小于 1，因此认为所构建的 VAR(2)模型是平稳的。接下来基于 *LGDP*、*LFE* 和 *LTAX* 三个变量的平稳性的 VAR(2)模型，构建其三元 SVAR(2)模型：

$$C_0 y_t = \Gamma_0 + \Gamma_1 y_{t-1} + \Gamma_2 y_{t-2} + \varepsilon_t \tag{7.28}$$

式中：

$$y_t = \begin{pmatrix} LGDP_t \\ LFE_t \\ LTAX_t \end{pmatrix}, C_0 = \begin{pmatrix} 1 & -c_{12} & -c_{13} \\ -c_{21} & 1 & -c_{23} \\ -c_{31} & -c_{32} & 1 \end{pmatrix}, \Gamma_0 = \begin{pmatrix} c_{10} \\ c_{20} \\ c_{30} \end{pmatrix}, \Gamma_i = \begin{pmatrix} \gamma_{11}^{(i)} & \gamma_{12}^{(i)} \\ \gamma_{21}^{(i)} & \gamma_{22}^{(i)} \end{pmatrix}, \varepsilon_t = \begin{pmatrix} \varepsilon_{1t} \\ \varepsilon_{2t} \\ \varepsilon_{3t} \end{pmatrix}$$

LGDP、*LFE* 和 *LTAX* 分别为实际国内生产总值、政府支出和税收收入序列，ε_{1t}、ε_{2t}和 ε_{3t}分别是作用在实际国内生产总值、政府支出和税收收入上的结构式冲击，即结构式残差。

对于本部分的模型来说，由于其中包含了 3 个内生变量，则根据 $k(k-1)/2=3$，即需要对模型施加 3 个约束条件才能识别结构冲击。本部分结合我国经济的运行特点作出如下 3 个假设：第一，实际国内生产总值影响当期税收收入，但不会影响政府支出，即 C_0 矩阵中 $c_{21}=0$；第二，税收收入不依赖于同期的政府支出，即 C_0 矩阵中 $c_{32}=0$；第三，本部分利用 2002 年第 1 季度至 2015 年第 4 季度的统计数据进行回归，得到样本期间内平均的税收实际产出弹性为 1.160 4①，即矩阵 c_0 中 $c_{31}=-1.160\,4$。

图 7.1 和图 7.2 与图 7.3 和图 7.4 分别给出了基于 VAR 模型和 SVAR 模型 1 的政府支出与税收收入对实际国内生产总值的脉冲响应轨迹。图中横坐标表示冲击发生后的时间间隔（季度），纵坐标表示实际国内生产总值对政府支出和税收收入冲击的反应程度（百分比）。

如图 7.1 所示的 VAR 模型和图 7.12 所示的 SVAR 模型可知，政府支出对实际国内生产总值的冲击影响始终是正向的。在 VAR 模型中，冲击值于第 1 期迅速上升，并在第 5 期达到最大正向冲击值，此后经过 5 期的连续下滑，于第 8 期（2 年）后逐渐趋于稳定的非零值为 0.008 5%。在 SVAR 模型中，实际国内生产总值对政府支出的反应在第 1 期便迅速下降，并在第 2 期达到最小正向冲击值，此后从第 3 期起的 6 个预测期内该冲击值表现为起伏波动的变化趋势，但是波动幅度随着预测期的延续逐渐减弱，并于第 8 期后逐渐趋于稳定的非零值。以上结果意味着政府支出对国民经济无论在短期还是中长期均会产生正向的冲击效果，即政府支出的增加对国民经济起到了积极的推动作用；但是这种冲击效果在中短期表现得更为强烈；而随着预测期的延续在长期该冲击逐渐减弱，并趋于稳定的冲击值。

---

① 本项研究运用如下的回归方程估计得到我国在 2002 年第 1 季度至 2015 年第 4 季度期间的平均税收的实际产出弹性为 1.1604（模型中存在的序列相关已经通过添加 *AR* 过程予以修正），$LTAX_t = -3.412\,5 + 1.160\,4LGDP_t$，其中常数项和税收产出弹性系数的 t 值分别为 $-10.071\,7$ 和 35.6948，$R^2=0.983\,8$，$D.W.\ 1.893\,2$，$F=1\,576.974$。

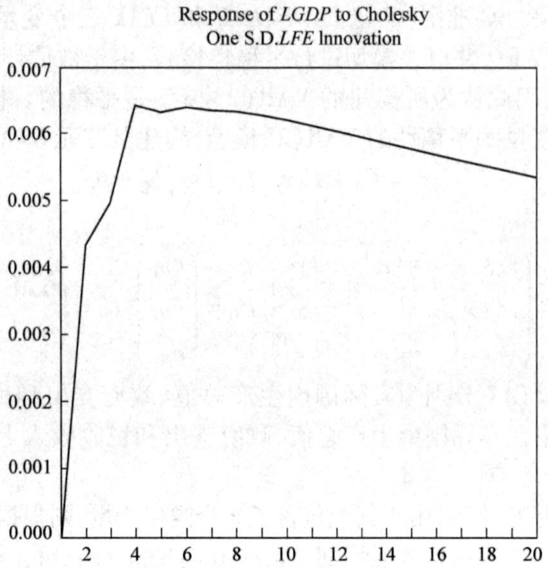

图 7.1　VAR 模型 *LFE* 对 *LGDP* 的脉冲函数

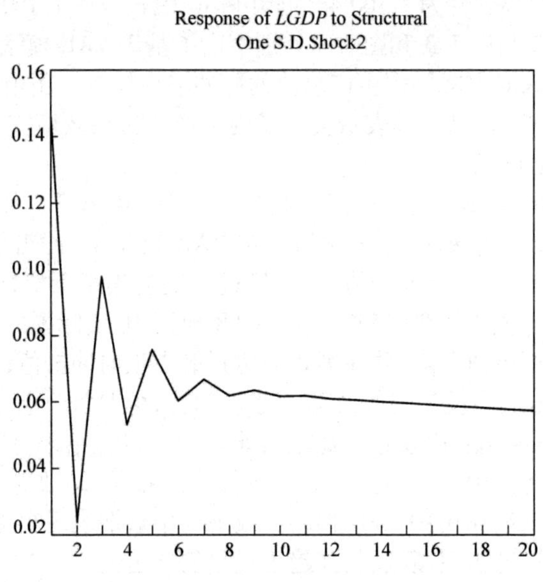

图 7.2　SVAR 模型 *LFE* 对 *LGDP* 的脉冲函数

如图 7.3 所示的 VAR 模型和 7.4 所示的 SVAR 模型，实际国内生产总值对税收收入的冲击响应都是负向的。在 VAR 模型中，实际国内生产总值对税收收入的冲击反应在第1期迅速增加并于第2期急剧减少，此后呈现起伏波动的态势，但是波动幅度随着预测期的延续逐渐减弱，该脉冲值于第10期(2年半)后趋于稳定的非零值。在SVAR模型中，实际国内生产总值对税收收入的冲击反应在第1期迅速上升并达到最大负向冲击值，随后于第2期急剧下滑，此后在第2至第8期呈现出起伏波动的趋势，该脉冲值于第8期后趋于下降趋势。分析结果说明，无论在短期还是中长期，税收收入对实际国内生产总值均会产生负向的冲击效果，即税收收入的减少将促进国民经济的发展；并且就冲击效果来看，税收收入对实际国内生产总值在中短期的冲击效果要明显强于长期。

比较图7.1和图7.2与图7.3和图7.4分别呈现的VAR模型与SVAR模型的脉冲函数图示可以发现，SVAR模型得出的实际GDP对政府支出或者税收收入冲击的响应要远大于各自VAR模型中的响应，这是由于VAR模型的残差是各种冲击的线性组合，即图7.3中显示实际GDP对各种冲击反应的线性组合，而不是仅包括税收收入的冲击；而图7.2中则体现的仅为实际GDP对税收收入冲击的响应，故SVAR模型的冲击结果更加可靠和准确。

4)方差贡献率分析

表7.3所列的方差分解结果说明，在4年的预测期内，实际国内生产总值的波动中可以由税收收入波动解释的部分要大于由政府支出波动作出解释的部分，其中税收收入对经济波动的解释作用大约占到15%～20%；相比之下，政府支出对经济波动的解释作用有限，5年内该贡献率始终维持在10%。由此可知，税收收入对经济的冲击作用无论是短期还是中长期都要远远大于政府支出的冲击作用，这说明与政府

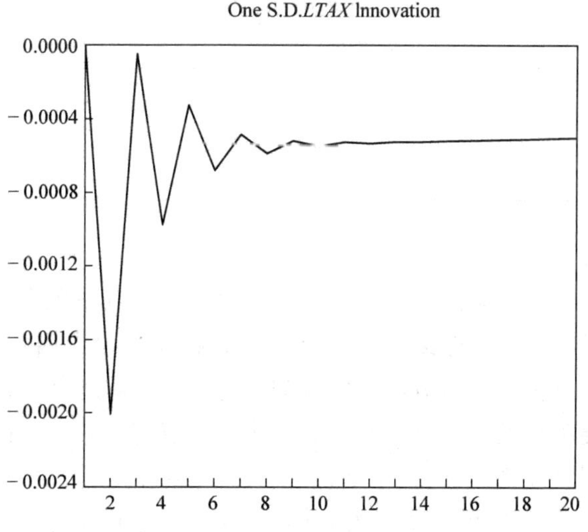

图7.3　VAR模型*LTAX*对*LGDP*的脉冲函数

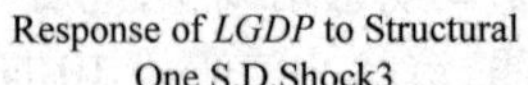

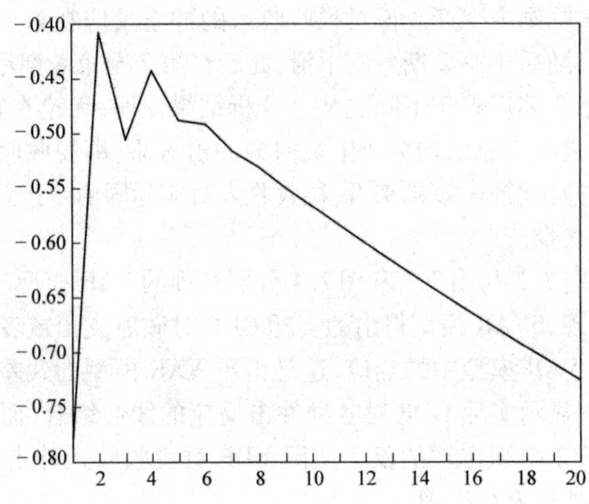

图 7.4　SVAR 模型 *LTAX* 对 *LGDP* 的脉冲函数

支出政策相比,税收收入政策对国民经济总是更加有效地,并且也更加具有持久性,而政府支出政策相对来说无论是短期还是中长期其对国民经济的作用效果都是有限的。

表 7.3　*LFE* 和 *LTAX* 对经济变动的方差贡献率　　　　%

时期	政府支出	税收收入
半月	6. 067830	16. 82285
1 年	8. 647390	19. 92053
2 半	10. 52124	21. 93333
3 年	10. 73108	22. 15767
4 年	10. 98413	22. 42822

3. 实证结论

通过建立并估计无约束向量自回归 VAR 模型后,在其基础上施加条件针对财政政策工具对国民经济的冲击效果进行识别并得到结构向量自回归 SVAR 模型,在随后的脉冲响应函数分析和方差分解的实证研究中,本项研究得出如下几点结论。①作为财政政策重要工具的政府支出和税收收入对经济增长的作用效果是不同的,扩大政府支出能够促进经济发展,而增加税收将抑制经济发展。②政府支出和税收收入对经济的冲击效果在中短期(2 年内)非常显著,这表明实施增加政府支出和减税的财政政策在中短期内能够更加有效地促进经济增长,而在长期两种财政政策工具的实施效果均表现为随时间延续减弱的发展趋势,并且这两种政策工具对国民经济的冲击效果在2年后趋于稳定。③税收政策的实施效果始终大于政府支出的作用效果。政府支出对国民经济的影响效应之所以会小于税收收入对经济的作用效应,除了由于政府支出增加而导致利率上升对经济造成部分挤出效应外,还有可能在于,我国政府支出主要用于政府投资,一方面政府投资往往比私人部门投资效应低下,另一方面政府投资多集中于基础设施建设,而因为投资的边际报酬递减,而且增加政府支出对就业的带动作用不大,因此导致其对产出水平的影响十分有限;相比之下,减税的财政政策更加有效,由于我国收入分配差距较大,而个人所得税起征点较低,导致税负更多地被工薪阶层所分担,故实施减税的财政政策会使工薪阶层获得较高的边际效用,有利于刺激消费。因此,面对目前我国经济衰退和内需不足的现状,我国政府应该实施依靠减税的积极性财政政策,这样一方面能够稳步的促进我国经济增长,另一方面,由于税收政策具有持久性,因此在长期的经济增长中更能够凸显税收政策的积极作用。④本部分的实证分析结论与前面财政政策工具有效性的理论结果基本一致。

7.4.2 财政政策工具传导途径的实证研究

前一部分的实证分析检验了税收政策和政府支出政策对我国经济的冲击效果,实际上,若从需求的角度考虑,税收政策和政府支出政策均可以通过私人消费和投资两个途径影响经济发展,实施减税或者扩大政府支出的政策可以刺激私人消费、促进投资,使产出增加。接下来,本项研究通过构建SVAR模型,分别分析税收收入政策和政府支出政策冲击对消费和投资的影响。

1. 财政政策工具对投资的冲击影响

在标准的凯恩斯模型中,政府支出对投资的冲击效果表现出不确定性,政府支出的增加既可能促进投资,也可能抑制投资,这取决于产出增加和利率提高之间的相关程度;而税收对投资具有负向冲击效果,税收的增加会抑制投资的增长。Mendoza, Milesi - Ferretti & Asea(1997)通过研究11个OECD国家26年的有效税率,发现所得税对私人投资具有显著的负向效应,而消费税与私人投资之间具有显著的正向效应。Blanchard, Olivier J. & R. Perotti(1999)研究了美国战后政府支出和税收冲击对经济的动态影响,其结论是税收收入和政府支出对投资都有较强的负向效应。H. Sonmez Atesoglu和Jamie Emerson(2008)利用AAA级公司债利率作为投资资金成本的度量,通过对OECD国家数据的分析,发现政府支出和投资之间存在正相关关系。董秀良、薛丰慧和吴仁水(2006)发现,我国财政支出在短期挤出了私人投资,在长期却表现为挤入效应。刘金叶和高铁梅(2009)通过SVAR模型分析了财政政策和货币政策对企业投资的影响,结果发现短期内财政政策虽然会对企业投资产生正向影响,但负向影响会大于正向影响,财政政策对企业投资具有明显的挤出效应。为了考察我国税收收入和政府支出对投资的冲击效果,本部分将建立包括税收收入、政府支出、实际国内生产总值和投资在内的四元结构VAR模型。

1）变量和样本数据的选择

本部分选择全社会固定资产投资（FI）作为投资的代表变量，样本区间仍然为2002年第1季度至2015年第4季度，该数据来源于中经网统计数据库（http://db.cei.gov.cn/）。使用相应的CPI季度数据剔除物价因素的影响后得到实际值，随后利用X12方法对该变量数据进行季节调整，并对样本数据进行取对数处理，记为*LFI*。

2）数据的平稳性检验和协整关系检验

利用Eviews 6.0软件对经过季节调整后的实际投资额*LFI*的统计数据进行单位根检验，检验结果如表7.4所示。

表7.4　变量*LFI*单位根的ADF检验

变量	检验形式(c,t,q)	$ADF-t$值	Prob.	结论
LFI	$(c,0,1)$	−2.332386	0.1658	非平稳
DLFI	$(c,0,0)$	−12.67253 * *	0.0000	平稳

注：检验形式中的c、t、q分别表示常数项、趋势项和滞后阶数，检验形式根据检验方程回归系数的t检验来决定；ADF检验的滞后阶数根据施瓦茨信息准则（SIC）选取，滞后0阶即为DF检验。表中 * * 表示在1%的显著性水平下拒绝原假设，即在1%的显著性水平下认为变量是平稳的。

由表7.4可知，变量*LFI*的一阶差分在1%的显著性水平下是平稳的，因此可以判断*LGDP*、*LFE*、*LTAX*和*LFI*这四个变量都是一阶单整变量，因此接下来能够对这四个变量进行协整关系检验，检验结果如表7.5所示。

表7.5　*LGDP*、*LFE*、*LTAX*和*LFI*四个变量的协整关系检验结果

原假设	特征值	迹统计量	临界值	Prob.
没有协整关系 * *	0.517 345	70.570 89	40.174 93	0
最多有一个协整关系 * *	0.348 421	31.234 44	24.275 96	0.005 7
最多有两个协整关系	0.139 291	8.103 191	12.320 90	0.228 8
最多有三个协整关系	0.000 059	0.003 226	4.129 906	0.962 8

注：* * 表示在1%的显著性水平下拒绝原假设，即在1%的显著性水平下认为变量是存在协整关系。

由表7.5的检验结果可知，变量*LGDP*、*LFE*、*LTAX*和*LFI*在1%的显著性水平下均存在两个协整方程，这意味着模型中各内生变量存在协整关系。

3）SVAR模型的识别与构建

根据AIC准则和SC准则，确定*LGDP*、*LFE*、*LTAX*和*LFI*四个变量构建的VAR模型的最优滞后阶数为2阶，随后对该模型的平稳性进行检验，由于被估计的VAR模型的所有根模均小于1，因此认为所构建的VAR(2)模型是平稳的。接下来在平稳VAR(2)模型的基础上，构建实际国内生产总值、政府支出、税收收入和固定资产投资的四元SVAR(2)模型：

$$C_0 y_t = \Gamma_0 + \Gamma_1 y_{t-1} + \Gamma_2 y_{t-2} + \varepsilon_t \tag{7.29}$$

式中：

$$Y_t = \begin{pmatrix} LGDP_t \\ LFE_t \\ LTAX_t \\ LFI_t \end{pmatrix}, C_0 = \begin{pmatrix} 1 & -c_{12} & -c_{13} & -c_{14} \\ -c_{21} & 1 & -c_{23} & -c_{24} \\ -c_{31} & -c_{32} & 1 & -c_{34} \\ -c_{41} & -c_{42} & -c_{43} & 1 \end{pmatrix}, \Gamma_0 = \begin{pmatrix} c_{10} \\ c_{20} \\ c_{30} \\ c_{40} \end{pmatrix}, \varepsilon_t = \begin{pmatrix} \varepsilon_{1t} \\ \varepsilon_{2t} \\ \varepsilon_{3t} \\ \varepsilon_{4t} \end{pmatrix}$$

$$\Gamma_i = \begin{pmatrix} \gamma_{11}^{(i)} & \gamma_{12}^{(i)} & \gamma_{13}^{(i)} & \gamma_{14}^{(i)} \\ \gamma_{21}^{(i)} & \gamma_{22}^{(i)} & \gamma_{23}^{(i)} & \gamma_{24}^{(i)} \\ \gamma_{31}^{(i)} & \gamma_{32}^{(i)} & \gamma_{33}^{(i)} & \gamma_{34}^{(i)} \\ \gamma_{41}^{(i)} & \gamma_{42}^{(i)} & \gamma_{43}^{(i)} & \gamma_{44}^{(i)} \end{pmatrix}, (i=1,2,3,4)$$

LGDP、*LFE*、*LTAX* 和 *LFI* 分别为我国实际国内生产总值、政府支出、税收收入和固定资产投资序列，ε_{1t}、ε_{2t}、ε_{3t} 和 ε_{4t} 分别是作用在实际国内生产总值、政府支出、税收收入和固定资产投资上的结构式冲击，即结构式残差。

由于模型中包含了 4 个内生变量，因此需要对模型施加 $k(k-1)/2=6$ 个约束条件才能识别结构冲击。除了在前一部分施加的 3 个约束条件外，还需要再另外设定 3 个假定：①投资不会影响当期的税收收入，即 C_0 矩阵中 $c_{34}=0$；②投资不影响同期的政府支出，即 C_0 矩阵中 $c_{24}=0$；③政府支出可能会对税收有影响，但是政府支出不依赖于同期的税收，即 C_0 矩阵中 $c_{23}=0$。

图 7.5 和图 7.6 分别显示了 SVAR(2)模型的政府支出 *LFE* 和税收收入 *LTAX* 对固定资产投资 *LFI* 的脉冲响应函数轨迹。

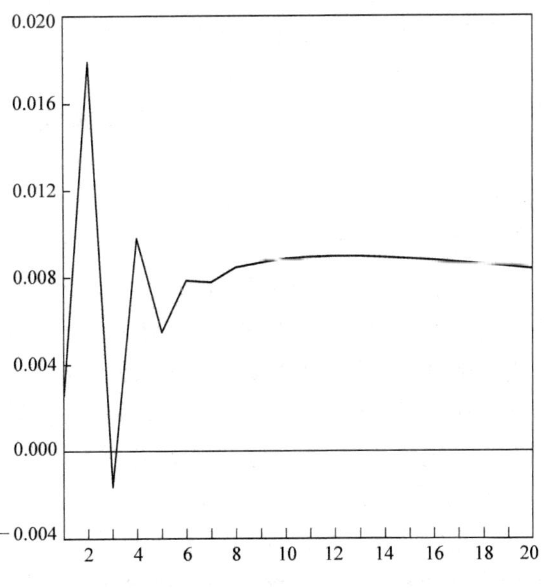

图 7.5　*LFE* 对 *LFI* 的脉冲函数

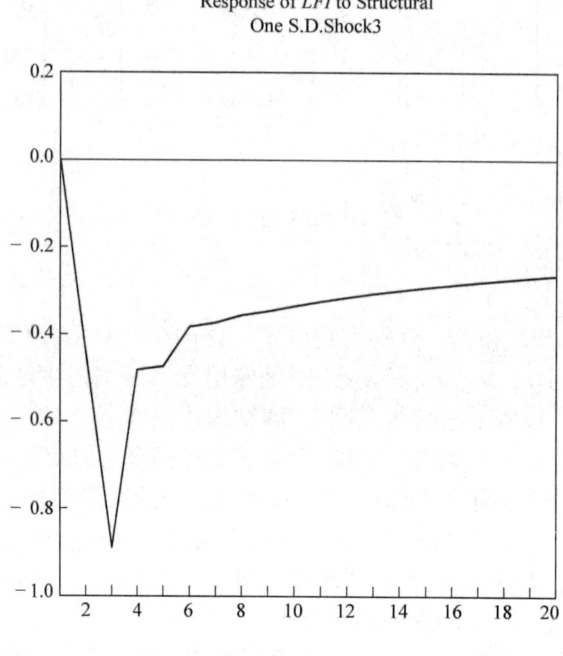

图 7.6　*LTAX* 对 *LFI* 的脉冲函数

通过政府支出和税收收入对固定资产投资脉冲响应函数的比较,可以得到以下几点结论:如图 7.5 的 SVAR 模型所示,固定资产投资对政府支出的冲击响应除了在第 3 期下降为负值,其余各时期均是正向的,这表明在短期,政府支出对投资的冲击不是很稳定,呈现出正负交替的冲击效果,然而从长期来看,扩大政府支出将带动投资的发展;如图 7.6 所示的 SVAR 模型,固定资产投资对税收收入的冲击始终为负值,即无论在短期还是中长期税收的增加对投资起到抑制作用,通过对比发现政府支出和税收收入对投资的冲击效果是截然相反的。第二,政府支出对投资的冲击在第 2 期迅速上升并达到最大正向冲击值为 0.017 9%,随后下降并于第 3 期达到负向冲击值为 0.001 6%,从第 4 期起该脉冲值回升,并于此后各期始终保持在正向冲击水平上,但是冲击效果与之前各期相比大幅度减弱,该脉冲值于第 6 期(1 年半后)趋于稳定值,然而该稳定值非常有限约为 0.008%,这表明政府支出对投资只在短期内产生冲击,随着时间的延续在中长期该冲击值逐渐消失;相比之下,在短期内税收收入对投资的冲击效果同样表现为大幅度的起伏波动趋势,由第 1 期的正向冲击值 0.002 3% 急剧下降至第 3 期的最大负向冲击,冲击值为 -0.889 4%,随后冲击作用于第 4 期迅速增加回升,此后该脉冲值的波动幅度逐渐减少,并于第 8 期后趋于稳定的非零值约为 -0.3 个百分点;这说明无论在短期还是中长期税收收入均会对投资产生冲击。

2. 财政政策工具对私人消费的冲击响应

在新古典主义模型中,政府支出对私人消费起抑制作用;而在凯恩斯主义模型中,政府支出能促进私人消费。而国际上对私人消费和政府支出关系的实证检验结果也没有统一的结论,Feldstein(1982)根据财政中性的假设,得出增加政府支出会等量地挤出私人消费的结论。Aschauer(1985)根据美国 1948—1981 年的季度数据估计发现,政府支出对私人消费具有部分挤出效应。Karras(1994)对 30 个国家 1950—1987 年的样本进行分析,发现政府消费和私人消费是互补品或不相关商品。Gali、Salido 和 Valles(2007)使用凯恩斯主义宏观模型,通过引入价格黏性和非竞争性劳动力市场,论证了政府支出对居民消费具有正向影响。马拴友(2001)利用 Karras 的方法,采用我国 1978—1999 年的有关数据,研究发现在我国现阶段政府消费和居民消费是互补品,扩大政府支出能促进居民消费。学者黄赜琳(2005)通过构建实际经济周期模型,利用随机动态一般均衡方法对中国经济进行实证检验,结果表明我国政府支出的增加将导致居民消费的减少,即政府支出对居民消费产生了一定的挤出效应。为了考察我国税收收入和政府支出对私人消费的影响效应,接下来将建立包括税收收入、政府支出、实际国内生产总值和私人消费在内的四元结构 VAR 模型。

1)变量和样本数据的选择

本部分选择城镇居民家庭消费性支出(EX)作为私人消费的代表变量,样本区间仍为 2002 年第 1 季度至 2015 年第 4 季度,数据来源于中经网统计数据库。使用相应 CPI 的季度数据剔除物价因素的影响后得到实际值,利用 X12 方法对该变量的统计数据进行季节调整,随后对样本数据进行取对数处理,并记为 *LEX*。

2)数据的平稳性检验和协整关系检验

利用 Eviews 6.0 软件对经过季节调整后的实际消费支出 *LEX* 的统计数据进行单位根检验,检验结果如表 7.6 所示。

表 7.6　变量 *LEX* 单位根的

变量	检验形式(c,t,q)	$ADF-t$ 值	Prob.	结论
LEX	(c,0,1)	-1.034 046	0.734 8	非平稳
DLEX	(c,0,0)	-11.692 48 * *	0	平稳

注:检验形式中的 c、t、q 分别表示常数项、趋势项和滞后阶数,检验形式根据检验方程回归系数的 t 检验来决定;ADF 检验的滞后阶数根据施瓦茨信息准则(SIC)选取,滞后 0 阶即为 DF 检验。表中 * * 表示在 1% 的显著性水平下拒绝原假设,即在 1% 的显著性水平下认为变量是平稳的。

由表 7.6 可知,变量 *LEX* 数据的一阶差分在 1% 的显著性水平下是平稳的,因此可以判断 *LGDP*、*LFE*、*LTAX* 和 *LEX* 这四个变量都是一阶单整变量,因此接下来对这四个变量进行协整关系检验,检验结果如表 7.7 所示。

由表 7.7 的检验结果可知,变量 *LGDP*、*LFE*、*LTAX* 和 *LEX* 在 5% 的显著性水平下存在两个协整方程,这意味着模型中各内生变量存在协整关系。

3)SVAR 模型的识别与构建

根据 AIC 准则和 SC 准则,确定 *LGDP*、*LFE*、*LTAX* 和 *LEX* 四个变量构建的 VAR 模型的最优滞后阶数为 2 阶,随后对该模型的平稳性进行检验,由于被估计的 VAR 模型的所有根模均小于 1,因此可以判定所构建的 VAR 模型是平稳的。接下来在平稳 VAR(2)模型的基础上,构建实际国内生产总值、政府支出、税收收入和私人消费四个变量的四元 SVAR(2)模型:

表 7.7 *LGDP*、*LFE*、*LTAX* 和 *LEX* 四个变量的协整关系检验结果

原假设	特征值	迹统计量	临界值	Prob.
没有协整关系 * *	0.645 821	91.589 99	40.174 93	0
最多有一个协整关系 * *	0.409 479	35.540 52	24.275 96	0.001 3
最多有两个协整关系	0.118 450	7.095 990	12.320 90	0.315 6
最多有三个协整关系	0.005 319	0.287 997	4.129 906	0.652 5

注:表中 * 表示在 5% 的显著性水平下拒绝原假设,即在 5% 的显著性水平下认为变量是存在协整关系。
* * 表示在 1% 的显著性水平下拒绝原假设,即在 1% 的显著性水平下认为变量是存在协整关系。

$$C_0 y_t = \Gamma_0 + \Gamma_1 y_{t-1} + \Gamma_2 y_{t-2} + \varepsilon_t \quad (7.30)$$

式中:

$$y_t = \begin{pmatrix} LGDP_t \\ LFE_t \\ LTAX_t \\ LEX_t \end{pmatrix}, C_0 = \begin{pmatrix} 1 & -c_{12} & -c_{13} & -c_{14} \\ -c_{12} & 1 & -c_{23} & -c_{24} \\ -c_{31} & -c_{32} & 1 & -c_{34} \\ -c_{41} & -c_{42} & -c_{43} & 1 \end{pmatrix}, \Gamma_0 = \begin{pmatrix} c_{10} \\ c_{20} \\ c_{30} \\ c_{40} \end{pmatrix}, \varepsilon_t = \begin{pmatrix} \varepsilon_{1t} \\ \varepsilon_{2t} \\ \varepsilon_{3t} \\ \varepsilon_{4t} \end{pmatrix}$$

$$\Gamma_i = \begin{pmatrix} \gamma_{11}^{(i)} & \gamma_{12}^{(i)} & \gamma_{13}^{(i)} & \gamma_{14}^{(i)} \\ \gamma_{21}^{(i)} & \gamma_{22}^{(i)} & \gamma_{23}^{(i)} & \gamma_{24}^{(i)} \\ \gamma_{31}^{(i)} & \gamma_{32}^{(i)} & \gamma_{33}^{(i)} & \gamma_{34}^{(i)} \\ \gamma_{41}^{(i)} & \gamma_{42}^{(i)} & \gamma_{43}^{(i)} & \gamma_{44}^{(i)} \end{pmatrix}, (i=1,2,3,4)$$

LGDP、*LFE*、*LTAX* 和 *LEX* 分别为我国实际国内生产总值、政府支出、税收收入和私人消费序列,ε_{1t}、ε_{2t}、ε_{3t}和 ε_{4t}分别是作用在实际国内生产总值、政府支出、税收收入和私人消费上的结构式冲击,即结构式残差。

由于模型中包含了 4 个内生变量,同样需要对模型施加 6 个约束条件才能识别结构冲击。除了在实证检验财政政策工具有效性部分施加的 3 个约束条件外,在这里根据我国经济的运行特点补充另外 3 个假定:①私人消费不会影响当期的税收收入,即 C_0 矩阵中 $c_{34}=0$;②私人消费不影响同期的政府支出,即 C_0 矩阵中 $c_{24}=0$;③政府支出可能会对税收有影响,但是政府支出不依赖于同期的税收,即 C_0 矩阵中 $c_{23}=0$。

图 7.7 和图 7.8 分别显示了政府支出和税收收入对私人消费的脉冲响应函数轨迹。

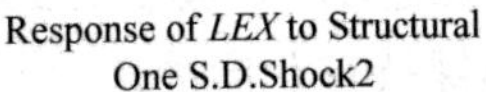

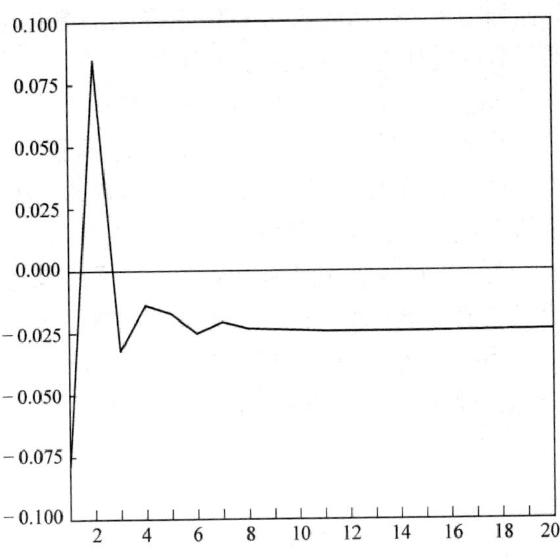

图7.7　*LFE* 对 *LEX* 的脉冲函数

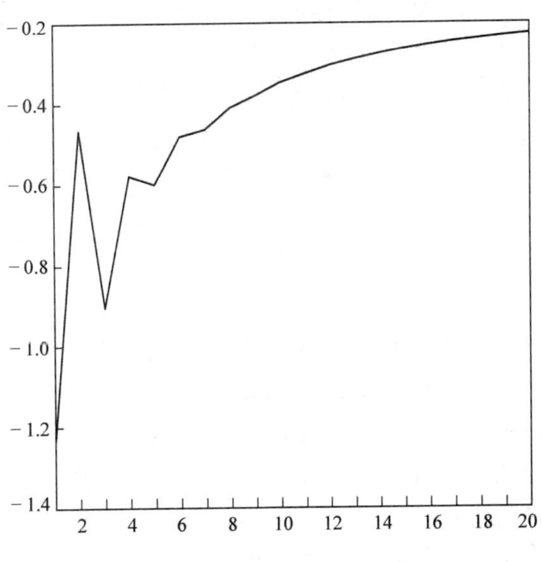

图7.8　*LTAX* 对 *LEX* 的脉冲函数

通过政府支出和税收收入对私人消费脉冲响应函数图示的比较，可以得到以下几点结论:第一,如图 7.7 所示的 SVAR 模型,私人消费对政府支出的冲击响应除了第 2 期为正值,其余各时期均保持在负向冲击水平上,这说明政府支出的增加对私人消费起到抑制作用;而如图 7.8 所示的 SVAR 模型,私人消费对税收收入的冲击效果始终为负值,这表明税收的增加将导致私人消费的减少。第二,政府支出对私人消费的冲击影响在第 1 期迅速上升,并于第 2 期达到最大正向冲击值为0.085%,随后该冲击值迅速下降为负,并维持在负向冲击水平上,该脉冲值于第 8 期(2 年)后趋于稳定的非零值约为 -0.024 个百分点;税收收入对私人消费的冲击影响在第 1 期迅速上升,随后经过两年的小幅度起伏波动后逐渐趋于稳定的非零值约为 -0.22%。以上分析结果表明,政府支出和税收收入对私人消费无论是短期还是中长期均会产生负向的冲击效果(除了政府支出对私人消费在第 2 期出现正向冲击值),但是政府支出对私人消费的影响作用十分有限,相比之下,税收收入对私人消费的冲击值要明显大于政府支出的冲击值,即通过减税的财政政策能够更为有效地刺激私人消费的增加。

3. 实证结论

通过财政政策工具传导途径的实证分析结果表明;①在短期政府支出对投资具有明显的冲击效果,但是该冲击效果随着时间的延续在中长期逐渐消失,并且其对投资的短期作用效果呈现正负的起伏波动;②政府支出的扩张将抑制私人消费,此结论与新古典理论一致,但是与凯恩斯主义主义的财政政策理论相矛盾,究其原因在于,一方面我国政府直接增加购买消费品的数量,扩大了消费,使得消费性需求上升,这将必然引起消费品价格的上涨,对居民消费产生挤出效应,另一方面从财政支出结构来看,经济建设支出和社会文教支出显著地挤入了居民消费需求(胡书东,2002)。③减税将促进投资和私人消费,并且减税对投资和私人消费的影响不仅存在于短期,甚至在中长期影响效果也是非常明显的,这说明实施减税的财政政策投资和私人消费的增长,并且这种冲击效果具有显著性和持久性。

7.5 本章结论

本章利用开放经济的宏观经济模型,结合美元无限供给弹性的假定,从理论研究与实证分析两个方面探讨了美元无限供给弹性下政府支出政策和税收政策的有效性,理论分析结果表明:①当美元凭借利率单渠道无限流入时,政府支出和税收收入对经济均不会产生影响效应,即财政政策失效;②当美元凭借汇率单渠道或者利率与汇率双渠道无限流入时,政府支出政策和税收政策是否有效以及政策效果如何,则取决于相关宏观经济参数的取值,不同的参数关系不仅决定了政策效果程度上的不同,甚至还决定了政策效应的方向;③通过比较发现,在美元无限供给弹性下,税收政策的实施效果始终大于政府支出的效果,即税收政策的实施对国民经济的影响效果更为明显。实证分析结果显示:①扩大政府支出能够促进经济发展,而增加税收将抑制经济发展；政府支出和税收对经济冲击效果在 2 年内非常显著，而在长期有所减弱，但是无论在短期还是中长期税收政策的实施效果都要明显大于政府支出的实施效果，这说明税收收入政策的效果更加显著和持久；②增税的税收政策和增加政府支出的政策均会抑制私人消费，此结论和新古典理论一致，但是和凯恩斯主义经济理论相悖，另外与政府支出政策相比，税收政策对私人消费的冲击效果无论在短期还是中长期均表现得更加显著和持久；③增税的税收政策抑制投资，但扩大政府支出只在短期对投资有影响效果，中长期其对投资的冲击作用消失，而且政府支出对投资的短期影响呈现出正负交替的变化趋势，它取决于民间投资减少幅度与政府支出中投资增加幅度之间的大小关系。这些分析结论可以为决策部门今后制定更加有效的财政政策提供一定的定性和定量的决策支持。

第8章　全书总结与政策建议

8.1　全书总结

本项研究利用开放经济的宏观经济扩展模型，从理论分析与实证检验两个方面对美元无限供给弹性下全球经济结构的变迁、外部冲击对不同类型国家的影响效应、我国宏观经济政策的选择和政策选择风险以及财政政策工具的有效性等问题进行了深入的探讨和研究，总结起来，主要有以下结论。

（1）在美元无限供给弹性下，美元信用的不断扩张会导致虚拟经济的过度膨胀，最终威胁到世界其他经济体经济运行的稳定性，并引导经济结构向虚拟化方向的发展。

理论分析结果表明，若外资净流入是通过利率单渠道传导时，在美元信用扩张的冲击下，美元净流入国的经济水平与经济结构均会遭到毁灭性的破坏；而若美元净流入是通过汇率单渠道或是通过利率与汇率双渠道（发生流动性陷阱）传导时，那么美元货币供给量的增加会导致美元净流入国虚拟经济占比的上升。这就意味着，在美元无限供给弹性下，美元信用的不断扩张会引起美元净流入国虚拟经济部门的膨胀和繁荣以及实体经济部门的衰退和空洞，进而导致经济向虚拟化方向发展，结果造就了发达的虚拟经济部门和空洞的实体经济部门并存的“二元经济”格局。

随后，本项研究通过构建美元货币供给量增长率和经济中虚拟经济占比的协整方程、SVAR模型和误差修正模型，实证检验了我国二元经济结构。实证结果显示，美国货币供给量的增加无论在短期还是在中长期均会对我国虚拟经济占比产生正向的冲击，即我国虚拟经济占比在美国货币供给量增加的影响下不断提高，并且其短期的冲击效应要大于中长期；另外，我国虚拟经济占比在美元信用扩张的冲击下还表现出明显的趋势性。

（2）在美元无限供给弹性下，外部冲击会通过利率渠道和汇率渠道对大国经济产生影响，但是冲击效果会因为传导渠道的多样性而呈现出不确定性。

理论分析结果表明，对于小国经济来说，外部冲击的产品市场产出效应与通过货币市场传导的产出效应通常不一致，表明小国经济在受到外部冲击时，一般均衡难以建立，为了使经济调整到均衡状态，小国经济的政府只能通过调整相应的收入政策和对外贸易政策来引导边际货币交易性需求倾向、边际储蓄倾向和边际净出口倾向，并使之符合一般均衡条件。然而对于大国经济来说，在美元无限供给弹性下，无论外资净流入是单渠道还是双渠道，外部利率和预期汇率对国内经济水平的冲击作用是否存在,以及冲击效果如何,均与相关宏观经济参数有关,不同的参数关系不仅决定了冲击效果程度上的不同,而且还决定了冲击效应的方向。当外部利率和预期汇率的冲击方向与国内宏观调控的目标相背离时,外部利率冲击会阻碍国内经济的发展,并且加剧经济的波动;但是更为严重的是,当美元净流入通过汇率单渠道对国内总产出进行影响时,预期汇率冲击对大国经济造成的影响效果会趋势无穷。

随后,本项研究利用美国联邦基金利率、美元兑人民币1年期远期汇率和实际工业增加值的月度数据,通过协整检验、构建SVAR模型和脉冲响应函数分析实证检验了外部冲击对我国经济的影响效应。实证分析结果显示,无论是汇改之前还是汇改之后,美国联邦基金利率和美元兑人民币1年期远期汇率均会对我国经济产生冲击作用,并且美元兑人民币1年期远期汇率的冲击效果要大于美国联邦基金利率的冲击效果。其中,美国联邦基金利率对我国经济产生正向冲击作用,即美国扩张性的货币政策对我国经济的影响是扩张性的,但与汇改之前相比,汇改之后美国联邦基金利率对我国经济的冲击影响有所减弱。同样,美元兑人民币1年期远期汇率对我国经济的冲击效果也是正向的,即预期汇率贬值将促进我国经济发展,并且将汇改前后两阶段的冲击效果相比较可知,由于汇改形成了更富有弹性的人民币汇率机制,使人民币汇率更能够反映出市场需求和供给的变化,因此使预期汇率对我国经济的冲击影响较汇改之前阶段有所增加。

(3)在美元无限供给弹性下,选择财政政策作为宏观调控的最主要手段要优于选择货币政策,至少财政政策的政策风险远小于货币政策。

理论分析结果表明,在美元无限供给弹性下,无论外资净流入是单渠道还是双渠道,一国的宏观经济政策——货币政策和财政政策的实施效果均表现出复杂性和多样性,二者是否有效以及政策效果如何,均与相关的宏观经济参数的取值有关,不同的参数关系不仅决定了政策效果程度上的不同,甚至还决定了政策效应的方向,当政策效应的方向与宏观调控目标相悖时,不仅不能起到稳定经济的作用,而且还会加剧经济波动。相比而言,财政政策效应则简单很多,其实施至少能保证不会使经济状况变得更糟。因此,我们认为,在政府对美元无限供给弹性的影响渠道未知,政府对相关宏观经济参数的关系未知的情况下,选择财政政策作为宏观调控的最主要手段要优于选择货币政策,至少财政政策的政策风险远小于货币政策。

随后,本项研究利用实际国内生产总值、政府支出、外汇占款和主动性货币供给量的月度数据,通过协整检验和构建协整方程、建立SVAR模型并进行脉冲响应函数分析和方差分析,实证研究了我国宏观经济政策选择的效应。实证分析结果显示,无论是货币政策还是财政政策,对我国经济的影响作用均是正向的并且是显著性的,但是对比加入WTO前后两个阶段的政策效果却存在着明显的区别,第一阶段的货币政策效果更明显,并且货币政策干预的结构性效应更为突出;然而第二个阶段的财政政策效果更加明显,而货币政策效应的实质却发生了本质性的变化,变成了一种纯粹性的被动调节工具,这说明在我国加入WTO前后两个阶段,财政政策和货币政策的优势地位发生了逆转。接下来,本项研究通过构建误差修正模型实证分析了我国宏观经济政策的实施风险,结果显示,在我国加入 WTO 后阶段,财政政策的实施对经济波动的影响效应明显下降,而货币政策实施对经济波动的影响效应有所上升,即财政政策风险下降而货币政策风险上升。综合两部分实证分析的结果可知,在当前的经济环境下,我国选择实施财政政策对经济进行调控要优于选择货币政策。

(4)在美元无限供给弹性下,税收收入和政府支出作为财政政策最重要的两个政策工具,对经济的调控影响作用存在差异。

理论分析结果表明:在美元无限供给弹性下,当美元以利率单渠道进行传导时,作为财政政策最重要实施工具的政府支出和税收收入均是无效的,即二者的实施对国民经济调控不会产生任何影响;当美元以汇率单渠道进行传导时,政府支出和税收收入是完全有效的;当美元以利率和汇率双渠道进行传导时,政府支出政策和税收政策均是有效的,但是二者的实施效果是不确定的,取决于相关的宏观经济参数取值。通过进一步的比较可以发现,无论美元以哪种渠道流入非储备经济体,税收政策对国民经济的影响效应要大于政府支出效应,即税收政策的实施效果更为明显。

随后,本项研究结合实际国内生产总值、政府支出和税收收入的季度数据,通过构建 SVAR 模型和脉冲响应函数分析,实证检验了我国财政政策工具的有效性。实证结果显示,政府支出和税收收入无论是短期还是中长期均会对我国经济产生影响,但是二者的影响效应存在着差异,扩大政府支出将促进经济增长,而增税将抑制经济增长,并且二者对经济的调控作用都会随着时间的延续逐渐减弱;然而通过比较可以发现,税收政策的实施效果始终大于政府支出。

接下来,本项研究通过建立政府支出和税收收入与实际国内生产总值、全社会固定资产投资、城镇居民家庭消费性支出的 SVAR 模型,对财政政策工具的传导途径进行了深入研究。结果显示,政府支出对投资的影响只在短期有效,并且作用效果呈现政府交替的起伏变化,而中长期这种影响效果消失;政府支出对私人消费无论短期还是中长期都具有负向的影响作用,即增加政府支出将抑制私人消费;而税收收入对投资和私人消费产生负向的影响效应,即减税能够促进投资和私人消费。

8.2 相关政策建议

中国作为当今世界经济实力上升最快且上升趋势保持良好的大国,在全面融入世界经济之际,面临着越来越复杂的外部环境和美元或美国经济因素,笔者从以下四个方面提出相关的政策建议。

8.2.1 针对我国经济虚拟化方向发展的政策建议

当代市场经济中,由于虚拟经济与实体经济之间存在着紧密的联系,这就需要我们正确地处理好虚拟经济与实体经济的关系,既要防止由于虚拟经济过度膨胀而导致的金融泡沫,又要充分发挥虚拟经济对实体经济的促进作用,进而推动和保障实体经济的稳定、健康发展。

(1)加快实体经济的发展,为虚拟经济发展奠定坚实的基础。实体经济对虚拟经济发挥着重要的影响作用,实体经济是虚拟经济发展的基础,虚拟经济是适应实体经济的发展要求而产生的。因此,实体经济的健康发展是虚拟经济运行良好的基础和条件,实体经济保持良好运行是虚拟经济活动健康运行的保障。对于我国来说,与发达国家相比实体经济和虚拟经济的发展都存在着很大的差距,这就要求我国要更加重视实体经济的发展,具体说就是要充分利用国家的产业布局,通过扶持重点产业以及发展高新技术产业,实现产业结构、经营管理、装备水平的全面升级以及整体经济结构的优化,从而为虚拟经济的发展打下坚实的物质基础,一旦世界范围的危机到来,能够有足够的实力和深厚的物质基础抵御危机对经济的冲击。

(2)正确处理虚拟经济与实体经济关系,根据实体经济的需要适度发展虚拟经济。秉承虚拟经济发展"适度性"的原则,循序渐进地合理发展虚拟经济,虚拟经济不能游离于实体经济之外,其发展规模与速度应与实体经济发展的规模与速度相匹配。适当调整虚拟经济领域内的货币收入幅度和方式,不断优化和调整虚拟经济的内部结构,进而促进虚拟经济的健康发展,有效发挥其集中社会闲散资金、拓宽融资渠道及提高资源利用效率、促进实体经济产业结构升级的积极作用。此外,要把握货币流动的规律,调控货币供给的规模和货币对资源配置的功能,还要促进虚拟经济中各个金融子市场的协调发展,尤其是股票市场的发展,要保持其与实体经济适度均衡的发展关系,发挥其实体经济"晴雨表"的作用。

(3)在推动虚拟经济的发展时,应进一步加强对虚拟经济的监管,建立防范虚拟经济演变成泡沫经济的预警机制。当前,我国虚拟经济中的最大问题莫过金融机构普遍存在的巨额不良资产,它不仅导致了"金融泡沫"的形成,而且加大了爆发金融危机的可能性。因此,一方面,应该加强立法,健全执法机制,维持正常的市场竞争秩序,坚持公平、公正、公开原则,保护市场主客体的合法利益,防止中介组织违约、个体投机者恶性投机;另一方面,政府发挥其在监管中的主体作用,统领银监会、证监会、保监会及其相关的政府或准政府机构,通过完善法律、经济、行政手段,对虚拟经济系统进行监管,以达到维护市场信用、保证社会安定、促进经济发展,防范系统与非系统风险的目的。

8.2.2　针对外部冲击对我国经济影响的政策建议

前面的分析表明,随着我国经济的发展与壮大,尤其是伴随着人民币汇率制度的改革,我国经济开始渐渐摆脱小国经济的特征,一个符合大国经济基本特征的经济形态在我国逐渐显现,而作为一个发展中的大国经济,在外部冲击以及美元无限供给弹性的影响下,我国主要面临的挑战包括国内货币政策有效性的弱化、实体经济空洞化、通货膨胀的长期性隐患、外汇储备损失与国内政治风险等。而面对这些挑战,似乎使我们进入到一个进退两难的境地,若进一步开放,尤其是对外开放资本市场或人民币汇率完全自由浮动,又必将加剧上述各项挑战的风险程度,处理得不好,美元冲击可能完全葬送改革开放形成的来之不易的高速发展格局,使中国经济重蹈日本的覆辙。然而若不进一步开放,其不仅违背全球经济一体化的历史潮流,而且更不可能在国际舞台获得与我国经济发展水平与综合国力一致的大国经济地位,对此我们提出如下建议。

(1)谨慎对待人民币升值,尤其要杜绝预期内升值。汇率作为开放经济体最重要的宏观经济变量,它不仅起联系内外经济的桥梁作用,而且也是调节内外经济利益的工具。近些年来,人们不难发现,中美经济关系的争论主要体现在人民币汇率问题上,众所周知,人民币大幅升值必将对国内产品市场的净出口部分造成冲击,进而冲击国内的就业,中国作为一个发展中的大国,最主要的特点是劳动力资源丰富,经济发展过程中所面临的就业压力要大于其他国家,而我国的历史文化及传统使得内需短期内难以有实质性变化,因此,保持一定数量的贸易顺差对于维护国内的就业意义重大。另一方面,改革开放三十多年来,我们积累了数量巨大的外汇储备,人民币升值无疑意味着外储资产遭受重大的损失。实际上,上述这两点还不一定是问题的关键,因为人民币升值所导致的这些冲击是可以计量的,更何况,人民币即使升值,结果也未必真能扭转中美的贸易格局,这一点美方应该也是清楚的。实质上,本项研究的宏观经济模型分析表明,问题的关键不在于人民币汇率是否升值,而在于人民币升值可能被国外预期到,一旦国外预期到人民币升值,美元无限供给弹性下所导致的美元投机性流入便成为不可控变量,加上人民币又是非国际储备货币,它没有相应的“出口”,结果不仅导致直接经济损失无法度量,而且国内经济运行秩序因此会遭到严重破坏。鉴于此,我们认为,在面临强大的外部经济压力下,人民币不是不可以升值,而是应采取一种“突然袭击”式的方式来调整。

(2)密切监测外资的流向,鼓励实体经济发展。如今,大力发展虚拟经济似乎是一个世界性的潮流,受这股浪潮的影响,许多发展中国家,包括我国也试图融入这股潮流,经济发展的虚拟化趋势越来越明显。实际上,在美元信用货币制度下,这种潮流的引发完全是美国经济发展的需要,它是维护美元主导地位所必需的。因为,当美国长期的贸易逆差致使美元大量流出时,美国的实体经济随时面临来自于域外的货币冲击,为了规避域外美元的冲击和维护美元信用,美国就必须要建立一个无直接购买力的金融资产体系和金融市场体系来引导美元回流,并利用金融市场制度安排及交易规则的主导权来化解不断累积的债务压力。我国作为一个发展中国家,依靠低廉的劳动力成本优势与实体经济的迅速发展累积了 3 万多亿美元储备,在金融市场不断开放的背景下,如果我们不切实际地过度发展虚拟经济,无疑在国际竞争中是拿自己的短板与美国的长处博弈,结果便是可想而知的,日本战后经济发展的历程就是前车之鉴。因此,在全球经济虚拟化的背景下,重视发展国内的实体经济不仅是人民币国际化的需要,而且也是用己之长应付他人之短的策略选择。

(3)实现外储管理的分散化。我们这里所讲的外储管理分散化包含两个层面的分散化,一是所持外储资产的分散化,另一是资产持有人的分散化,即变集中管理为分散管理。外储资产的分散化能降低风险,资产持有人的分散化不仅能降低风险,而且通过资产持有人更广泛的经济联系能够给美国保持美元信用更强有力的约束,冲破当前被美元"套牢"的局面。

8.2.3　针对我国宏观经济政策选择的政策建议

(1)转变当前我国宏观经济调控政策的政策取向,将以货币政策为主的政策取向转移到以财政政策为主的政策取向上来。

通过本项研究的分析可知,无论是从政策实施效果还是实施风险方面来看,财政政策都要优于货币政策。在政策的实际执行过程中,由于我国的经济增长暴露出很多包括需求结构、产业结构、城乡结构、区域结构、国民收入分配结构等矛盾,而财政政策的实施恰恰可以发挥其结构调整功能的优势,以区别对待的方式,通过调整财政收支的流向和流量,达到促进结构优化的效果;而与之相比,货币政策调控的特点决定了它不宜实施过多差别性的调控措施,故面对我国当前的经济环境,两大政策的协调配合应以财政政策为主,货币政策为辅。

自1992年以来,我国财政政策在几次宏观经济波动中发挥了稳定经济的重要作用,尤其是2008年全球金融危机后,我国政府采取了积极的财政政策,快速扭转了我国经济增速下滑的局面。由于当前全球经济存在着相当的不确定性,可以说全球性金融危机的影响依然存在,而且当前我国经济回升的基础尚不稳固,还离不开宏观经济政策层面的拉动,保持当前积极财政政策的连续性和稳定性至关重要。因此,本轮积极财政政策还有相当长的一段路要走,仍需要在增支和减税两方面同时并用,目前只能调整不能退出。

此外,在实施积极财政政策的同时,要配合着稳健货币政策的调节。当前,我国经济面临的外部环境仍然非常严峻,而且由于财政政策和货币政策的实施具有时滞性,因此这也要求两者的协调配合。2009年,我国实施积极的财政政策和适度宽松的货币政策,即财政增支减税和降低利率、扩大信贷,增加货币供应量,两者的协调配合保证了全年的经济增长目标和经济形势的好转。然而,随着经济的复苏,通胀问题再次成为经济发展中的焦点问题,之前适度宽松的货币政策已逐渐退出,尽管货币政策在当前通胀治理中存在局限性,但稳健的货币政策仍要坚决实施。

(2)着力推进利率市场化,并适时调整货币政策中介目标,建立以利率为中介目标的货币政策调控体系。前面的宏观经济模型分析表明,在开放经济条件下,货币供给量作为中介目标的可控性遭到破坏,结果导致货币政策可能失效,相比而言,利率作为货币政策中介目标的优势便凸现,而利率要能成为货币政策中介目标的前提则是利率市场化。随着我国经济对外开放程度的进一步加深,货币政策中介目标客观上已经到了实现转换的地步;此外,利率作为平衡汇率冲击的工具,它客观上也需要市场化。对于加快利率市场化的进程,我们在此建议如下。

首先,坚定不移地推行利率市场化改革。中国改革开放以来利率市场化的结果使利率发挥了价格工具的重要作用,这一方面说明我国利率市场化的改革是有效的,而且也标志了我国货币政策中介目标由货币供给量向价格工具的转变,由此证明我国需要继续推行利率市场化的道路,逐步放开存贷款利率,真正发挥市场基准利率的作用,使得利率能够反映实际资金供给与需求,进一步强调利率的价格工具作用。

其次,建立健全利率监管体系,制定高质量的监管标准,进行严格而有效的监管,为利率市场化提供有效的保障。通过借鉴世界上其他发展中国家利率市场化的成功经验,我们应从四方面着手。第一,必须建立健全各种相关的监管法律法规,不断规范操作规程,提高监管人员素质,加强业务培训。第二,加强金融机构的自律管理,商业银行要建立内部利率管理体系,有效约束金融机构的市场行为,保证利率市场化的有效性。第三,建立健全银行同业协会自律制度,在利率市场化过程中,通过银行同业协会组织,制定利率同业公约,研究商定区域内较为合理的利率水平;定期公布利率政策执行情况,维护同业合法权益,实现同业自治并约束大银行的垄断行为,防止恶性的利率竞争,确保利率秩序的基本稳定。第四,提高中央银行利率监管能力,中央银行要从利率"制定者"转变为"监管者",应借鉴发达国家的经验,大力采用现代科技手段建立数据模型,计算分析利率敏感度和风险程度,形成预警机制,并结合传统手段对金融机构经营风险实施全方位监管;此外,中央银行还应进一步完善各项利率管理法规,并积极推动商业银行开展利率互换等防范风险的衍生金融交易。

(3)着力推动人民币的国际化,最大限度地缩小人民币与主要国际储备货币在国际货币制度安排中地位不对称的局面,尽早实现人民币作为主要的国际储备货币。中国作为全球第二大经济体,人民币仍然保持非储备货币的性质,这不仅与我国的国力不对称,而且也使我国的经济运行易受到外部的冲击,人民币的国际化不仅是一种发展趋势,而且也是强国富国的重要标志。如果人民币能成为主要国际储备货币,不仅找到了面临外部冲击的"出口",而且也实现了外汇市场人民币对美元交易的对等性。人民币作为非储备货币,强调它的汇率由市场供求决定本身就存在极端的不合理,因为人民币与美元是两种地位完全不对称的货币,这种不对称性决定了中国国内对美元有需求,而美国国内却对人民币没有需求,因此,市场调节的结果只可能是单向的。对此我们建议如下。

首先,加快人民币离岸市场的建设与发展。在人民币资本项目下自由兑换受到限制的情况下,为了让境外贸易伙伴国的政府和投资者愿意持有人民币,中国迫切需要建立三个人民币离岸市场。一是离岸人民币结算市场,可以使得境外投资者在中国境外将人民币与其他货币相互转换,从而降低人民币的持有成本;二是离岸人民币远期汇率市场,可以使得境外投资者规避持有人民币资产或负债的汇率风险;三是离岸人民币金融产品市场,可以使境外投资者购买具有吸引力的以人民币计价的金融产品,使他们愿意长期持有人民币,进而使人民币成为真正意义上的储备货币。如果这三个市场能够顺利地建立和运行,便在很大程度上可以使境外投资者解除在货币自由兑换、规避汇率风险与金融产品投资等方面的后顾之忧,使其更长久地、大规模地持有人民币,这样一来也意味着人民币国际化进入一个新的发展阶段。

其次,在加强风险管理的前提下,适度开放资本账户。在推进人民币国际化的过程中,资本项目管制成为一种制约因素。但从我国实际情况看,短期内资本账户完全开放的条件尚不成熟,如果选择贸然放松资本管制,可能会面临较大的风险。特别是在目前欧债危机前途尚未明朗、国际金融局势动荡变化的情况下,我国对资本项目开放更应该持审慎的态度,警惕资本项目开放的潜在风险,应坚持在风险可控的原则上选择渐进式的资本项目开放路径。同时,我国资本账户的开放应与汇率形成机制的完善和利率市场化改革相互协调和配合。

再次,加快国内金融市场建设。人民币的国际化必然要求中国金融市场具有足够大的规模和均衡的结构与之相匹配。发展金融市场,完善金融体系,不仅是实现人民币国际化的必要条件,也是保证资本账户平稳开放的前提条件。而加快金融市场建设需要我国减少对外汇市场的干预,同时大力发展资本市场,培育多元化市场投资主体,提高直接融资比例,其中,政府必须在向外资全面开放金融业之前,向本国民营资本全面开放银行、证券、保险、信托等金融业务,提升民营金融企业的竞争力。

第四,加强对人民币跨境流动的监督。在推进人民币国际化的进程中,人民币的跨境流动日趋频繁、规模不断扩大、境外投资者进入我国金融市场的准入限制将不断降低,市场主体趋于多元化。这样一方面将推动我国金融市场流动性的提高,另一方面也增强了国际市场的震荡对我国的冲击,对我国金融监管体系提出了新的挑战。因此,我国在积极推进人民币国际化的同时,政府要加强和完善政府金融监管体系,进一步完善中国人民银行、银监会、证监会、保监会的监督制度与法律框架,保持监督机构的独立性,树立监督机构的权威性,提高监督水平。

8.2.4 针对财政政策工具选择的政策建议

前面的分析表明,在我国财政政策的实施过程中,税收收入对经济的影响效应要大于政府支出效应,这表明,财政政策工具的适时调整和转型是必然的选择,在当前的经济环境下,要以税收收入作为最主要的财政政策工具,并要求完善税收机制,即进行税收结构的优化。所谓税制优化,就是既要注重其短期内对经济增长的促进作用,更要注重长期对经济结构调整的促进作用;既要发挥税收的反周期宏观调控功能,也要发挥其收入分配职能。因此,除了通过结构性减税外,还要考虑结构性增税的优化平衡,从而缩小收入差距、调整经济结构,促进经济健康发展。税制优化的具体措施有如下几个方面。

第一,对民生消费减税、对奢侈消费增税。税收政策调控的方向应坚持"调收入、惠民生"的目标,对于已成为日常生活必需的消费品实施减税,对涉及生活保障的农副产品,可开展农产品增值税进项税核定扣除办法试点以及对蔬菜的批发和零售免征增值税;而对一些高档消费品扩大消费税征税范围。

第二,对低碳经济减税、对高投入高污染行业增税,我国环境税的缺位一方面限制了税收对破坏环境行为的调控力度,另一方面也难以形成专门用于环境保护的税收收入来源;当前,我国应尽快构建环境税收制度,研究开征环境税,借鉴国际经验开征碳税,并提高资源税标准;同时,对循环经济利用、环保设备改造以及绿色节能项目等可以研究减税方案。

第三,对高技术行业减税、对粗放式生产行业增税,可对新能源、新材料、电动汽车、医药、生物育种、信息通信等战略性新兴产业实行税收减免优惠措施,对政策重点支持的行业实施优惠税率并扩大税前扣除范围;而对高耗能、高投入、高污染以及低附加值的粗放式生产企业则分类逐步增税。

在优化税制的同时,相应地缩减政府支出,并对其结构进行调整,加大对农业和社会事业的投入,加大对贫困地区的财政转移支付和支出力度,政府财政要确保就业和社会保障、环境和生态建设、公共卫生、教育、科技等各项社会事业发展,整合财政资源,腾出更多财力,用于支持体制改革和制度创新。

参考文献

[1] 陈雨露,郑艳文. 全球经济调整中的中国经济增长与货币政策[M]. 北京:中国人民大学出版社,2007.

[2] 高铁梅. 计量经济分析方法与建模:Eviews 应用及实例[M]. 北京:清华大学出版社,2006.

[3] 姜波克,傅浩,钱钢. 开放经济下的政策搭配[M]. 上海:复旦大学出版社,1999:112 - 120.

[4] 李腊生,翟淑萍,等. 货币政策工具的选择及其有效性研究[M]. 北京:中国统计出版社,2007.

[5] 鲁世巍. 美元霸权与国际货币格局[M]. 北京:中国经济出版社,2006:1 - 162.

[6] 王培勤,等. 开放条件下经济政策协调分析[M]. 北京:中国财政经济出版社,2003.

[7] 杨国庆. 危机与霸权:亚洲金融危机的政治经济学[M]. 上海:上海人民出版社,2008.

[8] 张晓峒. 计量经济分析[M]. 北京:经济科学出版社,2000.

[9] 安佳. 美元本位制与美元危机[J]. 江苏社会科学,2006(2):94 - 98.

[10] 晁毓欣. 中国开放经济下的财政和货币政策:规范和实证分析[J]. 中央财经大学学报,2002(9):5 - 8,19.

[11] 陈飞,陈昕东,高铁梅. 我国货币政策工具变量效应的实证分析[J]. 金融研究,2002(10):25 - 30.

[12] 陈红. 蒙代尔 - 弗莱明模型的中国适用性[J]. 财经科学,1998(5):36 - 38.

[13] 陈全功,程蹊. 开放条件下我国货币政策的国际协调[J]. 财经研究,2003(11):33 - 40.

[14] 陈创练. 政府财政收支对居民消费的挤出挤入效应[J]. 国民经济管理,2010(6):7 - 14.

[15] 程广琪. 简析虚拟经济与实体经济的关系[J]. 经济研究导刊,2012(5):18 - 20.

[16] 崔蕊,刘力臻. 基于蒙代尔 - 弗莱明模型视角的中国宏观经济政策有效性分析[J]. 统计与决策,2011(4):101 - 104.

[17] 党印,汪洋. 全球经济失衡加剧的政策成因—基于中美内外部经济失衡的视角[J]. 山西财经大学学报,2010(1):1 - 9.

[18] 董秀良,薛丰慧,吴仁水. 我国财政支出对私人投资影响的实证分析[J]. 当代经济研究,2006(5):65 - 68.

[19] 段彦飞. 美国债务经济的国际循环[J]. 美国研究,2008(4):53 - 64,3 - 4.

[20] 范从来,廖晓萍. 开放经济下货币政策有效性的实证研究[J]. 江苏行政学院学报,2003(3):34 - 44.

[21] 范从来,刘晓辉. 开放经济条件下货币政策分析框架的选择[J]. 经济理论与经济管理,2008(3):5 - 11.

[22] 付争. 金融市场差异与全球经济失衡[J]. 世界经济研究,2012(7):10 - 15,35,87.

[23] 龚刚. 积极财政政策宏观经济效益分析:基于宏观计量模型的研究[J]. 数量经济技术经济研究,2006(12):3 - 13.

[24] 何帆,张明. 国际货币体系不稳定中的美元霸权因素[J]. 财经问题研究,2005(7):32 - 37.

[25] 胡琨,陈伟珂. 中国财政政策有效性实证研究[J]. 中国软科学,2004(5):60 - 65,52.

[26] 黄金竹. 论国际经济政策协调[J]. 经济学家,2004(4):81 - 84.

[27] 黄金竹. 中国货币政策和财政政策相对有效性的实证研究[J]. 统计与信息论坛,2005(3):82

-85.

[28] 黄锡富.从金融危机看实体经济与虚拟经济在国民经济中的地位及其作用[J].学术论坛,2013(3):122-125.

[29] 黄晓龙.全球失衡、流动性过剩与货币危机—基于非均衡国际货币体系的分析视角[J].金融研究,2007(8):31-46.

[30] 贾俊雪,郭庆旺.开放经济、外部冲击与宏观经济稳定:基于美国经济冲击的影响分析[J].中国人民大学学报,2006(6):65-73.

[31] 李腊生,翟淑萍,蔡春霞.经济增长、通货膨胀、资产泡沫与货币政策:基于独立性资产交易货币数量方程的分析[J].经济学家,2010(8):54-63.

[32] 李向阳.布雷顿森林体系的演变与美元霸权[J].世界经济与政治,2005(10):14-19,4.

[33] 李晓芳,高铁梅,梁云芳.税收和政府支出政策对产出动态冲击效应的计量分析[J].财贸经济,2005(2):32-39,97.

[34] 李扬,余维彬.全球经济失衡及中国面临的挑战[J].国际金融研究,2006(2):12-18.

[35] 梁立俊.引入价格因素的蒙代尔-弗莱明模型及其在中国的适用性[J].国际经贸探索,2003(5):8-11.

[36] 廖泽芳,雷达.全球经济失衡的利益考察:基于估值的视角[J].世界经济研究,2012(9):3-10,89.

[37] 刘斌.货币政策冲击的识别及我国货币政策有效性的实证分析[J].金融研究,2001(7):1-9.

[38] 刘骏民.虚拟经济的经济学[J].开放导报,2008(6):5-11.

[39] 刘骏民,李凌云.世界经济虚拟化中的全球经济失衡与金融危机[J].社会科学,2009(1):3-10,188.

[40] 刘骏民,伍超明.虚拟经济与实体经济关系模型:对我国当期股市与实体经济关系的一种解释[J].经济研究,2004(4):60-69.

[41] 刘骏民,张国庆.虚拟经济介稳性与全球金融危机[J].江西社会科学,2009(7):79-85.

[42] 陆建明,杨珍增.创新和生产的垂直分工与全球失衡:金融发展与金融开放的影响[J].世界经济文汇,2011(4):1-16.

[43] 罗能生,罗富政.改革开放以来我国实体经济演变趋势及其影响因素研究[J].中国软科学,2012(11):19-28.

[44] 罗云峰.中国财政政策的有效性:蒙代尔-弗莱明模型在中国的调整和应用[J].上海经济研究,2010(1):3-11.

[45] 马云泽,刘春辉,美国产业空心化与金融危机[J],桂海论丛,2010(3):69-73.

[46] 毛定祥.我国货币政策财政政策与经济增长关系的协整性分析[J].中国软科学,2006(6):46-52.

[47] 裴平,熊鹏,朱永利.经济开放度对中国货币政策有效性的影响:基于1985-2004年交叉数据的分析[J].世界经济,2006(5):47-53.

[48] 苏平贵.汇率制度选择与货币政策效应分析:蒙代尔-弗莱明模型在我国的适用性、改进及应用[J].国际金融研究,2003(5):4-9.

[49] 孙立坚,孙立行.对外开放和经济波动的关联性检验—中国和东亚新兴市场国家的案例[J].

经济研究,2005(6):69 - 81.

[50] 王立勇,高伟. 财政政策对私人消费非线性效应及其解释[J]. 世界经济,2009(9):27 - 36.

[51] 王吕,李浩. 扩张财政政策和货币政策的非对称性分析:基于蒙代尔 - 弗莱明模型[J]. 武汉金融,2006(5):21 - 23.

[52] 王志强,王雪标,王振山. 蒙代尔 - 弗莱明模型的非结构化经验分析:来自中国的证据[J]. 预测,2004(5):23 - 26,64.

[53] 吴宏,刘威. 美国货币政策的国际传递效应及其影响的实证研究[J]. 数量经济技术经济研究,2009(6):42 - 52.

[54] 吴照银. 中美经济政策的传导[J]. 国际金融研究,2003(3):18 - 21.

[55] 肖奎喜,徐世长. 债务经济、美元回流与全球经济失衡—兼论后危机时代中国的应对[J]. 国际经贸探索,2011(4):71 - 76,86.

[56] 谢平. 中国货币政策分析:1998 - 2002[J]. 金融研究,2004(8):1 - 20.

[57] 薛滢. 当前宏观经济环境下对蒙代尔 - 弗莱明模型适用性的考察[J]. 经济论坛,2008(3):41 - 45.

[58] 杨姣,席晶. 我国虚拟经济与实体经济的关系研究:基于综合指数 VAR 的实证分析[J]. 市场研究,2010(3):34 - 37.

[59] 杨秀云,袁晓燕. 产业结构升级和产业转移中的产业空洞化问题[J]. 西安交通大学学报:社会科学版,2012(2):1 - 6.

[60] 杨绪彪. 美元本位制、美元霸权与美国金融危机[J]. 经济与管理,2009(1):62 - 65.

[61] 杨绪彪. 美元本位制、美国过度消费与美国金融危机[J]. 经济问题探索,2009(4):165 - 168.

[62] 尹应凯,崔茂中. 美元霸权:生存基础、生存影响与生存冲突[J]. 国际金融研究,2009(12):31 - 39.

[63] 曾伟鹏. 全球失衡与金融危机的成因:基于美国经济结构的研究视角[J]. 信息系统工程,2012(3):146 - 149.

[64] 张斌,杨越. 外部经济环境变化对中国经济的影响:基于联立方程的经验分析[J]. 世界经济,2002(6):67 - 72.

[65] 张纯威. 美元本位、估值效应与季风型货币危机[J]. 金融研究,2007(3):50 - 61.

[66] 张纯威. 美元本位、美元环流与美元陷阱[J]. 国际金融研究,2008(6):4 - 13.

[67] 张国庆. 经济虚拟化与虚拟经济的功能:兼论虚拟经济研究的理论价值[J]. 华东经济管理,2013(3):87 - 90.

[68] 章和杰,陈威吏. 扩张财政政策对内外均衡的影响分析:基于篮子货币汇率制度下的蒙代尔 - 弗莱明模型[J]. 统计研究,2008(10):26 - 33.

[69] 张学友,胡锴. 中国积极财政政策与货币政策效力的比较:对蒙代尔 - 弗莱明模型的一个修正运用[J]. 北方经贸,2002(9):86 - 87.

[70] 张燕生. 关于全球经济失衡的探究[J]. 宏观经济管理,2011(1):27 - 28.

[71] 张昱,田兴. 东南亚五国宏观调控有效性及其经济增长动力分析:基于蒙代尔 - 弗莱明模型[J]. 东南亚纵横,2011(5):16 - 21.

[72] 张云. 虚拟经济视野下的次贷危机与美元危机解析[J]. 亚太经济,2009(2):29 - 33.

[73] 张云,刘骏民. 从次贷危机到美元危机:根源及趋势[J]. 上海经济研究,2009(3):46 - 54.

[74] 张云,刘骏民.全球流动性膨胀与国际货币体系危机[J].上海金融,2008(9):5-13.

[75] 张云,刘骏民.经济虚拟化与金融危机、美元危机[J].世界经济研究,2009(3):33-37,88.

[76] 张运峰,胡永钢.最优财政政策与货币政策研究动态[J].经济学动态,2005(1):27-30.

[77] 张志栋,靳玉英.我国财政政策和货币政策相互作用的实证研究:基于政策在价格决定中的作用[J].金融研究,2011(6):46-60.

[78] 仲崇文.虚拟经济对实体经济的双重作用[J].经济导刊,2011(7):108-109.

[79] 周莹莹,刘传哲.防范我国虚拟经济过度背离实体经济的预警构架[J].求索,2013(1):9-12,8.

[80] 陈静.当前形势下,我国财政—货币政策的协调配合[D].北京:首都经济贸易大学,2005.

[81] 段彦飞.虚拟经济与实体经济关系研究[D].天津:南开大学,2009.

[82] 王胜.新开放经济宏观经济学理论和研究[D].武汉:武汉大学,2005.

[83] 周莹莹.虚拟经济对实体经济影响及与实体经济协调发展研究[D].北京:中国矿业大学,2011.

[84] 庄佳.美国货币政策对中国产出溢出效应的实证研究[D].上海:复旦大学,2009.

[85] HANSEN A H. A guide to Keynes[M]. New York: McGraw Hill Companies, 1953.

[87] EICHENGREEN B. Global Imbalances and the lessons of Bretton Woods[M]. Cambridge, MA : MIT Press Books, 2006.

[90] NOURIEL R, STEPHEN M. Crisis economics: a crash course in the future of finance[M]. Nueva York: The Penguin Press, 2010.

[91] GREGORIOU A, HUNTER J, WU FENG. An empirical investigation of the relationship between the real economy and stock returns for the United States[J]. Journal of Policy Modeling, 2009(1):133-143.

[92] NIKOLAOS G, ANGELOS K , PAPADOPOULOS A P. Asymmetric volatility spillovers between stock market and real activity: evidence from the UK and the US[J]. Panoecomicus, 2010(4): 429-445.

[93] BELKE A , DREGER C. Current account imbalances in the Euro Area: does catching up explain the development? [J]. Review of International Economics, 2013(1): 6-17.

[94] BENIGNO G, BENIGNO P. Price stability in open economies[J]. Review of Economic Studies, 2003(4): 743-764.

[95] BERGER W. Monetary policy rules for a small open economy[J]. Economic Notes, 2008(1): 1-30.

[96] BERNANKE B S , BLINDER A S. The federal funds rate and the channels of monetary transmission [J]. American Economic Review, 1992(4): 901-921.

[97] BERNANKE B S , MIHOV I. measuring monetary policy[J]. Quarterly Journal of Economics, 1998(3): 869-902.

[98] BETTS C, DEVEREUX M B. The exchange rate in a model of pricing-to-market[J]. European Economic Review, 1996(3-5): 1007-1021.

[99] BACCHETTA P, WINCOOP E. A theory of the currency denomination of international trade[J]. Journal of International Economics, 2005(2): 295-319.

[100] CABALLERO R J, KRISHNAMURTHY A. Collective risk management in a flight to quality episode[J]. The Journal of Finance, 2008(5): 2195 - 2230.

[101] ANGYAL C M. The Study of Correlation between Stock Market Dynamics and Real Economy[J]. Euroeconomica, 2012(28):14 - 22.

[102] CHINN M, ITO HIRO. Price - based measurement of financial globalization: a cross - country study of interest rate parity[J]. Pacific Economic Review, 2007(4): 419 - 444.

[103] CLARIDA R ,GALI J, GERTLER M. A simple framework for international monetary policy analysis[J]. Journal of Monetary Economics, 2002(5): 879 - 904.

[105] CRAINE R, MARTIN V L. International monetary policy surprise spillovers[J]. Journal of International Economics, 1996(1): 180 - 196.

[106] DEVEREUX M B, ENGEL C. Monetary policy in the open economy revisited: price setting and exchange rate flexibility[J]. The Review of Economic Studies, 2003(4): 765 - 783.

[107] DEVEREUX M B, SUTHERLAND A. Monetary policy and portfolio choice in an open economy choice in an open economy macro model[J]. Journal of the European Economic Association, 2007(2 - 3): 491 - 499.

[108] DEVEREUX M B, SUTHERLAND A. Financial globalization and monetary policy[J]. Journal of Monetary Economics, Elsevier, 2008(8): 1363 - 1375.

[109] DICKINSON D, LIU JIA. The Real Effects of Monetary Policy in China: An Empirical Analysis [J]. China Economic Review, 2007(1): 87 - 111.

[U1] [113]GANELLI G. The new open economy macroeconomics of government debt[J]. Journal of International Economics, 2005(1): 167 - 184.

[114] GERLACH - KRISTEN P. Internal and external shocks in hong kong: empirical evidence and policy options[J]. Economic Modelling, 2006(1): 56 - 75.

[116] SCHNABL G , FREITAG S. Reverse causality in global and intra - European imbalances[J]. Review of International Economics, 2012(4): 674 - 690.

[117] HAU H. Exchange rate determination: The role of factor price rigidities and nontradables[J]. Journal of International Economics, 2000(2): 421 - 447.

[118] HOLMAN J A, NEUMANN R. Evidence on the cross - country transmission of monetary shocks [J]. Applied Economics, 2002(15):1837 - 1857.

[119] WU HONG ,Ran J. Volatility of macro fundamental across exchange raye regimes: a theoretical exploration[J]. International Journal of Economics and Finance, 2011(6): 79 - 90.

[120] HUH HYEON - SEUNG. How well does the Mundell - Fleming model fit Australian data since the collapse of Bretton Woods? [J]. Applied Economics, 1999(3): 397 - 407.

[122] JEANNE O. Generating real persistent effects of monetary shocks: how much nominal rigidity do we really need? [J]. European Economic Review,1998(6): 1009 - 1032.

[123] HICKS J R. Mr. Keynes and the "classics": a suggested interpretation[J]. Econometrica, 1937 (2): 147 - 159.

[124] AIZENMAN J , SENGUPTA R. Global imbalances: is Germany the new China? a skeptical view [J]. Open Economies Reviews, 2011(3): 387 - 400.

[125] COWLING K,TOMLINSON P R. The Japanese model in retrospective:industrial strategies, corporate Japan and the 'hollowing out' of Japanese industry[J]. Policy Studies, 2011(6): 569 - 583.

[126] KIM SOYOUNG. Do monetary policy shocks matter in the g - 7 countries? Using common identifying assumptions about monetary policy across counties[J]. Journal of International Economics, 1999(2): 387 - 412.

[127] KIM SOYOUNG. International transmission of U. S. monetary policy shocks: evidence from VAR's[J]. Journal of Monetary Economics, 2001(2): 339 - 372.

[128] KOURI P J. The exchange rate and the balance of payments in the short run and in the long run: a monetary approach[J]. Scandinavian Journal of Economics, 1976(2): 280 - 304.

[130] Lane, P R. Inflation in open economies[J]. Journal of International Economics, 1997(3 - 4): 327 - 347.

[131] LASTRAPES W,KORAY F . International transmission of aggregate shocks under fixed and flexible exchange rate regimes:United Kingdom, France, and Germany, 1959 to 1985[J]. Journal of International Money and Finance,1990(4): 402 - 423.

[133] LIANG YAN. Global imbalances as root cause of global financial crisis? A critical analysis[J]. Joural of Economic Issues, 2012(1): 101 - 117.

[134] G · rtner M , Jung F. The macroeconomics of financial crises:how risk premiums and liquidity traps affect policy options[J]. International Advances in Economic Research, 2011(1): 12 - 27.

[135] MACKOWIAK B. External shocks,U. S. monetary policy and macroeconomic fluctuations in emerging markets[J]. Journal of Monetary Economics, 2007(8): 2512 - 2520.

[136] CECCO M. Global imbalances: past, present, and future[J]. Contributions to Political Economy, 2012(1): 29 - 50.

[138] MINIANE J, ROGERS J H. Capital controls and the international transmission of U. S. money shocks[J]. Journal of Money,Credit and Banking, 2007(5), 1003 - 1035.

[139] MUNDELL A. The appropriate use of monetary and fiscal policy for internal and external stability [J]. International Monetary Fund Staff Papers, 1962(1): 70 - 79.

[140] MUNDELL A. Capital mobility and stabilization policy under fixed and flexible exchange rates [J]. The Canadian Journal of Economics and Political Science, 1963(4): 475 - 485.

[141] OBSTFELD M, ROGOFF K. Exchange rate dynamics redux[J]. Journal of Political Economy, 1995(3): 624 - 660.

[143] SCHLAGENHAUF D, WRASE J. Liquidity and Real Activity in a Simple Open Economy Model [J]. Journal of Monetary Economics,1995(3):431 - 461.

[144] SENAY O. Interest rate rules and welfare in open economics[J]. Scottish Journal of Political Economy, 2008(3): 300 - 329.

[145] EICHENBAUM M. Interpreting the macroeconomic time series facts:the effects of monetary policy' : by Christopher Sims [J]. Europen Economic Review, 1992(5): 975 - 1000.

[146] SUTHERLAND A. The expenditure switching effect, welfare and monetary policy in a small open economy[J]. Journal of Economic Dynamics and Control, 2006(7): 1159 - 1182.

[147] Tervala J. The international transmission of monetary policy in a dollar pricing model[J]. Open Economics Review, 2010(5): 629-654.

[149] YU HSING. Analysis of exchange rate fluctuations for Slovakia: application of an extended mundell-fleming model[J]. Applied Financial Economics Letters, 2005(5): 289-292.

[150] YU HSING. The determination of the Costa Rica Colon/USD exchange rate[J]. The International Journal of Business and Finance Research, 2009(1): 79-86.